2014 Kim Soo hyun

바람처럼
재즈처럼

김수현 산문집

POEMPOEM Books
003

김수현 산문집

바람처럼 제즈처럼

포엠포엠
POEMPOEM

Contents

■ 프롤로그 · 8

1부

가보회 공지 · 13
도라지꽃 · 15
삼월, 그 바람 · 17
사월이 주는 느낌 · 20
나를 미치게 하는 女子들 · 21
오월에 · 22

장마 · 24
가을이다 · 27
가정교사家庭敎師 · 30
갈대와 억새 그리고 부산아가씨 · 35
개기월식皆旣月蝕 · 40
결혼이야기 · 41

2부

경주 감포여행 · 47
고대산의 매력 · 57
서울인천국제공항, 웬 말인가? · 61
광복절과 CoolMc · 64
근심을 잊게 하는 꽃 · 69
나의 조국, 미운 대한민국 · 71

南漢山城과 三田渡碑 · 75
남한의 서해 끝, 白翎島 · 80
너무하다 · 85
눈 내리는 江村 · 87
늙어간다는 것 · 89

3부

사랑, 그 쓸쓸함에 대하여
　- 여름 꽃 능소화陵宵化 · 93
늦여름의 마니산 · 97
힐링의 천제단 · 101
단감나무 · 107
담임선생님과 칠순 · 111
도가니 · 116

도쿄 까마귀 · 118
땅끝마을과 겨울기차여행 · 120
또 하나의 역사의 현장,
　- 한라산 백록담 / 마라도에 서다 · 123
마라톤과 나 · 130
마포포럼에서 만난 시인 김영승 · 133
막걸리 · 138

김수현 산문집 **바람처럼 재즈처럼**

4부

모란시장과 초승달 · 143
미국. 캐나다 출장 · 145
서러운 조화 · 149
百濟의 눈물 · 153
베란다와 발코니 · 159
碧眼의 Native Speaker,
Mr. Paul Needham Gregg 선생님 · 163
봄을 맞이한 三寺 · 168
봄이 오는 길목에서 · 179

부두 이야기 - 북성, 만석 그리고 화수부두 · 185
부분 日蝕과 하늘 · 187
빙점 · 190
사진작가 김보섭 · 193
死七臣 · 194
산을 본다는 것 · 199
새해 아침에 · 201
생활의 발견 - 홍상수 감독 · 204
서울 京 · 209

5부

섬마을 콘서트 - 백건우 · 215
송도 松島 유원지 · 220
守靜軒 · 224
數學 · 228
스탠딩 폴리스 Standing Police · 233
쓰나미 유감 - 지진성해일, 지진해일 · 238
아르페지오네 소나타 · 240
어떤 음악회 · 243
어린이와 사회적 책임 · 245

예쁜 小金山 · 248
오월, 첫날 · 254
올림픽과 나 · 257
와세다 대학 출장과 양주동박사 · 264
웅산 · 267
이등병의 便紙 · 272
인생은 바람 · 274
임진강에 서다 · 276

6부

진눈깨비, 내리던 날 · 283
잊지 못할 연말연시 · 285
자작나무 · 289
작은 동산에서 만난 진달래 · 292
나들이 - 평창 영월 단양 · 298
재즈앙상블 공연을 보고 · 304
칠포해변과 재즈 Festival · 307

피아니스트 임동창과 간월재 · 312
Big Sculptor · 317
센카쿠열도 유감 · 319
혼자서 못다 부른 노래 · 321
수원 화성 나들이 · 324
조수미 · 328

■ 『바람처럼 재즈처럼』 발간을 축하하며 _ 허영철 · 334

■ 프롤로그 *Prolog*

갑오년 청마의 해가 온다고 수선을 피던 때가 엊그제 같은데 벌써 4월이다. 5년 전부터 60회 생일이 되는 해에 산문집을 하나 내고 그것을 기념하는 "작은 음악회"라는 이벤트 행사를 가져야지, 생각하면서 그동안 쓴 글들을 모아보니 제법 한 권의 책이 될 만큼 되었다. 출판과 행사를 염두에 두고 늘 혼자 머릿속에서만 상상을 하고 있자니 시간이 참 안 갔다. 그러나 그 5년은 탄지처럼 흘러간 것이다.

돌이켜 보면 나름대로 바람처럼 자유롭게 살아왔다. 시간만 되면 여행을 다닌다. 여행 속에는 산행도 있고 역사기행도 있으며 음악회를 쫓아 다니기도 하고 지인을 찾아 바람처럼 자유롭게 다닌다. 바람처럼 자유가 없다면 여행을 다닌다는 것은 쉽지가 않다. 리듬에 자유가 없다면 재즈라는 장르는 탄생을 못했을 것이다. 재즈는 순간순간의 변화를 그대로의 모습으로 담아낼 수 있는 자유로운 소리로 이루어져 있기 때문이다.

글에서 유난히 바람이란 단어가 많이 등장한다. 또한 자유롭게 어디론가 떠나는 모습도 자주 비춰진다. 여행을 다니며 역사의 현장에 서면 우랄/알타이 산맥을 넘어 이곳 한반도까지 불어오는 그 태고의 바람과 遭遇를 하는 것이다. 곳곳에 산재해 있는 문화유산과 마주하고 있으면 그 바람소리를 들을 수가 있어서 기분이 좋아진다. 때로는 마음 뿌듯하게 들릴 때도 있고 어느 때는 훼손으로 인해 속상하게 들리기도 한다. 역사는 반드시 지켜가야 한다. 그리고 잘 보존해야 한다. 안타까운 외침도 많다.

여행과 음악을 좋아하는 나한테는 자유로움을 표상하는 바람과 재즈라는 단어가 어울릴 듯하다. 이번에 "바람처럼, 재즈처럼" 표사 글을 써주시고 산문집이 나오기까지 최선을 다해주신 『포엠포엠』 발행인이시며 출판사 대표 한창옥 시인님께 감사 드린다. 아울러 물심양면으로 도와주신 (주)태크녹스 허영철 대표님께도 감사의 말씀을 드린다.

내년에는 1년 동안 해남 땅끝마을에서 서울 광화문을 거쳐 인천 강화 마니산까지 걸어서 여행의 참맛을 그리고 역사의 그 깊은 바람소리를 들으려 계획하고 있다. 그러면 두 번째 작품인 "걸어서 三南길"이란 역사기행문이 탄생될 것이다. 벌써부터 가슴이 뛴다. 약 600㎞를 혼자서 걸으며 만나게 될 그 역사의 현장에서의 바람, 그 바람소리와 벗하며 살아가는 사람들과의 이야기. 계절은 초봄인데 마음은 벌써 땅끝마을의 섣달 그믐날 해넘이에 가 있다.

- 2014년 봄. 김 수 현

1부

바람처럼 재즈처럼

1부

가보회 공지

입춘도 지나고 우수가 지척에 다가왔건만 봄은 아직도 땅속에 머물고 백두대간 동쪽지방에선 연일 눈 폭탄에 많은 어려움을 겪고 있습니다. 백년만의 폭설이라고들 합니다. 그 누구도 어느 것도 세월 앞엔 壯士가 없습니다. 이미 봄은 저만치 와 있으니 말입니다.

임영조님 詩가 떠오릅니다.

> 온 몸이 쑤신다.
> 신열이 돌고 갈증이 나고
> 잔기침 터질듯 목이 가렵다.
> 춥고 긴 嚴冬엄동을 지나
> 햇빛 반가운 봄으로 가는
> 해빙의 관절마다 나른한 통증
> 그 지독한 몸살처럼
> 2월은 온다. 이제
> 무거운 내복은 벗어도 될까
> 곤한 잠을 노크하는 빗소리
> 창문을 열까 말까
> 잠시 망설이는 사이에
> 2월은 왔다 간다.

늘 키 작고 조용해서
간혹 잊기 쉬운 女子처럼…….

- 임영조 詩 「2월」

짧은 달 2월을 아주 감칠맛 나게 표현했지요?
2월은 너무도 빨리 지나가 버리지요.
그러기에 항상 소중하고 아쉽습니다.
詩人의 말처럼 잊혀 지기 쉬운 이 조용한 2월에
길상에서 모처럼 조용한 가보회를 가지려합니다.

도라지꽃

도라지꽃은 보랏빛 누나가 좋아 하는 꽃,
나리꽃은 주홍빛 내가 좋아 하는 꽃,

가사가 맞는지는 잘 기억이 안 나지만 이 노래는 어린 시절 자주 불렀던 동요다. 어릴 적 우리 동네에서는 도라지꽃을 좀처럼 보기가 힘들었고 여름방학 때 서산 고모님 댁에 놀러 가면 고모네 밭에 도라지꽃이 무더기로 피어있어서 보기에 아주 좋았다.

보랏빛과 하얀색 도라지꽃들이 적당히 반반씩 섞여서 무리를 지어 피어있는 모습이 화려하진 않아도 깨끗한 이미지 때문에 좋아했던 것 같다.

물론 산 나리꽃도 그 주황빛 색깔이 무척 아름다우며 특별히 산행을 하다가 등산로에서 우연히 만나기라도 하면 무척 반가운 꽃이다. 백합과에 속하지만 어느 면에선 백합꽃보다도 주황색 나리꽃이 더욱 정감이 간다.

전에 화단이 있는 주택에 오래 살 때는 도라지꽃을 캐어다가 화단에 심어놓고 꽃이 피면 좋아라하고 즐기던 생각이 난다.

작년 초가을 가끔 들르는 서창동 산자락의 옻 우물 약수터 가는 산길에서 세 그루를 캐어다가 빌라 뒤편 작은 화단에 심어 놓았었는데 엊그제 새로 이사한 다세대 주택 옥상에 옮겨 심어 놓았더니 제법 순이 돋아 모양을 갖출 만큼 나날이 키가 커간다.
 왜 도라지꽃을 좋아하게 되었는지를 잘 모르겠지만
 이 꽃을 보면 마음이 편안하고 즐겁다.
 그냥 좋다.

 그래서 일찍이 25년 전에 태어난 딸 이름도 '보라'라고 지었나 보다. 요새는 좀처럼 보기 힘든 도라지꽃이다. 그래서 나는 이 도라지꽃을 집 안으로 데려왔나 보다. 수시로 쳐다보며 마음을 달래려고…….

삼월, 그 바람

벌써 삼월의 마지막 주,

눈은 그다지 내리지 않았지만 유난히 춥고 길게 느껴지는 이 겨울이 아직도 물러난 것 같지가 않다. 어제의 완연한 봄은 온데간데없고 또다시 잔뜩 흐린 채 어슬한 바람이 분다.

봄이 온 것 같아 두터운 겨울코트를 벗어버리고
얇은 차림으로 길을 나서면
어김없이 삼월의 차가운 바람에 또 속기도 한다.

삼월에 부는 바람은 이렇게 사람들의 마음을 종잡을 수 없도록 만든다. 오는 듯 가는 듯 잠시 망설이는 사이에 후딱 가버리는 2월은 분명 겨울이고 봄은 바야흐로 삼월에 시작되어 春三月이라 부르질 않던가?

또한 삼월이면 접하기 시작하는 황사바람은 전혀 원치 않는 괘씸한 바람이다. 지구온난화의 영향으로 중국 대륙의 사막화로 인한 황사먼지가 강한 북서계절풍을 타고 동으로, 동으로 우리나라 전역에 날아온다. 그리고 요새는 제트기류를 타고 태평양을 건너 미주대륙까지 날아간다. 황사바람에 대한 피해는 비단 황사 자체에 따른 피해보다도 중국의 급속한 공업화로 인한 대기 오염물질이 포함되어 날아와서 우리 산천을 오염시켜 산성비를 내리게 한다. 그로 인한 농작물의 화학물질 오염이 점점 심각해져 국민건강에 비상이 걸릴 정도가 되어가고 있다. 소문에 의하면 전에 없던 서울시민들의 대머리 증가현상이 날로 늘어가고 있다 한다.

몇 해 전부터 이런저런 이유로 해서 주변국들 간의 환경대책회의를 열어 협의해오고 있는 것으로 알고는 있는데 요즘 외교, 통일 또는 재경부 쪽의 일처리들을 보면 과연 그 회의에서 제 목소리를 내고 있는지 의문이 간다. 뭔가 주변국들의 일로 우리 국민들을 시원스럽게 해 주는 것이 없기 때문이다.

남북문제와 북한핵문제, 6자회담, 중국의 동북공정에 대한 우리의 대책, 고구려사 왜곡, 독도 영유권 문제, 현대사 왜곡, 어업협정 등, 뭐하나 제대로 해결해가는 것이 없다. 그저 높은 자리의 사람들이 부도덕적인 일로해서 줄줄이 쫓겨나가고나 있으니 이 나라의 현 상태가 부상공화국이 아닌가?

우리 주변에선 이삼월에 이런저런 어지러운 바람이 분다.
삼월의 바람이 의미 있게 분 적도 있었다.

1909년 3월 26일 중국, 대련, 여순에서는 안중근의사가 서거하며 내뿜은 동양평화의 바람이 일었었다. 재판정에서 일본인들을 호령하던 그 꿋꿋한 대한남아의 절개, 의연함과 당당함이 표출했던 애국의 바람은 1919년 3월 1일에 전국을 뒤흔든 독립만세의 바람은 한마디로 피바람이었다.

이승만 정부시절 3월 15일 부정선거에 항거하던 민주의 바람, 군사독

재에 맞서 거리거리로 쏟아져 내린 젊은이들의 反독재의 팔팔한 바람, 시골에서 무작정 상경하는 일자리바람, 常春客들의 나들이 바람, 독도에 이는 영토수호의 바람, 부정과 비리에 부는 査政바람, 충청권에 일고 있는 땅 투기의 지랄 같은 바람, 해외로, 해외로 무지하게 빠져나가는 외화유출 낭비의 망쪼의 바람 등. 이리 몰리고 저리 쏠리고 냄비 끓듯 금세 와아 했다가 이내 식어지곤 하는 우리만의 바람이다. 그러나 이런 복잡한 바람만 부는 것이 아니다. 바로 꽃바람이다.

남녘에서부터 일어오는 따스한 남풍을 따라 최남단 마라도에서부터 꽃소식은 올라온다. 매화 동백 개나리 진달래 산수유 목련 수선화 등 꽃바람이 일면 사랑의 바람 또한 따라 분다.

문설주에 기대어 사랑의 꿈을 키우는 산지기 눈 먼 처녀사의 가슴에도 봄나물 캐는 시골아낙들 마음에도 하얀 구름너울 쓰고 찾아오는 봄처녀와 힘차게 울려 퍼지는 봄의 길잡이 목련화도 비발디의 경쾌하고 감미로운 바이올린 선율도 이 봄철에 부는 사랑의 바람에 맞장구를 친다.

이렇게 봄은 시작이 된다.
바람이 많이 분다. 유난히 삼월엔 더 많이 분다.
분명 삼월에 부는 바람은 사랑의 바람이다.
우리는 이 사랑의 바람을 마음껏 맞이하자.

사월이 주는 느낌

　가을 겨울보다 여름 봄을 좋아하는 나로선 이 봄이 아주 소중하고 고맙기도 하지, 사월하면 이미 봄도 盛春에 가까울 텐데 왠지 올해는 아직 자리를 못잡네, 희망과 아픔이 相存하는 사월이지만 내게는 희망뿐.

　사월하면 제일 먼저 떠오르는 것, 박목월 詩 김순애 곡의 "사월의 노래"다.
　나는 이 노래가사가 참 아름다워 자주 부르지

　내가 좋아하는 목련꽃으로 시작하고 베르테르도 나오고 "젊은 베르테르의 슬픔"은 내가 한창 짝사랑으로 열병을 앓았던 고1 때 밤새 읽었던 책.

　"돌아온 사월은 생명의 등불을 밝혀든다.
　빛나는 꿈의 계절아, 눈물어린 무지개 계절아."

　그렇게 사월은 어김없이 우리에게 돌아왔고 세상일이 좀 어지럽게 돌아가고 분통터지는 일이 생겼어도 우리는 또 다른 생명의 등불을 치켜드는 거야 온갖 꽃들이 앞 다투어 피는 이 꿈의 계절에 말이야 나는 이 아름다운 사월을 진정 사랑해!

나를 미치게 하는 女子들

8월도 중순, 여름이 가려나보다.

아침부터 비가 내려 벼르왔던 나의 주말 일정이 시작부터 흐트러진다. 아들은 팔라우인가하는 남태평양 섬으로 출장을 갔다가 내일이나 돌아온다고 한다. 집사람은 시집간 딸 전화를 받고 그리로 줄행랑을 했다.

함허동천으로의 산행, 을왕리 잠진도 앞 개펄로의 동죽조개잡이를 가기로 했던 평동(평생 동지회)멤버들과의 계획이 얄궂은 날씨로 무산되었다. 송내에서의 테니스 모임은 또 어찌되려나?

주인 없는 아들 방에서 컴퓨터 앞에 앉아 모처럼 괜찮은 노래를 들어본다. 웅산, 그녀는 최근에 발견한 보컬리스트. 강허달님 역시 멋진 매혹적인 목소리다. 그리고 1982년 애마부인 주제곡 '서글픈 사랑'으로 세상에 알려진 이미배, 이들 세 여자들은 비오는 날만 되면 나를 찾아온다.

그러면 나는 빗소리와 함께 그녀들 속으로 침잠해 간다. 나보고 왜 전화를 하라는 것인지 무엇이 미안한지 왜 서글픈 사랑을 하려는지……. 저 밑으로 하염없이 그녀들 속으로 빠져들어 간다. 오늘처럼 비가 내리는 날이면.

— 2010년 8월 14일

오월에

오월은 청춘이다.
계절적으로 오월은 봄과 여름사이에 있는 달이다.

국어사전에는 삼월과 오월 사이를 봄이라 했으나 절기학적으로 말하자면 入夏도 지났으니 바야흐로 여름으로 들어선 것이다. 인생에 있어서 가장 아름다운 시절이 바로 10대 후반부터 20대 후반까지라고 한다면 지금 우리가 즐기고 있는 이 오월이 바로 청춘인 것이다.

우리는 이 아름다운 계절 오월을 감사해야할 것이다.
어린이날과 어버이날, 그리고 스승의 날과 성년의 날 등,
감사해야할 날들이 많이 들어있기 때문이다.

이웃 일본에서도 오월 초에는 이런저런 경사스런 날로 인해 Golden Week라 해서 일주일 내내 쉰다.

뒤돌아보면 우리는 지난날 웃터골에서 보낸 오월이 아주 행복했다. 교실 안에선 보이지 않는 善意의 경쟁으로 피 말리는 긴장과 연속의 나날이었을지는 몰라도 적어도 교실 밖의 풍경은 전혀 그렇지 않았다. 鷹峰山자락에 교정이 위치한 터라 어느 대학 캠퍼스 못지않은 많은 나무

들로 둘러싸여있어서 자연이주는 혜택을 무한히 받으며 지내왔다.

교실창문을 열면 연한초록의 香宴이 펼쳐지며 새들의 재잘거림도 나뭇잎 사이를 오가는 산들바람을 타고 자장가처럼 들려오곤 했다.

세월이 많이 흘러 매년 이맘때면 홈커밍의 의미를 찾자며 교정에 모여 체육대회를 가졌었지만 새 집행부 변화의 바람(Wind of Change)을 타고 엊그제 양재동 매봉을 올랐다.

우연의 일치일까?
응봉산의 응봉이나 매봉이나 똑같은 매와 관련 있는 산이니 우리들한테는 또 다른 작은 인연으로 이어진 것이다. 변화가 없으면 발전이 없다고 언제부터인가 전 세계적으로 이 변화의 바람이 불기시작 했다.

팝가수 Scorpions도 그들의 노랫말에서 "Changes……. Changes ……." 해댄다.

장마

왕십리(往十里)

비가 온다.
오누나
오는 비는
올지라도 한 닷새 왔으면 좋지.

여드레 스무날엔
온다고 하고
초하루 삭망(朔望)이면 간다고 했지,
가도 가도 왕십리 비가 오네.

웬걸, 저 새야
울려거든 왕십리 건너가서
울어나 다고
비 맞아 나른해서 별새가 운다.

천안에 삼거리 실버들도
촉촉이 젖어서 늘어졌다네.
비가와도 한 닷새 왔으면 좋지
구름도 산마루에 걸려서 운다.

- 김소월 詩. 「장마」

오늘 밤부터 중부지방에 비가 내리기 시작하면서 장마철로 접어든다고 한다. 바야흐로 여름이 온 것이다.

봄 따라서 남태평양 어디에선가 덩달아 올라 온 더운 기운이 슬슬 열기를 더해가며 기승을 부리다가 몸집이 불어나면서 제풀에 겨워 심술을 부리기 시작하는 것이 장마의 시작이다. 싫든 좋든 지리적 위치가 가져다주는 고약한 선물이다. 장마가 지면 홍수로 인해 물이 불어나고 농작물에 적잖은 피해를 가져오기도 하고 그로 인해 채소와 과일 값이 폭등하기도 하여 서민들의 생활을 피곤하게 만든다.

우리가 어려서는 장마철이 되면 그 피해가 아주 컸던 것으로 기억하는데 근자에 와서는 각종 댐들이 곳곳에 세워져 큰 물난리는 피해갈 수가 있어 다행이다.

이맘때가 되면 김소월의 왕십리란 詩가 떠오른다.
학창시절엔 퍽이나 외우고 다니던 시다.
그 중에서 상반부의 詩句가 아주 재미있다.
절로 흥얼거리게 되는 부분이다.

"한 닷새 왔으면 좋지
 여드레 스무날
 초하루 삭망
 가도 가도 왕십리 비가 오네."

얼마나 비가 지루하게 계속 내리면 시인은 가도 가도 왕십리라 했을까? 사나흘 닷새 정도면 애교로 봐줄 수도 있을 텐데 보름, 한 달 간을 계속해서 내리니 가도 가도 결국 되돌아온다는 왕십리로 표현해 비가 내린다. 로 했나 보다. 아니면 실제로 왕십리랑 동네는 비가 오면 늘 물

난리가 나던 곳인가? 그곳에 살아보질 않아서 잘 모르겠다. 여드레, 스무날, 초하루, 삭망 등은 전해 내려오는 말로는 비가 그친다는 뜻이라 했으니 시인도 제발 비가 좀 그쳐주기를 바라는 마음에서 그렇게 표현했나 보다. 한도 끝도 없이 길고 지루한 장마가 이젠 넌더리가 날 정도가 되었다는 뜻으로 이해를 하고 싶다.

내가 좋아하고 즐겨 부르는 노래가 있다.
김흥국의 "59년 왕십리"다.
59년의 뜻은 그가 59년생이기 때문에
그냥 붙였다고 들은 적이 있다.

"왕십리 밤거리에 구슬프게 비가 내리면……." 으로 시작된다.
여기에서도 어김없이 왕십리엔 비가 내리는 것으로 표현했다.
왕십리역에는 김소월의 시비가 세워져 있는데 거기에 새겨져 있는 시는 바로 "왕십리"다. 이제 장마하면 왕십리, 왕십리하면 김소월 그리고 나는 김흥국도 기억하고 싶다. 왕십리에 비는 오더라도 시의 내용은 비가 길고 지루하게 내려서 넌더리가 난다고 푸념했을지는 모르지만 김소월의 詩句는 나에겐 절로 흥이 날정도로 재미있다.

일기예보가 맞는다면 오늘 밤부터 김소월의 왕십리는 시작되는 것이다. 내일은 오랜만에 막걸리를 마시고 노래방에 가서 김흥국의 "59년 왕십리"를 불러봐야겠다.

"왕십리 밤거리에 구슬프게 비가 내리면~~"

가을이다

새벽 찬 기운에 흠칫 놀라 깨어 창문을 조금만 남기고 닫은 다음 다시 드러누웠다. 하지만 찬바람이 조그만 틈새로 황소바람처럼 밀고 들어와 이내 창문을 완전히 닫아버렸다.

불과 얼마 전까지만 해도 그 지긋지긋한 장마와 더위가 '인디언서머'로 까지 우리의 밤과 낮을 괴롭히더니 하루아침에 선기가 나면서 가을로 접어들은 것이다. 성큼이란 단어는 봄과 이 가을에 더욱 어울린다. 그만큼 생각지도 않게 어느 날 갑자기 우리에게 다가오는 것이다. 아무도 모르는 사이에 시나브로 찾아오는 여름이나 겨울과는 오는 느낌이 사뭇 다르다.

봄은 땅 밑에서 오고 가을은 하늘에서 내려온다지?
생경 맞게 무슨 소리냐고?
천고마비란 말이 있듯이 여름내 뭉게구름은 멀리 사라지고 구름 한 점 없이 하늘만 높아가니 그런 말이 나온 게지.

날도 제법 선선해져서 잠시 중단했던 점심 식사 후의 공단 돌기를 다시 시작해 보았다. 우리 사무실 빌딩에서 나와 대우자동차 공장 담을 따라서 돌기 시작하여 동서식품을 돌아 조선일보 집중국을 지나 다시 사무실로 돌아오는 것이다. 약 30여 분 걸리는데 거리로는 3.4㎞가 족히 된다.
　이렇게 점심시간에 공단 주변을 걸은 지도 3년이나 된다.

　하늘을 올려다보았다.
　구름 한 점 없다.
　건물들 사이로 하늘 사진을 찍어 보았다.
　어느 공장 건물 도로변 화단엔 까마중이 열렸다.
　걸음을 멈추고 자세히 들여다보았다.
　아직 애기다. 옆의 것을 보니 제법 까맣게 익었다.
　손을 갔다 대고 잠시 생각해 보았다.

　작년 이맘때도 따먹었었지만 집사람이 공장 주변이니 공기도 나쁘고 자동차 매연이 덮였을지도 모르니 따먹지 말라고 했던 생각이 났다.
　그냥 돌아섰다. 물론 양이 얼마 안 돼서 따먹는다 해도 그리 나쁘지는 않겠지만 굳이 그럴 필요가 없겠다는 생각이 들어서다. 어려선 시골에서 그것도 없어서 못 따먹었었는데…….

　어느 화단에선 귀뚜리도 울어댄다.
　하지만 그 소리는 자동차 소리들로 금세 묻혀 버린다.
　까마중이 익어가고 귀뚜리 소리가 구슬퍼지면 이 가을도 어느새 깊어만 가겠지? 요즘 젊은이들은 이 까마중 맛을, 아니 까마중 자체를 모를 것이다. 새콤달콤하면서도 한편으론 좀 아린 맛을…….

　젊었다, 라는 말은 무엇인가 잃어버린 것이 없다는 말이라고 언젠가 라디오에서 들은 적이 있다.
　무언가 가져본 적이 무언가 경험해본 적이 있어야 잃어버리기도 하고 잊어버리기도 하는 것이다.

　인생의 가을을 맞고 있는 요즈음 무언가 잃어버린 것이 많은 것 같고 무언가 잊어버린 것이 많은 것처럼 느껴지는 것으로 보아 분명 나는 젊지는 않은 것이다.

　그래서 나는 가을을 별로 좋아하질 않는다.

　가을풍경 속을 가만히 들여다보면

　그 속에는 쓸쓸함과 외로움과 고독함이 잔뜩 들어있다.

　그래서 인환이 형, 혜린 누님이 그렇게도 페시미즘을 탐닉했었나 보다. 그렇지만 나는 그러한 페시미즘에 빠지지 않으려 여행을 다니거나 산행을 하거나 음악을 듣는다. 좀 이르긴 하지만 가을에 어울리는 두 노래가 있다.

　바리톤 김동규의 "시월의 어느 멋진 날에"와 고은이. 이정란의 "사랑해요"이다.

　이 노래들을 듣고 있노라면 페시미즘의 마음은 금세 로맨티시즘으로 변한다. 바로 음악치료인 것이다. 좋은 음악은 마음의 병을 고친다. 이 가을에도 나에겐 여행과 산행계획이 쭉 이어져 있다. 그리고 음악회도 쫓아다니면서 이 가을을 건강하게 이겨내고 새 봄을 맞이해야겠다.

가정교사 家庭教師

 개인을 대상으로 가정에서 학습지도를 맡고 있는 사적인 교사를 말한다고 백과사전에는 풀이되어있다. 60년대만 해도 주변에서 심심치 않게 들어왔던 가정교사라는 말이 요즘에 와선 과외나 개인지도, 그리고 무슨, 무슨 학원이란 단어가 광고물로 넘쳐나지만 가정교사라는 단어는 좀처럼 보기 힘들고 머릿속에서 잊어져갔다.

 지난 토요일 오후 마포 H호텔커피숍에서
46년 만에 가정교사 선생님을 뵈었다.

 인천송도초등학교 5학년시절인 1966년 이른 봄에 그 당시 인하공대 금속공학과 2학년 장학생이셨던 임병태 선생님이 가정교사로 우리 집에 오셨다. 경남 통영(충무)이 고향이시라 경상도 사투리가 심하셨던 선생님은 겨울방학이 시작되던 겨울 어느 날 해병대 입대소식을 남기고 그렇게 우리 집을 떠나셨고 이어서 나는 고향 집 송도와도 이별하는 계기가 되었다.

 60년 대 후반인 그 당시만 해도 인천 송도라는 동네가 경제적으로 넉넉하지 못한 농업, 어업으로 생활해가는 그런 지역이었으며 그러다 보니 교육적으로도 많이 낙후된 지역이었다. 공부를 하는 학생들 입장이

나 아이들을 가르치시는 선생님들 입장에서도 상호간에 많은 고충이 따랐던 것이 그 당시의 현실이었다. 따라서 좋은 중학교 진학률도 도심의 타 학교들보다 극히 낮았던 것이 사실이다. 이런 이유로 先親은 6학년이 되던 첫 날, 시내의 C학교로 나를 전학시켰다. 나는 시내에 있는 집에서 누나들과 같이 지내며 학교를 다녔다. 가정교사 선생님과의 이별이 나온 결과였으며 지금 생각해 보면 시내로 전학을 가지 않았었다면 좋은 중학교의 입학은 불가능하지 않았을까 하는 생각도 든다. 이렇게 해서 태어나고 자랐던 어린 시절의 송도 집에 대한 추억은 머릿속에서 맴돌고 선생님과의 1년 동안 동고동락의 愛憎은 가슴 깊숙이 자리하고 있었다.

그날 이후로 충무는 나의 마음의 고향이 되었다.
나전칠기螺鈿漆器로 유명하다고 배운 경남 충무,
이순신장군의 거북등대가 있는 곳,
한국의 나폴리라 불릴 만큼 아름답다는 항구도시,
해저터널이 있다는 도시……
언젠가는 꼭 한번 가보고 싶은 마음의 고향이 되어 버렸다.

그 이후로 충무 얘기만 나오면 나는 늘 가정교사 선생님이 생각났고 어떻게 하면 다시 만나 뵐 수가 있을까하는 생각을 했다.

3년 전 여름휴가 기간에 전국일주를 한 적이 있었다.

대천을 거쳐 남해 상주와 마산, 부산 가는 길에 선생님을 생각하며 통영을 일부러 들렀다. 우선 우리나라에 하나 밖에 없다는 해저터널을 찾았다. 일제 강점기에 긴설한 해저터널은 통영시에서 미륵도 사이의 바다 밑을 걸어서 왕래할 수 있게 만들어졌다. 한 여름임에도 터널 안은 시원했다. 터널 구경을 하고 밖으로 나와서 차를 타고도 다리를 건너가 보았다. '동피' 랑 벽화마을도 구경했다. 재개발 될 수도 있었던 마을을 학생들이 벽에다 그림을 그려 놓음으로 그 지역의 개발을 막았다는 사례로도 유명하다.

그 오랜 세월을 벼르고 별러서 가본 충무(통영)는 아주 작은 도시였으나 정감이 가는 곳이었다. 다만 全景을 둘러보지 못해서 과연 한국의 나폴리라고 불릴 만큼 아름다운 항구도시인지는 아직 잘 모르겠다.

하지만 요즘 통영에는 고향인 박경리 선생의 묘소가 있고 미륵도 산 정상에까지 케이블카가 놓여 있어서 관광객의 숫자가 날로 늘어난다고 한다. 근처의 사량도 또한 유명세를 타고 있는 섬이다.

나이가 들어서인지 자꾸 옛날 사람들이 그리워진다. 인터넷의 발달로 어렵지 않게 너무 쉽게 선생님하고 전화연결이 되었다. 아날로그로 40여년을 마음속에서만 그리워하다가 인하대총동창회로 연락을 하니 단 하루사이에 연결이 된 것이다. 그야말로 인터넷 효과이다. 초등학교5학년 꼬맹이시절에 대학생을 가정교사선생님으로 모시고 한 방에서 동거동락하던 1년의 시간들이 이삼십 분의 짧은 전화대화 속에서 주마등처럼 스쳐지나갔다.

지난 토요일 오후 5시 마포 Holiday Inn 호텔 커피숍에 두 사람이 마주 앉았다. 첫 눈에 서로 알아보았을 정도로 기억은 서로 또렷했다.

초등학교 5학년생이던 나는 외손녀를 둔 육순을 바라보는 머리가 희끗희끗한 할아버지가 되었고 대학교 2학년이셨던 선생님은 의외로 검은머리가 대부분인 67세의 젊은 할아버지였다.

검은 뿔테의 안경을 낀 대학생에서 금테로 바뀌었을 뿐, 풍채도 그대로셨다. 66년 겨울, 나와의 이별 후 해병대에 지원입대와 제대, 복학과

졸업, 대우입사와 결혼, 개인사업, 현대자동차 협력업체 부사장으로 오랜 근무, 그리고 몇 년 전에 은퇴하셨다고 했다. 지금은 주말엔 등산, 주중엔 취미생활로 트럼펫을 분다고 하셨다.

우리 집에서 생활하면서 송도역에서 수인선을 타고 인하공대를 통학하던 얘기며 사랑방 큰방을 나와 단둘이서 지내던 얘기, 7남매에다 일하던 사촌누이까지 있어서 다른 방에서는 인구밀도가 제법 높았다. 先親의 고마움을 아주 자세히 기억하시는 선생님.

선생님을 통해서 선친에 대한 새로운 모습을 알게 되어 지금 생존해 계시다면 올해로 90세를 맞게 되셨을 선친과 선생님과 내가 함께 셋이서 대작을 할 수 있었다면 얼마나 좋았을까하는 생각으로 선생님이 더욱 아쉬워 하셨다. 충분히 그럴 수도 있었겠구나 하는 생각도 했지만 그것은 과욕이었다.

커피숍에서 눈총 받을 정도로 우리들의 대화는 오래도록 이어졌다.
장소를 건너편 횟집으로 옮겨 시위를 떠난 활처럼 너무나 빠르게 지나가버린 세월을, 시간들을 거꾸로 하나 둘씩 되돌려 놓고 있었다.

46년 만에 만난다는 것이
남북이산가족만 하는 일인 줄 알았다.

학생과 선생님사이의 일도 이러한데 반세기 만의 가족끼리의 상봉은 어떠했을까! 실감이 나는 대목이다.

막걸리병수는 늘어만 가는데 반찬은 그리 줄어들지가 않는다. 밀린 얘기에 치이다 보니 밖은 이미 어두워졌건만 전혀 배가 고프지가 않았다. 어머니마저 지난해 섣달그믐에 돌아가셔서 선생님을 기억하는 부모님은 안 계시고 우리 누나들 셋, 동생들 그리고 사촌누이 뿐이다. 그래도 나는 남북이산가족들보다는 행복하다. 언제든 보고 싶으면 만나 뵐 수가 있기 때문이다.

산을 자주 다니신다고 하니 등산친구가 되어드리면 되고 술을 좋아하시니 술친구가 되어 드리면 되고 나팔을 부시니 그 나팔소리를 들어 드리면 될 것이다. 다음 주에 북한산을 동행하기로 했다. 해병대를 나오셔서 그런지 산을 주파하듯 다니신다고 한다. 나는 산을 느끼면서 산을 즐기면서 그렇게 산행을 하고 싶다고 했다. 되도록 산에 오래 머무는 그런 산행을 하고 싶다.

46년 만의 해후는 산을 이야기 하면서 서서히 막을 내렸고 산행을 하면서 새로운 추억을 다시 만들어 가자고 약속을 하면서 밤 깊은 마포 거리에서 60년대 가정교사 선생님과 나는 그렇게 또 다른 다음을 기약했다.

갈대와 억새 그리고 부산아가씨

언제부터인가 갈대는 속으로
조용히 울고 있었다.
그런 어느 밤이었을 것이다.
갈대는
그의 온몸이 흔들리고 있는 것을 알았다.

바람도 달빛도 아닌 것
갈대는 저를 흔드는 것이 제 조용한 울음인 것을
까맣게 몰랐다.

산다는 것은 속으로 이렇게
조용히 울고 있는 것이라는 것을
그는 몰랐다.
　　　　- 신경림 詩 「갈대」

　신경림 시인은 내가 좋아하는 시인 중 한 분이다. 이 땅의 민중들의 팍팍한 삶과 건강한 정서를 대변하고 있는 그의 시들은 가난하고 버림받고 외로운 이들의 마음을 울린다는 평을 듣고 있다. 한국적이면서 보편적인 정서를 펼쳐 보이는 그의 시들은 시대와 세월을 넘어 빛나고 있다.

위에 적은 「갈대」라는 시의 일부분에서처럼 우리는 삶에 대한 흔들림을 잊고 살아온 지가 아주 오래된 것 같은 지금에 살고 있다. 더러는 흔들리며 세상과 소통하며 그것에 대해 물음을 던져야 하는 시간을 가져볼 필요가 있는 이 아름다운 계절, 가을에 그의 대표적인 시 「갈대」가 떠오른 이유는 무엇일까?

서걱거린다는 표현이 딱 알맞은 갈대의 울음소리, 단어 적으로는 얇고 뻣뻣한 물체가 스치는 소리라고 되어 있다.

갈대와 관련한 아주 예쁜 노래가 있다. 김지평님이 작사한 「숨어 우는 바람소리」란 노래다.

> 갈대밭이 보이는 언덕
> 통나무집 창가에
> 길 떠난 소녀같이
> 하얗게 밤을 새우네
> 김이 나는 차 한 잔을
> 마주하고 앉으면
> 그 사람 목소린가
> 숨어 우는 바람소리
>
> 둘이서 걷던 갈대밭 길에
> 달은 지고 있는데
> 잊는다하고 무슨 이유로
> 눈물이 날까요
> 아~ 아 길 잃은 사슴처럼
> 그리움이 돌아오면
> 쓸쓸한 갈대숲에
> 숨어 우는 바람소리

갈대와 억새는 비슷해서 구분하기가 쉽지가 않다. 둘 다 벼과로 모양이 비슷하지만 갈대는 물가에 억새는 산에서 자라는 것으로 구분한다고 들 한다. 그렇지만 물가에 사는 물 억새도 있어서 생김새로 구분하는 것이 가장 확실하다. 갈대는 꽃차례의 길이가 다양하고 키가 3미터 정도로 자라지만 억새는 작은 꽃차례가 먼지 털이개 처럼 같은 길이로 한자리에 달려있고 크기는 보통 일미터로 갈대보다 조금 작은 편이다. 어려서는 시골에 살았어도 갈대든 억새든 신경을 쓰지 않았다. 그런데 어느 날 어른이 되어서 여자 친구를 만나러 부산엘 간적이 있었다. 그때가 아마도 이맘때처럼 늦은 가을이었을 것이다.

대학 3학년 때 펜팔로 알게 된 그녀는 부산여전에 다니고 있었고 부산에 사셨던 작은 이모님 댁에 엄마를 모시고 다니러갔다가 남포동 향촌다방에서 그녀를 만났다. 교내 시화전에 출품했던 작품이라며 내게 건넨 것은 自作詩인 '통제구역의 자유론' 이란 시와 그림이 있는 크고 멋진 판넬이었다.

그녀는 예쁘진 않았으나
긴 머리에 마음씨와 맵시가 좋았다.

다방에서 나온 우리는 그녀의 제안에 따라 을숙도 갈대숲으로 향했다. 버스를 타고 괴정터널을 지나 한참을 가니 낙동강 하구 을숙도가 나왔다. 처음 거닐어 보는 광활한 갈대밭이었다. 우리보다 키가 큰 갈대밭 사이를 걷다가 나도 모르게 그녀의 손을 잡았다.
우리는 한참동안이나 을숙도에서 그렇게 놀았다. 돌아오는 길에 에덴공원에 들러 청마 유치환님의 詩碑에서 사진도 찍었다. 독사진만 있는 것으로 보아 그녀는 함께 찍기를 원하지 않았던 것 같다. 광복동. 남포동을 전전하며 우리는 통금前까지 그렇게 붙어 있었다. 그녀를 본 것은 그날이 처음이자 마지막이었다. 그녀의 작품이 우리 집 2층 거실 벽에 아주 오래토록 걸려 있었으며, 왜 그 이후로 만남이 지속되지 않고 헤어지게 되었는지는 나만이 간직하고 싶다.

 갈대라는 것을 제대로 보여주었던 그녀의 이름은 장미애 이다.
 향촌다방에서 그녀가 신청해 준 노래는 사랑과 평화의 '장미' 그리고 '한동안 뜸했었지' 였다. 노래 속에 무슨 호루라기 소리가 난다고 재미있어 하며 해맑게 웃던 그녀가 보고 싶어진다. 그 이후로 갈대 얘기만 나오면 나는 그녀가 떠오른다.

 그 다음으로 갈대밭이 아름다운 곳은 강원도 정선의 민둥산이다. 산에서 자라는 갈대는 아마도 민둥산밖에는 없는듯하다. 갈대축제 때 두 번이나 갔을 정도로 산 정상의 갈대숲이 유명하며 7부 능선에 있는 고랭지 채소밭도 신기했다. 하산 길의 낙엽송 숲길은 또 하나의 절경……. 한참을 돌아 내려오는 길이라서 그쪽으로 가는 사람들이 많지 않다. 대부분이 중간쯤에서 만나게 되는 임도에서 곧장 주차장 쪽으로 내려간다. 우리는 호젓한 오솔길을 따라 진한 솔향기를 맡으며 늦가을의 정취를 즐긴다.
 마치 싸리 눈이 내리듯 흩날리며 떨어지는 황금빛 솔잎들이 멀리 태백산 문수봉을 넘어가는 가을햇빛에 반사되어 장관을 이룬다.

 또 한군데 갈대무리가 예쁘게 형성된 곳은 강화 석모도에 있다.
 보문사를 지나 언덕을 넘으면 벼가 누렇게 익은 넓은 가을 평야가 나타난다. 삼거리에서 좌회전을 해서 하리저수지 수로를 따라 길게 늘어선 갈대무리들은 갯바람에 서걱거리며 나를 반긴다. 저수지 둑방에 병풍을 치듯 몇 열종대로 늘어선 갈대들은 바람이 주는 명령대로 좌로 우로 흔들림을 반복한다.
 사실 개인적으로는 갈대보다 억새가 더 아름답다. 경남 울주군의 신불산 정상 부근 간월재에는 매년 가을이 되면 하얀 억새평원이 등산객들을 매료시킨다.

2년 전 가을에 천재 피아니스트인 기인 임동창님이 1,000미터가 넘는 간월재 평원에서 음악회를 열었을 때 수많은 등산객 인파속에 맨 앞줄에 앉는 행운을 얻어 그가 신명나게 펼치는 음악제를 즐겼다.
그의 즉흥적인 피아노 연주 소리에 맞춰 억새풀 하얀 꽃들이 넘실넘실 파도 춤을 추면서 머리를 풀고 파란 하늘로 올라가는 것처럼 느껴졌다.

최승호시인은 억새를 이렇게 표현했다.
"달빛보다 희고 이름이 주는 느낌보다 수척하고 하얀 망아지의 혼과 같다."라고……

춘천이 고향인 그답게 억새를 참 맛깔나게 표현해냈다. 이제 계절은 가을을 저 멀리 떠나보냈다. 지난 주말에 오른 성주산과 소래산에서 만났던 그 가을이 내겐 마지막이었나 보다. 어제 저녁부터 내리는 비는 지금까지 대지를 적시며 겨울을 재촉하고 있다. 비가 그치면 기온이 한층 더 내려간다고 한다.

속으로만 조용히 울고 있다는 갈대,
온 몸이 흔들리는 것은 바람도 달빛도 아닌 제 울음인 것을 모른다는 갈대, 우리가 산다는 것이 그렇게 갈대처럼 조용히 울고 있어야만 하는 것일까? 달빛보다도 희고 하얀 망아지 혼과 같다는 그 억새를 다시 보려면 우리는 새 봄을 아니 새로운 가을을 기다려야만 한다. 갈대와 억새는 다시 볼 수 있다는 희망이 있지만 통제구역의 자유론의 그 부산아가씨는……

개기월식 皆旣月蝕

엊그제 개기월식을 보면서 달을 생각해 보았습니다.
11년 만에 만나 보는 개기월식이라지요?
다음번은 2018년이나 되어야 볼 수가 있답니다.

정월대보름부터 12번이나 보름달을 맞이하지만 우리가 관심을 가지고 쳐다보는 보름달은 과연 몇 번이나 있을까요? 또한 부족하기는 하지만 예쁜 초승달, 연민이 가는 그믐달, 그리고 좌우가 반대인 상현달과 하현달.

그야말로 엊그젠 11월 보름달이 그간 아무도 알아주지를 않으니 꾀를 부렸나? 차츰 없어졌다가 완전히 벌건 몸으로 잠시 숨었다가 이내 하얀 둥근달로 다시 떴습니다. 살아가면서 제일 무서운 것이 무관심이라던데 자연현상도 이처럼 사람한테 지혜를 주는 모양입니다.
올 한 해 동안도 곁에 있는 사람을 혹시 잊고 살지는 않았는지 되돌아보시기 바랍니다.

조금만 관심을 가져주면 금방이라도 얼굴에 화색을 띄고 달려 올 그런 사람을 말입니다.

결혼이야기

　오늘은 석가탄신일이다. 어제 저녁식사 후 청량산 호불사 입구 나무 쉼터에서 불어오는 밤공기에 지친하루의 열기를 식혀보았다.

　송도 앞바다에서 불어오는 초여름의 따뜻한 해풍이 나무들 사이를 거치면서 더위를 내려놓는다. 機種과 색깔이 바뀐 나의 작은 愛馬에서 웅산님의 농익은 음색에 젖어본다. 어둠이 내려앉은 山寺에서 듣는 재즈의 香氣는 나무에서 내뿜는 피톤치드와 어우러져 내 온 몸을 힐링해 준다. 음악은 식물 못지않은 훌륭한 치유의 도구이다. 음악에 젖어 나무향에 취해 시간가는 줄을 몰랐다.
　주차장에서 내려오는데 호불사 차량들이 어느새 바리게이트를 쳐놓았다. 올라올 때의 현수막을 미처 보질 못했던 것이다. 내일 있을 부처님 오신 날 행사관계로 밤 9시 이후에 통행을 금지한다는 내용이었다. 할 수 없이 애마를 산사에서 재우고 택시로 돌아 왔다.

　공짜로 얻은 공휴일에 평상시대로 아침 일찍 청량산 둘레 길을 걸어보았다. 호불사 및 산 뒤 흥륜사에서 들려오는 축하 행사 소리에 조용했던 산이 온통 잔치분위기였다. 애마도 독경소리에 취한 듯 아직도 자고 있었다.

옷을 갈아입고 일행과 함께 대학로 게릴라소극장으로 향한다.

연극 "홀연했던 사나이"를 관람하고 이어서 결혼이야기 이벤트를 보기 위해서이다. 연극 후에 결혼이벤트가 예정되어 있어서 극장입구에는 가족친척들로 보이는 사람들로 북적였다.

극장 안은 객석이 가득차고 이윽고 연극은 시작되었다.

극단 "연희단거리패"에서 올린 작품으로 극은 지루한 일상이 이어지는 시골의 한 지하다방에 낯선 사나이가 나타나면서 시작된다.

사나이는 엽차를 주문한 채 글쓰기에 몰두하고 다방 손님들은 이 사나이의 정체를 몹시 궁금해 한다. 그때 사나이는 초등학생 승돌이에게 어떤 영화의 시나리오 한 장을 건넨다. 몇 마디 대사로 연기의 매력에 빠져든 승돌이는 그렇지 않아도 연기자의 꿈을 키워가던 다방의 최양(민혜림분)과 연기연습에 몰두한다.

얼마 후 사나이는 두고 간 시나리오를 찾으러 다시 다방에 온다. 그에 대해 호기심을 품은 다방 단골손님들은 사나이에게 이곳에 머물라하고 사나이는 다방에 모여든 사람들을 주인공으로 이야기를 구상한다. 하지만 시나리오를 완성해가던 어느 날 사나이는 홀연히 사라진다. 마담과 다방레지, 퇴직을 앞둔 교감선생님, 절름발이 배달원, 비전 없는 부동산 중개인 등, 단골손님인 이들은 천하고 너절한 현실 속에서도 한때나마 환상에 젖었던 행복한 순간을 상기하며 삶의 생기를 잃지 않고 나름대로의 꿈을 이어간다는 내용이다.

극단 측은 "누군가의 모습을 흉내 내며 꿈을 꾸는 극중 인물들의 일상의 모습을 통해서 극의 플롯을 우스꽝스럽게 표현했지만 한 편으론 매우 애석하고 슬픈 현실이다"라고 평하며 "꿈에 대한 진지함과 유쾌함이 묻어나는 연극"이라고 설명했다.

Curtain Wall 이 내려가며 많은 박수 속에 잠시 휴식을 취한 후 무대가 다시 이어진다. 무대 배경은 같고 극중 인물 중에 두 남녀 주인공이 바뀌면서 연극의 내용과는 다른 구성으로 커다란 스크린을 통해서 두 사람의 오랜 사랑의 여정이 담긴 사진들이 오버랩 되면서 "결혼이야기"는 펼쳐진다.

홀연했던 사나이 역을 맡은 신랑(James분)은 그가 다방에 처음 온 날의 concept으로 신부(Lily분)를 만나게 된다. 두 사람은 불꽃같은 반응으로 첫 눈에 반하여 사랑을 하게 되고 사랑이 점점 무르익어 가며 곧이어 결혼에 이른다.

신랑은 신부에게 결혼서약이 담긴 사랑의 편지를 익살스럽게 낭독한다. 이를 받아들이는 신부의 표정이 아주 행복해 보인다.

이 때 축하객으로 재즈보컬리스트 웅산님이 등장해서 축하의 덕담을 건넨다.
동행한 기타리스트의 반주에 맞추어 축가를 부른다.
객석에서는 앙코르를 외쳐댄다.
자연스레 앙코르 곡을 부르고 웅산님은 퇴장한다.

이어서 통기타 가수 황금박쥐와 뮤지컬 가수 최재선 그리고 가수 지예양이 축가를 연속해서 부른다. 하객과 관객들로부터 많은 꽃다발과 장미꽃이 전해지고 사진을 찍으며 결혼이야기는 막을 내린다.

정말 뜻 깊고 의미 있는 결혼식이었다. 외국에서나 볼 수 있는 그런 특색 있는 아름다운 결혼식을 보았다. 유명 연예인들의 호화결혼식이나 일반인들의 전형적인 결혼방식과는 전혀 차원이 다른 혼인예식이었다.

소극장의 형평상 축하객들도 직계 웅사모(웅산을 사랑하는 모임)회원 중 일부 그리고 일반 연극관람객들이다.

평생에 한번 하는 결혼을 다른 사람들이 다하는 그런 일상적인 결혼방식이 아니라 부부의 緣을 맺는 두 사람만이 연극무대라는 특별한 장소를 통해서 독특하게 구성해감으로 그날의 소중하고 아름다운 추억을 간직하고자 하는 신혼부부의 사랑이 오롯이 묻어났다. 기쁨과 행복이 넘치는 아름다운 결혼이야기였다.

2부

바람처럼 재즈처럼

2부

경주 감포여행

회사에서 매년 신년 초에 워크셥을 떠난다. 상하이, 항쪼우, 쑤쪼우 (상해, 항주, 소주)로 다녀 온지가 불과 엊그제 같은데 새해가 되어 다시 워크셥을 다녀왔다.

올해는 천년고도 경주지역을 둘러보았다. 유난히 춥고 눈이 많이 내린 올겨울 날씨는 한참 아래지방인 경주까지도 온통 하얀 세상을 만들어 놓았다. 광명역을 출발한 KTX는 마치 雪原 위를 달리듯 좌우 창문을 통해 비쳐지는 세상은 모두 하얀색 도화지 위에 그려진 한 폭의 水墨畵다. 특별히 멀리 겹겹으로 둘러싸인 산들의 遠近이 그랬다.

신경주역에 내리니 반갑다고 마중 나온 바람이 아주 매서웠다.
지난 가을에 펜화가 김영택 화백 초대전 오픈식 때 반겨주던 그 상큼한 바람은 분명 아니었다. 시내로 들어서는가 싶더니 벌써 여기저기에 크고 작은 빡빡머리 동산들이 흩어져 있다.
대릉원을 들러 천마총을 둘러보았다. 수장자의 이름이 밝혀지지 않아 붙여진 天馬塚은 적석목곽분이라고 한다.
즉 중앙에 목관을 놓고 시신을 안치했다고 해서 붙여진 이름이다. 출토된 유물 중에는 우리나라 최초의 천마도라는 아주 귀중한 그림이 있다.

발길을 瞻星臺로 옮겼다.

통일을 이루기 전인 선덕여왕 당시에 축조되었다는 첨성대는 현존하는 아시아 최고의 천문대이다. 이는 천문 관측을 위해 지어졌다는 주장이 일반적이나 수미산 또는 우주를 상징하는 조형물이라는 주장도 있으며 고려기에 개성에 축조한 첨성대나 현존하는 조선시대 것보다도 규모가 크다고 한다.

雁鴨池의 야경이 아름답다고 하여 저녁 후에 코스를 잡았다.

신라 왕궁의 後園으로 삼국통일을 이룩한 문무왕 때에 만들었으며 처음에는 달빛이 고운 연못이라 하여 月池라고 불리었다가 신라가 망한 뒤에 관리를 하지 않아 연못엔 갈대만 무성하고 기러기와 오리 떼만 몰려와 살아서 그 이후에 안압지라고 불린다고 한다. 위에서 내려다보면 연못의 모형이 통일신라의 지형을 본떠서 만들었다고도 했다.

영하의 날씨에 연못은 꽁꽁 얼어있고 바람 또한 세차게 몰아쳐 모자를 뒤집어쓰고 수건을 둘러쓴 중동의 여인네들 마냥 어떤 사람은 히잡(Hijab)을 어떤 이는 차도르(Chador)를 그리고 심지어 어떤 사람은 부르카(Burqa)를 두른 여인처럼 눈만 내놓고 다녀서 사진을 찍어도 누가 누구인지를 구별하기가 쉽지 않았다. 여기저기 밝혀진 조명도 강한 추위에 시름없이 졸고 관람객들의 발걸음도 바삐 움직였다. 이렇게 해서 경주에서의 워크샵 첫 밤은 추위에 쫓겨 일찍 눈을 감았다.

해는 다시 떠올랐으나 추위를 완전히 물리치지는 못했다.
불국사에 도착해서야 세월이 한참 비켜갔음이 실감이 났다.

1972년 고2때 수학여행에서 처음 만나본 불국사는 이후 1985년 품질협회 세미나에 참석 후 시내 관광길에 잠시 둘러보았다. 화려함과 소박함이 공존하는 불국사는 명실 공히 우리나라 최고의 사찰이자 고찰이다.

그러나 불국사의 위용이 나를 압도하지는 못했다. 다만 초입에 있는 자하문으로 오르는 청운교, 백운교의 홍예문만이 어렴풋이 교과서에서 배웠던 기억이 있어 관심 있게 들여다 본 정도였다.

대웅전 본당 경내로 들어서니 다보탑과 석가탑이 그 자리에서 나를 반겨주었다. 석가탑은 보수공사로 인해 사면이 유리로 둘러진 채 답답함을 호소하는 듯 했고 1966년에는 보수를 위해 해체하는 과정에서 발견되었다는 금동사리외함을 건져냈듯이 이번엔 또 무슨 보물이 나올 것인지 기대해본다.

마주보고 있는 국보 20호 다보탑을 살펴본다.
통일신라의 대표적인 석탑인 다보탑은 석가탑과 비교되어 여성스러움이 넘치며 동쪽에 위치해 있어 東塔이라고 불리기도 한다. 복잡한 목조건축의 구조를 산만하지 않으면서도 유려하게 표현했는데 통일신라 불교미술의 정수를 보여주는 가장 개성적이고도 아름다운 석탑으로 평가된다. 다만 다보탑 네 귀퉁이를 지키고 있어야 할 사자상이 단 하나만 남아있어 매우 안타깝다. 학설에 의하면 1925년경 일본인들에 의해 해체 수리되었는데 그 관련 기록들이 전혀 남아있지 않고 탑 속에 두었을 사리와 사리함 등 각종 유물들이 약탈되었을 때 나머지 3개의 사자상들도 함께 사라져 이를 되찾기 위한 노력이 오래 전부터 혜문스님(문화재 제자리 찾기 대표)등 민간단체에서 진행되어오고 있으나 아직까지 그 행방을 알 수가 없다고 한다.

실제로 지난해 11월 17일 조계사에서 조선왕실의궤 환국 1주년 기념 행사가 있었는데 거기에서 혜문스님을 뵙고 그의 저서『빼앗긴 문화재를 말하다』를 받아 온 적이 있다. 일본인들의 문화재 약탈 및 훼손사는 여기에서 그치지 않는다.

이어서 석굴암으로 향했다.

토함산 중턱에 위치한 석굴암은 본래의 이름이 석굴사에서 말해주듯이 절이 가지고 있는 기본의 건축물들을 석굴 안에 다 갖추고 있다. 약식 절인 셈이다. 경덕왕 당시 재상이었던 김대성이 전생의 부모님을 위해 만들었다는 석굴암은 백색의 화강암을 이용하여 인위적으로 석굴을 만들고 내부 공간에 본존불인 석가여래불상을 중심으로 총 40구의 불상을 조각했다.

360여개의 넓적한 돌로 원형 주실의 천장을 교묘하게 구축한 건축기법은 우아한 솜씨가 돋보이는 한국불교예술의 걸작으로 세계에서도 유례가 없는 뛰어난 건축기술이라 했다. 그러나 안타깝게도 문화재 해설사의 말에 의하면 천정 위쪽에서 자연스럽게 흘러 내려오게 축조된 따뜻한 물줄기를 일본인들이 강제로 옆으로 돌려놓는 바람에 변형으로 인하여 오랜 동안 서서히 석굴암 내부에 습기가 차기 시작하고 결로현상이 생기면서 부식 및 이끼가 끼는 등 부작용이 심각하였다. 더 이상의 훼손을 막기 위해 유리벽을 만들어 놓아 본존불이 있는 안에는 이제 들어 갈 수가 없다. 그나마 40년 전 수학여행 때 그 안으로 들어가 벽면에 있는 보살상들과 특별히 얼굴이 11개인 11면 관음보살상 및 본존불을 만져보았던 것이 그렇게 다행일 수가 없었다.

석굴암의 석굴은 신라 불교예술의 전성기에 이룩된 최고의 걸작으로 건축학적으로 보나 기하학, 종교, 예술 등이 유기적으로 결합되어 있어 더욱 돋보이고 국보 제24호로 지정되어 있으며 1995년 불국사와 함께 유네스코 세계문화유산으로 공동 등재되어 있다고 한다.

이렇게 세계적인 문화유산임에는 틀림이 없겠으나 오늘字 한국일보에 서강대 동아연구소 교수인 강희정 교수는 최근에 펴낸 그녀의 저서 『나라의 精華, 조선의 表象』에서 우리가 석굴암을 민족 자부심의 상징이라고 여기지만 아직 세계사적 가치와 의미를 제대로 파악하지 못하고 있다고 도발적 논지를 펴고 있다.

즉, 그녀는 "영국이 인도를 버릴지언정 셰익스피어를 버리지 못하겠다고 했듯이 우리에게 무엇보다 귀중한 보물은 석굴암 불상이다."라고 1934년 우리나라 최초의 미술사학자 우현 고유섭(1905~1944)은 석굴암의 가치를 강조하기 위해 이렇게 말했다고 하면서 하지만 이런 평가는 우리민족이 시대를 거치면서 자연스럽게 쌓아 온 공감대가 아니라 근대 국민국가(nation-state)로 먼저 발돋움한 일제에 의해 교육되고 학습된 것이라는 주장을 했다.

한편 석굴암은 처음 건립된 이래 전혀 움직이지 않고 항상 본래 있었던 그 자리에 있었다. 석굴암의 미적 가치나 종교적 의미가 변하는 것은 그를 바라보는 우리들의 시선이 바뀌기 때문이라고 말하고 숭유억불 정책을 기반으로 한 조선시대에 석굴암은 한낱 "청산해야 할 과거일 뿐"이다. 라고 말했으며 조선을 먹은 일제의 관 학자들이 석굴암을 동양 최고의 미술품으로 치켜세우는 과정으로 이어져 야나기 무네요시(柳 宗悅) 교수는 학술지에 "석굴암처럼 깊이와 신비를 보여주는 불교예술을 달리 알지 못할 정도로 영원한 걸작"이라고 극찬을 아끼지 않았다고 한다.

이는 후발 제국주의 국가인 일본이 서구에 맞서 동양 이라는 새로운 범주의 세계를 만들고 자신들을 불교, 유교예술을 모두 소유하고 보존한 동양 중심이자 아시아 문명의 보고로 각인시키기 위한 의도라고 주장하는 것이다.

마지막으로 강 교수는 "석굴암이 유네스코 국제문화유산에 오를 정도로 전 세계가 인정하는 문화유산이긴 하지만, 아직 일제 강점기의 평가를 면치 못하고 있는 게 우리의 현실이라며 일제가 만들었던 석굴암의 패러다임을 이제 우리 시대는 우리의 눈으로 재평가를 할 시기라고 끝을 맺었다.

거의 반세기만에 다시 찾은 석굴암.
토함산 중턱이라 하지만 불국사에서도 차로 한참을 올라와야 했다. 주차장으로 내려오는 길은 멀리 동해 감포바다를 바라보고 있어 힘이 절로 솟는다. 수학여행 시절에는 토함산에서 해돋이를 보여 준다고 졸린 눈을 다그치던 선생님들 덕분에 흑백카메라긴 하지만 소나무들 사이로 비집고 올라오는 일출을 찍었던 사진이 아직도 내 앨범에는 자리하고 있다.

눈이 쌓여있어 미끄럽긴 했지만 송창식의 토함산 노래를 크게 불러본다.

"토함산에 올랐어라~해를 안고 앉았어라~가슴속에 품었어라~세월도 아픔도 품어버렸어라~~"

속이 다 시원하다. 주차장 반대편으론 멀리 경주 벌판이 한 눈에 들어오며 그 위쪽으로 눈 덮인 경주남산 능선이 시야에 들어왔다. 미국 유타주의 솔트레이크시티에서 올려다보는 로키 산맥의 봄 풍경처럼 하얀 능선들이 아주 아름다웠다. 시내에서 남쪽에 위치하고 있다 해서 붙여진 이름이나 정상 능선에는 고위산과 금오산이 있다. 서울에 있는 남산과 같은 이름이긴 하나 이곳 경주사람들은 이곳 남산을 아주 신성시하고 있다고 한다.

석굴암과 연관이 있는 감은사지, 문무왕 수중릉, 읍천항 주상절리를 보기 위해 감포로 이동했다. 감포항에서 해가 솟을 때 토함산 석굴암 본존불의 이마에 박혀있는 수정에 그 햇빛이 닿으면 빛이 반사되어 석굴암 실내가 환히 빛날 만큼 정교하게 과학적으로 기하학적으로 만들어졌다는 것에 다시 한 번 감탄했다. 감포로 가는 길에 감은 사지를 둘러보기로 했다.

80년대 여름에 구룡포 가는 도중에 들러 보았던 감은사지는 말 그대로 절은 사라지고 터만 남아있으며 석탑만이 그 위치를 증명해 주고 있다.
석탑은 동탑과 서탑으로 되어있는데 그 훼손 정도가 그 때보다도 더 심했다. 관리소나 관리인 하나 없이 오직 '문화관광해설사의집'이라는 것이 있을 뿐 주차장만 반듯하게 정비해 놓았다.
그 어느 맥없는 사람이 실없이 훼손을 하고 사라져도 사후약방문처럼 아니 근자의 남대문 태워먹듯이 태워먹어야 정신을 차릴 것 같아서 정말 노파심에 한마디 하고 싶었다.
해설사는 퇴근시간이라고 떠났고 자세한 내용은 안내판에 의존할 수밖에……. "삼국통일 후 쌍탑으로 바뀐 최초의 가람배치를 보이고 있다"는 문구가 눈에 띈다.

다음으로 최근에 유명세를 타고 있는 읍천항 주상절리를 보았다. 경주시 양남면에 위치한 세계적으로도 희귀한 부챗살 모양으로 둥글게 누워있는 국내 최대의 주상절리. 서귀포 해안의 육각형 수직 주상절리, 광주 무등산 서석대의 주상절기와 함께 애호가들의 사랑을 받고 있다. 소나무 숲을 지나며 해안가를 따라 길게 펼쳐져 있는 파도소리 둘레 길을 걸으며 들려오는 파도소리를 듣노라면 금세 황홀경에 빠진다. 전망대에서 내려다보면 코발트빛 동해바다가 시선을 사로잡고, 둥근 주상절리 안쪽의 옴팡진 물웅덩이를 넘나들며 철석거리는 파도소리는 농부가 키

질하며 곡식을 까부는 소리처럼 사부작사부작 소리를 낸다. 전망대 뒤쪽으로 보이는 빨간색, 하얀색 등대 한 쌍은 마치 신혼여행을 온 부부같이 예쁘다.

짧은 겨울 해가 넘어가는 동해바다를 끼고 얼마 안 가서 문무왕 수중릉이 나온다. 죽어서도 왜구의 침략을 막아보겠다는 문무왕의 유언에 따라 바다에 수장된 그 비장함이 일본과 맞서는 오늘의 우리들의 힘의 원천인 듯하다. 감포항에서 맛보는 회는 여행의 즐거움을 더해 주었다.

셋째 날엔 김유신장군묘를 둘러보았다.
아무리 신라가 삼국을 통일할 때의 명장이라 해도 일개의 장군 무덤을 그리 크게 만들었을까 하는 의문이 들었다. 해설사의 말에 의하면, 신라의 수많은 왕들의 무덤 중에서 수장 자가 명확히 밝혀진 것은 무열왕릉과 헌덕왕릉 단 둘 뿐이고, 나머지 능들은 다만 기록에 의해 추정할 뿐이라 했다.

삼국사기에 의하면 장군이 죽자 조카인 문무왕이 예를 갖추어 장례를 치루고 비석을 세웠다고 했으나 지금은 그 당시의 비석은 남아있지 않고 조선시대에 와서 경주 부윤이 장군 묘에 왔다가 앞날을 생각해서 묘 앞에 지금의 비석을 세웠다고 했다. 이처럼 김유신장군의 묘도 실제 주인은 누구였을까? 하는 의문이 계속 남는다고 했다. 그 이유는 아무리 생각을 해 보아도 왕릉보다도 크고 화려하기 때문이다. 최근 故 이근직 교수의 저서로 인하여 또다시 논란이 되고 있다고 한다. 그의 주장은 크게 3가지로 들 수 있다.

1. 장군의 무덤 둘레에는 12지신 상의 모양석이 24개가 둘러져 있는데, 12지신 상은 그 시대에 없던 양식이라는 것이다.

2. 무열왕릉보다도 신하인 장군의 무덤이 더 크고 화려하다는 점.

3. 당시 왕 아래 무덤에 쓰던 배장 풍습과 어긋난다는 점을 들고 있다.

이러한 논란은 거의 3백년 가까이 내려오고 있지만 가야국의 시조인 김수로왕의 12대 손인 김유신 장군의 후손들인 김해김씨 종친들이 천여 년 동안 묘를 관리하고 제사를 지내 왔다는 사실은 기록만큼이나 아주 중요한 근거일 것이라고 해설 사는 말한다.

이번 경주 감포여행은 2013년 새해를 맞이하면서 찾아 본 천년고도 신라의 유적지, 즉 역사의 현장을 다시 한 번 둘러보았다는데 큰 기쁨과 의미가 있었다.
아쉬움이 있다면 불국사에서 석굴암까지 걸어서 갔어야 하는데 추운 겨울 날씨 탓에 차로 이동을 했다는 것이 아쉬움으로 남았다.
다음 번 경주여행에서는 남산의 주봉인 고위산과 금오산을 오르며 산재해 있는 불교 석불문화를 직접 만나보고 싶고 홍상수 감독의 영화 『생활의 발견』에 나오는 시장 골목의 대포 집에도 가보고 싶다.

고대산의 매력

주안역을 출발해 의정부에서 경원선으로 갈아타고 철도중단역인 연천군 신탄리역에 닿았다. 며칠 전 대둔산엘 가자는 제의도 있었지만 내 마음은 벌써 3년째 고대산으로 연결되어 있었던 모양이다. 6월 즈음에 연속으로 올랐던 산이라서 그럴까 그렇게 고대산이 그리워질 수가 없다.

얼무국수의 시원한 맛,
정상을 지키는 哨兵들의 맑은 눈빛,
그리고 똥보 아줌마가 끓여주는 얼큰한 보신탕 맛이 그리워서도 그랬을 것이다.

전형적인 아담한 시골 기차역인 신탄리역은 종착역이 아님에도 어느 순간 철도 중단역이 되어버려 서글픈 역사를 지닌 그런 조그마한 역이다. 개찰구부터 복잡하더니 바로 근처의 주차장은 벌써부터 등산객들로 시끄럽고 분주하다. 주차장에서 왼편으로 조금 오르다 보면 군부대 자리가 나오게 되고 그 입구에 등산 안내판과 푯말이 나오는데 이 지점이 제3등산로의 시작이다.

대부분의 사람들은 조금 가파른 이 코스보다 완만한 제2, 제1등산로를 택한다. 제1코스는 정상부근에서야 만나게 되지만 제2등산로는 30여분 오르다 보면 만나게 된다.

2003년 6월 28일 토요일 쿨맥 친구들과 처음 올랐던 고대산은 너무도 깊은 인상을 받았기에 작년 7월 11일 다시 찾은 그 산, 이번에도 주저함이 없이 내 발걸음은 거기로 향하고 있었다.
　초입부터 키가 큰 나무들로 우거져 하늘이 안 보일 정도로 삼림이 울창하다. 푸른 초목으로부터 뿜어져 나오는 음이온의 맑고 신선한 공기는 일주일 넘게 어머니 병실을 지켜온 내 몸을 다시 일으켜 세웠다.

　깨끗한 새소리를 들으며 20여분을 완만하게 오르다 보면 갈림길이 나타난다. 여기서부터 숨 가쁘게 가파른 길을 20여분을 오르면 제2등산로 길과 합쳐진다. 서너 번 쉬어가며 바위능선에 다다르면 어느새 등은 땀으로 젖으며 가져간 얼음물은 점점 바닥이 나간다. 이곳이 8부 능선 정도는 되며 이 바위능선을 칼바위라 부르는 모양이다.

　초입부터 여기까지는 울창한 수목에 가려 얼마큼 올라온 것인지 내 위치가 어디인지를 몰랐으나 바위능선에 올라서면 전후좌우가 다 발 아래라 머리 위로는 파란 하늘이고 발밑으로는 바위, 그 아래로 푸른 산 그리고 저 멀리 한참 아래로 장난감 같은 작은 마을들이 점점이 펼쳐진다.
　산과 계곡이 푸른 나뭇잎들로 덮여져 초록색 바다를 연출해 낸다. 마치 우산 꼭지에 서있는 듯, 정수사를 거쳐 오르는 강화 마니산의 바위능선과 비슷하기는 하나 위험도는 낮으며 그 느낌 또한 사뭇 다르다. 바위에 걸터앉아 쉬노라면 시원한 바람이 불어와 흥분된 내 마음을 실어서 공중에 흩뿌려 놓는다. 마치 죽음에 이르면 肉과 魂이 분리가 되듯이 그러한 기분을 맛보았다.

　로프를 붙잡고 오르는 바위능선을 지나서 대광봉, 삼각봉을 두세 번 오르내리면 드디어 고대산 정상이 가까이 보이며 이미 도착한 사람들의 모습과 재잘대는 소리가 들린다.

  곧 이어 정상 高臺峰 해발 832m. 사방이 전부 푸른 산이다. 우측 전방으론 철원평야가 눈에 들어오고 북쪽으론 북녘 산들이 줄줄이 이어져 있다. 저리로 계속 가면 북으로 갈 수야 있겠지만 적어도 지금은 이곳으론 더 이상 갈 수 없는 땅 남방 한계선이 눈앞에 있고 멀리 백마고지, 김일성 고지가 바라다 보이지만 고요가 멈춘다.

  얼마 전 같으면 대남방송과 대북방송이 서로 꼬리를 물며 윙윙거려서 모든 자연이 소음공해로 시달렸겠지만 지금은 사이가 좋아 방송이 멈춰 고요와 한적, 평화로움 그 자체다.

  높은 산에서만 볼 수 있다는 까마귀가 날며 내는 까악, 까악 소리가 간간이 들릴 뿐 전방을 응시하는 초병의 눈초리가 이 고요를 깰까봐 조심스럽다.

  초병들과 잠깐 대화를 나누다 보면 사람이 그리운 그들,
  부모와 식구 친구들이 보고픈 그들,
  군에 간 자식 생각나는 부모와 형제자매들,

  길게 말은 안 했어도 설사 대화는 없었어도 눈빛이 스치는 순간 以心傳心으로 서로의 마음이 뭉클해진다.

  이 짧은 만남을 위해 힘들여 급히 올랐는지도 모르겠다. 역 앞에서 일부러 준비해 간 과자선물도 극구 사양하는 통에 도로 지고 내려온다.

  하산 길에 폭포를 가려고 먼 길을 택해서 내려온다. 중간쯤에 만나는 계곡물도 가뭄으로 인해 흐름을 멈춰서 있다. 얼굴을 찬물에 잠깐 담그고 이내 조금 아래의 매 바위 폭포로 향한다.

  지난번에 왔을 땐 멀리서도 물소리가 우렁찼는데 이번 엔 가까이 가

서야 가냘프게 들린다.

사람들의 웅성소리가 더욱 크게 들린다.
계곡 반대편의 깎아지른 듯 절벽은 한 폭의 그림이다.
클리프 행어의 영화에서처럼 높고 가파르다.

로프로 연결만 되어 있다면 한번 오르고 싶은 충동이 강하게 들었다 그만큼 중간 중간에 나무들도 있고 아름다워 위험해 보이지를 안는다. 매 바위 폭포는 강촌 구곡폭포의 삼분의 이 정도 높이긴 하나 겨울철에 水量만 많다면 빙벽 오름도 장관일 것이다.
가물었던 탓으로 가늘게 떨어지는 물줄기가 숨 가빠 보인다. 폭포 아래 沼엔 까만 올챙이들이 가득해 조무래기들의 물장난이 재미있어 보인다. 걸음을 재촉해 30여분 내려오면 다시 원위치 그 주차장에 이른다.
왕복 4시간여의 등산길은 초보자들에게는 페이스를 잃기가 쉬우나 천천히 자연과 대화하며 오르면 무난한 산행이 될 수 있다.
북을 마주한 고대산이 주는 특별한 유월의 느낌은 山과 나만이 주고받는 情, 그 자체이다.
술을 마시고 오고픈 생각에 기차여행을 해 본 이번 산행은 기차를 기다리며 평상에 앉아 처음 만나는 사람들과 주고받는 막걸리의 맛이란 다시 만난다는 기약 없이 마셔버려도 연락처 남김도 없이 헤어졌어도 기차에서 눈을 감아도 머릿속에 오래 오래 남아 있다.

그 산이, 그 사람들이 내년 유월에도 다시 와야지 하는 다짐 속에 몸은 한강다리를 지나 인천으로 향한다.

서울인천국제공항, 웬 말인가?

지난주에 일본 도쿄 및 쯔쿠바로 출장을 다녀왔다.

김포에서 하네다 노선은 좌석이 없어서 부득이 인천공항에서 나리타공항을 통해서 출입국을 했다. 나리타공항 역시 새로 지은 공항이라서 도쿄 중심에선 아주 먼 거리에 위치해 있다. 시내로 들어오려면 공항에서 Sky Access Liner라는 특급열차를 타고 니뽀리역에 내려서 JR(일본 철도)로 갈아타야 한다. 도쿄 역까지의 총 소요 시간은 1시간 30여분이 걸린다.

몇 년 전부터 한일 간의 여객이 부쩍 늘어나면서 양국 간의 도심 진입이 편리한 김포와 하네다간의 국제선이 특별히 생겼다. 지금의 중국 상하이 홍치아오 공항과 김포공항 노선도 같은 맥락이다. 시간을 다투는 비즈니스 출장은 김포와 하네다 노선을 이용하면 시간도 많이 단축되고 비용도 절약된다.

도쿄의 날씨는 초겨울치고는 그리 춥지가 않았다.
조끼에 코트까지 입고 떠났었는데 코트가 무용지물이 되어 도쿄에 머무는 내내 애물단지가 되었다. 쯔쿠바市는 1985년 일본이 세계박람회를 개최함으로써 명실공이 첨단과학단지로 발전하게 된 계기를 마련한 도시다.

도쿄 다다음역인 아키하바라역에서 쯔쿠바 Express로 북쪽으로 50여분 달려 종착역인 쯔쿠바 역에 도착해서 택시로 20여분가면 일본이 자랑하는 건축연구소(Building Research Institute)가 나온다.

차창 밖으로 지나는 잘 정렬된 가로수들이 마지막 가을을 파스텔톤으로 아름답게 수놓고 있었다. VIP(Vacuum Insulation Panel, 진공단열판넬) 샘플을 측정할 목적으로 동양제철화학 직원들과 함께 한 출장이었다. 성공적인 출장을 마치고 돌아오는 비행기 안에서 도착 안내방송을 듣는 순간 아주 기분이 나빴다.

"승객여러분, 저희 비행기는 약 20분 후에 목적지인 서울인천국제공항에 도착하겠습니다."

공항이 완공되기 전부터 공항명칭을 두고 논란이 많았던 내용이다. 영종공항, 세종공항, 인천공항 등 지금은 분명 인천국제공항이다. 홈페이지 주소도 "IIAC, Incheon Int'l Airport"로 되어있다. 그 어디에도 서울인천국제공항이란 말은 없다.
그런데 승무원들은 하나같이 방송멘트를 "서울인천국제공항"이라고 시작을 한다. 한때는 인천시민들이 항의도 많이 한 것으로 안다. 그런데 왜 아직도 항공사에선 그렇게 멘트를 하는지 모르겠다.

세계에서 제일 큰 공항인 미국 일리노이즈주에 있는 시카고 오헤어공항이름도 일리노이즈주 州都인 Spring Field 시카고공항이라고 안 부른다.

뉴욕 JFK 공항도 Washington D.C / 뉴욕공항이라고 안 부른다. 수도가 가까이 있다고 해서 굳이 서울/인천국제공항이라고 부를 필요는 없다.

　유독 항공사 기내 방송만 그렇게 하고 있는 실정이다.

　김포공항은 서울시 강서구 공항동에 위치해 있어서 당연히 서울김포공항이라고 불러도 무관하며 김해공항도 부산시 강서구 대저동에 있으니 이 또한 부산김해공항이라고 부르는 것이 당연하다고할 것이다.

　그런데 인천시민으로서의 프라이드가 조금은 깎여지는 듯해서 기분이 썩 좋질 않다. 언제쯤이면 본연의 이름인 인천국제공항이란 멘트를 듣게 되는지 답답하기만 하다. 오늘도 수없이 오르내리는 항공기에선 유례없는 공항이름이 날조되어 승객들을 잠시 혼란에 빠뜨리고 있겠지.

광복절과 CoolMc

어제가 제66주년을 맞는 광복절기념일이다.
광복절,
단어 적으로는 "빛을 되찾음"을 의미한다.
국권을 되찾았다는 뜻이다.
무슨 빛을 되찾았고 국권을 되찾았다는 말은 무슨 말인가? 되풀이하기조차 싫은 일제강점기 동안 우리민족은 빛을 잃음과 동시에 나라의 권리도 빼앗겼었다. 그런 뜻에서 어둠의 긴 터널에서 빠져나와 빛을 다시 찾았고 나라의 권리도 회복했다는 의미일 것이다.

북한에서는 이날을 민족해방 기념일로 부르고 있다고 한다. 중앙청에 걸려있던 일장기는 내려졌지만 태극기 대신에 한동안 미국 성조기가 게양되었었다고 어제 산행을 같이 한 친구의 말이다. 그해 8월 25일에 남산 국기게양대에 태극기를 게양하는 보도사진이 있다. 나라는 해방을 맞았지만 정식으로 정부가 들어선 것은 아니었다.
민족주의자와 공산주의자들의 대립이 첨예해갈 때 9월에 제2차 세계대전 승전국인 미국과 소련이 38선을 경계로 한반도를 분할 점령하여 군정을 실시하였다. 이어서 미국에서 이승만이 들어오고 11월이 되어서야 김구 및 임시정부 요인들이 귀국했으나 나라의 혼란은 여전했다. 우여곡절 끝에 3년이 지난 1948년 8월 15일이 되어서야 그것도 남한에서만 대한민국 정부가 정식으로 수립되었고, 다음 해에 이날을 국경일로 지정하여 지금까지 기념일 행사를 치르고 있는 것이다.

흙 다시 만져보자, 바닷물도 춤을 춘다.
그 다음 가사는 기억이 가물가물하고 감동도 생기질 않는다고 친구 홍박사는 푸념이다. 학창시절엔 나라를 빼앗긴 선조들은 그 당시에 도대체 무엇을 했나? 라고 한심하다는 식으로 투덜거렸었다. 그런데 막상 요즘의 주변상황도 크게 변하지를 않았다. 이러다간 100년 뒤에 후손들이 나를 똑같이 욕해대지 않을까 심히 걱정이다.

홍길동이 呼父呼兄을 못한 것과는 전혀 다를 진데 우리정부는 아니 대통령은 일본에 대고 독도는 한국 땅이라는 말을 왜 못하는 것인지, 조용한 외교 건드려 부스럼? 아니 되받아치면 국제사법재판에 회부? 저들은 조무래기 애들을 넘어 이제 까까머리 중학교 교과서에 당당하게 자기네 영토라고 가르치고 있다. 내년에는 고등학교 역사교과서에도 반영을 한다고 들었다. 우겨서 될 일이 있고 안 되는 일도 있지만 우기지 말아야 할 일을 저들은 때만 되면 해댄다.
언제까지 저들의 억지주장과 역사왜곡, 사과 회피 등을 관망할 것인지? 이 시점에서 지난 참여정부시절 고 노무현 전 대통령의 통쾌한 독도에 대한 특별연설문(후배의 글에서 발췌)을 소개한다.

"존경하는 국민 여러분! 독도는 우리 땅입니다. 그냥 우리 땅이 아니라 40년 통환의 역사가 뚜렷하게 새겨져 있는 역사의 땅입니다. 독도는 일본의 한반도 침탈 과정에서 가장 먼저 병탄되었던 우리 땅입니다. 일본이 러일전쟁 중에 전쟁 수행을 목적으로 편입하고 점령했던 땅입니다.

리일전쟁은 제국주의 일본이 한국에 대한 지배권을 확보하기 위해 일으킨 한반도 침략전쟁입니다. 일본은 러일전쟁을 빌미로 우리 땅에 군대를 상륙시켜 한반도를 점령했습니다. 군대를 동원하여 왕궁을 포위하고 황실과 정부를 협박하여 한일의정서를 강제로 체결하고 토지와 한국 사람을 마음대로 징발하고 군사시설을 마음대로 설치했습니다. 우리 국토 일부에서 일방적으로 군정을 실시하고, 나중에는 재정권과 외교관마저 박탈하여 우리의 주권을 유린했습니다.

일본은 이런 와중에 독도를 자국 영토로 편입하고 망루와 전선을 가설하여 전쟁에 이용했던 것입니다. 그리고 한반도에 대한 군사적 점령상태를 계속하면서 국권을 박탈하고 식민지 지배권을 확보하였습니다. 지금 일본이 독도에 대한 권리를 주장하는 것은 제국주의 침략전쟁에 대한 점령지의 권리, 나아가서는 과거 식민지 영토권을 주장하는 것입니다. 이것은 한국의 완전한 해방과 독립을 부정하는 행위입니다.

또한 과거 일본이 저지른 침략전쟁과 학살, 40년간에 걸친 수탈과 고문, 투옥, 강제징용 심지어 위안부까지 동원했던 그 범죄의 역사에 대한 정당성을 주장하는 행위입니다. 우리는 결코 이것을 용납할 수가 없습니다. 우리 국민에게 독도는 완전한 주권회복의 상징입니다. 야스쿠니신사 참배, 역사교과서 문제와 더불어 과거 역사에 대한 일본의 인식 그리고 미래의 한일 관계와 동아시아의 평화에 대한 일본의 의지를 가늠 하는 시금석입니다"

– 中略 –

존경하는 국민 여러분,
이제 정부는 독도문제에 대한 대응방침을 전면 재검토하겠습니다. 독도문제를 일본의 역사교과서 왜곡, 야스쿠니신사 참배문제와 더불어 한일 양국의 과거사 청산과 역사인식, 자주독립의 역사와 주권 수호의 차원에서 정면으로 다루어 나가겠습니다. 물리적인 도발에 대해서는 강력하고 단호하게 대응해 나갈 것입니다. 세계여론과 일본 국민에게 일본정부의 부당한 처사를 끊임없이 고발해 나갈 것입니다.
일본정부가 잘못을 바로잡을 때까지, 전 국가적 역량과 외교적 자원을 모두 동원하여 지속적으로 노력해 나갈 것입니다. 그 밖에도 필요한 모든 일을 다 할 것입니다. 어떤 비용과 희생이 따르더라도 결코 포기하거나 타협할 수 없는 문제이기 때문입니다.

- 中略 -

　국민여러분, 우리는 식민 지배의 아픈 역사에도 불구하고 일본과 선린우호의 역사를 새로 쓰기 위해서 부단히 노력해 왔습니다. 양국은 민주주의와 시장경제라는 공통 지향 속에 호혜와 평등 평화와 번영이라는 목표를 향해 전진해왔고, 또 큰 관계발전을 이루었습니다. 이젠 양국은 공통의 지향과 목표를 항구적으로 지속하기 위해서 더욱더 노력해야 합니다. 양국관계를 뛰어넘어 동북아시아의 평화와 번영, 나아가 세계의 평화와 번영에 함께 이바지해야 합니다. 그러기 위해서는 과거사의 올바른 인식과 청산, 주권의 상호 존중이라는 신뢰가 중요합니다. 일본은 제국주의 침략사의 어두운 과거로부터 과감히 떨쳐 일어서야 합니다.
　21세기 동북아 평화와 번영, 나아가 세계 평화를 향한 일본의 결단을 기대합니다. 감사합니다.
- 2006년 4월 25일 노무현 전 대통령의 독도연설

　이 얼마나 힘 있는 강력한 메시지인가?
　이를 일본어로 번역을 해서 글을 아는 일본인들 전체에 보내주고 싶다. 홍박사의 말 대로 이젠 광복에 대한 큰 감흥은 별로 없다. 또한 광복절에 대한 대통령의 연설에도 그다지 기대하지 않는다. 경제회복보다 중요한 것은 주권회복이다. 그리고 국토수호이다. 일본이 어느 순간 독도를 기습 점령한다는 말도 있다. 요사이 그들의 행동을 보면 그럴 가능성도 충분히 있어 보인다. 그래서 독도를 경찰이 지킬 것이 아니라 군대를 주둔시켜야 한다고 본다.

　경찰의 임무는 치안유지이다. 독도에 주민이 몇 안 되는데 거기서 치안유지가 무슨 의미가 있겠는가. 그렇다면 우리국토의 동쪽 끝 독도를 군인들이 지켜야 되지 않을까한다.

　이번 광복절 기념일은 그런 이유에서 특별히 삼성산 국기봉에서

CoolMc과 함께 맞이했다. 가랑비가 내리는 와중에도 습기가 온 몸을 괴롭혀도 한발 한발 정상에 섰다. 회색빛 하늘 위로 펄럭이는 선명한 태극기를 바라보며 잠시 특별한 감회에 젖어봤다. 땅은 비록 비에 젖었지만 다시 한 번 흙을 만져보며 막걸리를 잔에 채워 우리나라의 무궁한 번영과 CoolMc의 앞날을 위해 일행은 힘차게 "Cool麥"을 외쳤다. 쿨맥을 좋아하게 된 이유도 이런데 있다. 그 순간 다른 일행들의 애국가 제창이 들려왔다. 아마도 같은 마음에서 태극기 아래에서 애국가를 불렀을 것이다.

 10월말에는 집사람과 함께 마라도 여행을 계획하고 있다. 우리 땅 남쪽 끝 마라도에서 동쪽을 향해 이렇게 외쳐볼 것이다.

 "양심이 있는 일본인들이여
  양심이 없는 그네들을 잠재우시오!"

근심을 잊게 하는 꽃

잦은 비로 마음 밭이 눅눅해질 때 우리의 마음을 환하게 밝혀주는 꽃이 있습니다. 예로부터 근심을 잊게 해주는 꽃이라 하여 망우초忘憂草라 불리는 원추리 꽃입니다. 옛글에도 아녀자들이 원추리를 내당 뜨락에 심어놓고 원추리 꽃의 향기를 맡으며 전쟁터로 떠난 남편을 기다리던 이야기가 심심치 않게 나오는 걸 보면 마음속에 근심을 잊게 하는 데는 원추리 꽃만 한 게 없지 싶습니다.

어린 순은 나물로도 무쳐 먹기도 하고 꽃은 샐러드로, 뿌리는 약으로도 이용되었던 원추리 꽃. 마음이 울적하거나 남모르는 근심 걱정이 있다면 집안에만 머물지 말고 뜰로 나가 원추리 꽃을 만나보실 일입니다. 장맛비에도 아랑곳하지 않고 눈부시게 피어난 원추리 꽃과 눈 한 번 맞추고 나면 분명 어둡던 마음에 꽃등을 켠 듯 가슴이 환해질 것입니다.

위의 글은 백승훈님의 글이다.
행복한 문화나누기에서 나한테 보내오는 향기메일이다.

오늘 아침에 컴퓨터를 열었더니 제일 먼저 눈에 띈 이 향기메일은 나를 행복하게 했다. 연일 폭염에 시달리는 남부지방과는 사뭇 다르게 중부지방에서는 지루한 장마가 일주일 넘게 지속되고 있는 가운데 오늘은 모처럼 사무실 창밖이 환하다. 지난주에 옥상에 널어놓은 요이불이 일주일째 비를 맞고 있다. 급기야 딸아이 집에서 요 이불을 빌려와서 지내고 있다.

근심을 잊게 하는 꽃이라 했던가?
백합과의 여러 해 살이 풀이라는 원추리 꽃은 여름에 흔하게 접하는 동네 꽃이다. 길거리 화단이나 동네 어귀 길가에 옆집 모퉁이 담벼락 밑에 조용히 꽃대를 길게 세우고 바람에 나풀대는 주황색 원추리 꽃은 요즘처럼 장마철에 얼핏 마음이 울적해 지거나 그야말로 남모르는 근심이 있거들랑 거리로 나가 길가에 심겨진 원추리 꽃을 만나보시라고 권하고 싶다. 비슷한 종류의 백합이나 나리꽃은 만나 보기가 쉽지 않으니 어느 동네에서나 어렵지 않게 만나 볼 수 있어 이름 하여 동네 꽃이라 하고 싶다.

여름 산행에서 운 좋으면 만날 수 있는 원추리꽃은 그만큼 산행의 피로도 말끔히 씻어 준다. 여름 꽃 능소화가 소녀다운 아리따움이 있다면 원추리꽃은 꽃잎이 주는 도도함과 성숙한 여인의 아름다움이 있다.

이제 비가 그치면 길거리로 나가 길가 화단에 고개를 길게 내밀고 피어있는 원추리꽃을 만나러 가자.

분명 어둡던 마음에 꽃등을 켠 듯 가슴이 다 후련해 질 것이다.

나의 조국, 미운 대한민국

　인천문학구장 안에 있는 문학시어터에서 연극 "나의 조국, 미운 대한민국"을 관람했다.
　여주인공 역을 맡은 분의 초대로 知人들과 함께 의미 있는 연극을 관람하는 행운을 얻은 것이다.

　연극의 줄거리는 일제강점기 말에 주변인들한테 속아서 자의반 타의반으로 일본으로 무작정 건너갔던 조선여자근로정신대의 삶을 다룬 내용이다. 이 연극이 관람객들한테 주장하고 싶었던 핵심은 연극의 주제에서 알다시피 그들은 결국 "조국이 밉다는 것"이다.

　비슷한 주제로 재작년 가을에 동숭동 대학로에서 본 일본종군위안부들의 삶을 그린 "특급호텔"이란 연극을 되새기며 관람을 했다.

　이번 연극을 통해서 우리가 단순히 알고 있었던 정신대, 정신대, 하는 할머니들이 이와 같이 두 가지 종류의 피해자들이 있었다는 것을 처음 알았다.

　하나는 일본종군위안부요.
　다른 하나는 이번 연극의 주 내용인 조선여자근로정신대인 것이다.

서로 대동소이한 면도 있지만 피해의 정도와 내용이 사뭇 다르다는 것이다. 1944년 "조선여자근로정신대"라는 美名에 속아 열서너 살 어린 소녀들이 배고픔과 신교육에 대한 갈망으로 주변인들의 말만 믿고 부모님과 조국의 품을 떠나 일본으로 무작정 떠났던 것이다. 하지만, 소녀들이 맞이한 건 일본군과 일본기업의 위안부 차출과 강제노역이 전부였다.

소녀들은 갖은 모욕과 힘든 노동을 하면서도 부모님과 조국의 품으로 돌아오기만을 위해서 참고 또 참으며 그 엄청난 桎梏의 세월을 보내던 중, 막상 조국이 해방이 되어 그리던 고국으로 부모님 곁으로 돌아왔지만 조국도 부모님도 그녀들을 제대로 받아 주지를 않았다.

그 이유는 식민지 통치시대에 단지 살아가는 생존수단이었다는 치사한 변명을 해대는 친일파들이 퍼뜨려 놓은 일본군에게 몸을 망친 화냥년들이란 억울한 처지로 전락되어 고향에서도 살지 못하고 설사 결혼을 했다 해도 남편들한테까지 모욕을 받으며 살아왔던 것이다.

여기서 주장하는 피해 할머니들의 소원은 단순히 돈에 의한 보상이 아니다. 얼마 남지 않은 생을 단지 억울함을 남기고 치욕스러운 상태로 마감하고 싶지 않으신 것이다. 그들은 연극 말미에서 목 쉰 소리로 외친다.

"우리는 조국을 사랑합니다, 그렇지만 조국 대한민국이 밉습니다.
제발 우리들의 억울한 외침을 들어 달라고요!"

또 다른 연극 "특급호텔"에서 표출하고자 하는 내용과는 많이 다르지만 연극을 보는 내내 마음이 무거웠다. 객석의 분위기도 너무 진지했고 연기자들의 리얼한 연기에 중간 중간 눈시울도 적셔와 마음이 정말 찡했다. 특히 배경으로 잔잔히 깔리는 봉선화 노래는 이를 한층 더 부추겼습니다.

일제강점기를 겪은 우리는 시대의 비극이자 정말 있어서는 안 되었을 그 苦海의 시기를 되새겨 보며 앞으로는 절대로 그러한 비참한 상황을 우리 후손들한테만큼은 물려주어서는 안 된다는 어떤 사명의식을 갖게 하는 좋은 시간이었다.

이들이 원하는 것은 정부가 나서서 그들의 억울한 외침을 살아생전에 들어달라는 것이다. 아니, 혹시 남아 있는 생애에 안 된다면 그 이후에라도 제발 역사를 바로 잡아 저 세상에 가서라도 편안히 눈을 감을 수 있도록 해달라는 것이다. 밉지만 결코 버릴 수 없는 조국 대한민국이기에……,

아침에 식사를 하면서 TV에서 마침 6·25 기념일을 앞두고 정부의 공영광고가 나오는 것을 시청했다.
"조국은 결코 그들을 잊지 않는다."라는 자막과 함께 성우의 외침이 다부지다. 이 광고를 듣는 순간 어제의 연기자들의 목쉰 외침을 기억해 냈다. 그들이 원하는 것은 정녕 이 조국이 그들의 억울한 외침을 제발 들어달라는 것이었다. 그럼 6·25때 희생된 군인, 민간인 등의 희생만을 이 조국은 기억할 것인가? 억울하게 끌려가 이런저런 모양으로 육체적, 정신적 고통을 당하고 소리 없이 죽어갔거나 목숨이 얄궂어 아직도 살아남아서 다 일그러져 가는 모습으로 힘없는 목소리로 메아리 없이 해대는 그들의 외침은 정녕 이 조국은 들으려 하질 않는 것인지?

해외업무를 맡고 있는 나로서는 일본 거래처가 많은 관계로 일본을 자주 드나들고 자연스레 그들과의 접촉도 빈번하다. '독도 수호대' 일원이기도한 나는 그들과의 대화에서 거의 역사문제에 대해서는 서로 간에 피한다. 언쟁이나 논쟁의 상황을 만들려 하지 않기 때문이다.
그렇지만 우리들끼리는 한일과거사, 한일역사왜곡 및 독도영유권 주장 같은 것에 대해서는 기회가 있을 때마다 열을 올리고 핏발을 세우며 언성을 높인다.

스스로 생각하기에도 二律背反적인 면이 없지 않다.

그들한테는 먼저 말도 꺼내지도 않으면서 우리 스스로한테만은 왜 그리 열을 올리는지? 어떻게 하는 것이 좋을지는 잘 모르겠다. 그렇지만 저들이 먼저 얘기를 해오거나 매스컴 상에서 들려오면 주저하지 않고 옳은 주장을 하고 싶다.

그렇게 하기 위해 나 스스로가 한일과거사, 근대사에 대한 지식도 넓혀가야겠고 부족한 일본어 실력도 끊임없이 끌어 올려야겠다.

6월은 報勳의 달이다.
이 보훈의 달에 혹시 아직도 보훈의 영역이 미치지 않는 사람들이 있지 않는가에 정부는 눈과 귀를 기울였으면 하는 小市民의 바램이다.

南漢山城과 三田渡碑

2007년 9월 나는 김훈의 소설 『남한산성』을 읽었다.
그는 책머리 일러두기에 이렇게 적고 있다.

> "이 책은 소설이며 오로지 소설로만 읽혀야 한다. 실명으로 등장하는 인물에 대한 묘사는 그 인물에 대한 역사적 평가가 될 수 없다. 따라서 시대의 모습과 흐름을 이해하기 위해서 많은 자료를 참고했다."

결코, 멀리 있지 않은 남한산성을 다시 찾은 것은 실로 48년 만의 일이다. 초등학교 시절, 은행을 다니셨던 선친을 쫓아 야유회를 따라온 것이 1960년대 중반이었으니 기억에 남아있는 것이라곤 무슨 커다란 門 앞에서 놀았던 기억밖에는 없다. 그 문이 어느 문이었는지는 모른다.

옛 문헌에 의하면 남한산성은 백제의 옛 성으로서 신라 때는 주장성으로 불리었다가 조선 인조 2년에 옛 성터를 따라 2년여에 걸쳐서 남한산성으로 개축하고 광주의 부치府治를 성안으로 옮겼다고 했다. 선견지명이 있어 그랬는가, 인조임금은 성을 개축할 때 현재의 위치에 행궁을 건립해 평상시에는 광주 지방관의 집무실로 사용하였고 전란 때는 임금과 조정의 피난처이자 항쟁의 지휘부가 되었다고 한다. 규모는 작아도 조선의 正宮인 경복궁의 법식을 따랐다.

성을 개축 한지 12년 후에 병자호란(1636년)이 일어나자 인조임금은 피신을 하게 되는데 왕자들의 일행이 종묘의 신주를 갖고 먼저 피신한 강화도로 가려했으나 청나라 군사들에 의해 이미 길이 막히자 할 수 없이 남한산성으로 들어가게 된다.

남문[至和門]을 통해서 성 안으로 들어 온 인조임금은 그 해 혹독한 겨울을 지내며 성안에 포위된 채 47일을 못 버티고 결국은 경사가 가팔라 우마차 조차도 제대로 다닐 수 없었지만 그 당시에 송파나 광진 방면으로 가는 가장 빠른 길이었던 서문으로 나와 삼전도에서 투항하였다.

시종 50여명을 거느리고 청 태종 앞에서 무릎을 꿇고 신하의 예를 갖추었고 이것이 바로 삼전도의 굴욕이다. 청 태종은 왕자들과 척화파 등을 포로로 잡아 귀국하고 3년 뒤에 삼전도비가 세워졌다.

엊그제 태풍 산바가 몰고 온 폭우에 씻긴 성벽이 제법 선선한 바람이 불어오는 숲 사이로 뻗어 계곡을 건너고 능선 위로 굽이쳤다. 먼 성벽이 파란하늘에 닿아서 선명했고 성 안에는 가을빛이 자글거렸다. 궁궐박사가 준비한 답사 자료에 의하면 남한산성에는 문이 4개로 되어 있으며 네 개의 문 모두에 문루가 있다. 성을 좀 더 견고하게 지키기 위해서 옹성도 쌓았으며 暗門도 기존 성문보다 규모가 작게 여러 곳에 만들어 놓았다. 암문이라 함은 적의 관측이 어려운 곳에 설치한 성문으로 일종의 비밀통로이다.

東門[우익문]으로 시작한 역사기행은 그의 해박한 지식과 해학이 어우러져 우리를 4백 년 전의 역사 속으로 이끌었다. 행궁에서 내려다보면 남쪽에 해당하며 광주로 통하는 길목이기도 했다.

대부분의 성문이 다 그렇듯이 홍예문 형식으로 되어 있어서 건축미의 아름다움과 견고한 안정감을 주고 있다. 다만 성벽 기저부의 돌과는 다른 근자에 보수한 듯한 상부 돌들의 색상이 판이하게 달라 색의 조화가 아쉬웠다.

기록에 의하면 淸軍들이 이쪽 동문으로 몰려와 투항하던지 싸우든지 결판을 내자며 협박했다고 전한다. 연못을 거쳐 동문 밑을 흘러내리는 물은 겹겹산중인 계곡을 따라 힘차게 광주 쪽으로 흘러간다. 동문을 둘러본 우리는 지화문으로 이름 하여진 남문으로 향했다.

성 안쪽으로 글씨체도 초라한 지화문이라는 편액이 걸려있어 우리의 웃음을 자아내기도 했다. 문밖으로 나가자 보란 듯이 반듯한 至和門 편액이 당당하게 걸려 있었다.

인조임금은 이 남문을 통해서 성 안으로 들어왔다고 했다. 고려 초기에는 우리나라를 상국으로 받들었고 조선조 초기에는 여진족이 금나라를 세워 나중에 淸으로 개칭하면서 인조임금 당시에 처음으로 조선을 쳐들어와 丙子年의 겨울을 흔들어 깨워 성 안에서의 삶과 죽음 절망과 희망 그리고 치욕과 자존이 한 덩어리로 뒤엉키며 한 달 반을 버티면서 약소국의 임금으로서 얼마나 돌이킬 수 없는 시간들을 보냈을까?

인조임금의 질곡을 위로하며 서문으로 향했다. 뒤편 기슭에 웅장하게 자리하고 있는 서장대에 올랐다. 지형이 높고 호쾌하며 바라보는 전망이 넓고 멀다. 바깥에 있는 편액에는 2층 건물 크기에 비해 가분수 모양으로 커다랗게 守禦將臺라고 쓰여 있다.

2층으로 오르는 계단은 굳게 닫혀있어 올라가 보지는 못했지만 편액에는 무망루無忘樓라 쓰여 있다는데 이는 "지난날을 잊지 말라"라는 뜻이란다.

기록에 의하면 1637년 1월 30일 아침에 임금과 세자 외 신료들은 이곳 서문으로 나와서 삼전도에서 청 태종한테 투항했다고 했다. 서장대에서 바라다보는 지금의 한강 유역은 한편의 파노라마를 펼쳐 보이듯 멀리 목멱산을 좌우로 김포 鹽河 쪽에서 팔당 검단산까지 가을 하늘 아래 한 눈에 들어왔다.

롯데월드가 들어서 있는 잠실벌을 바라보며 임금이 머리를 조아렸을 삼전도의 위치를 헤아려 보았다. 아파트 군에 가려져 초라하게 세워져 있을 삼전도비 위로 그 당시에 있었을 한 장면이 소설에서처럼 오버랩 되었다. 철수하는 칸의 군장들을 임금이 길에 나와 돌아가는 칸을 전송하는 장면과 세자와 빈궁과 왕자들과 호행들이 칸의 뒤쪽 수레에 실려 함께 청나라로 끌려가는 장면들 말이다. 임금은 세자의 손을 잡았다. 칸이 말했다.

"슬퍼마라. 너희의 성심을 본 후에 돌려 보내주마."

8년 후 고국에 돌아 온 봉림대군은 형인 소현세자가 갑자기 죽자 세자로 책봉되어 인조의 뒤를 이어 즉위했으니 그가 바로 효종이다.

이번 역사기행에서는 시간 관계상 북문, 일명 전승문이라는 곳을 둘러보질 못했고 거리상으로 상당히 떨어져 있는 삼전도비 탐방을 못해서 미완의 기행으로 남게 되었다. 하지만 자료로나마 일단 삼전도비에 대해서 알아보았다.

사적 제101호로 지정된 삼전도비는 지금의 송파구 석촌동에 세워져 있다. 인조임금이 삼전도에서 청나라와 강화를 맺은 뒤 3년 후에 청 태종의 요구에 따라 그의 공덕을 칭송하는 내용을 새긴 비다.

원래의 명칭은 "大淸皇帝功德碑"이다. 만주어와 몽고어 그리고 한자 등 3개국 문자로 새겨져 있어 17세기 당시의 만주어 특징 및 3국 언어의 표현방식 연구에 아주 귀중하고도 희귀한 자료이다. 후세에 살고 있는 우리로선 치욕의 역사이자 수치스러운 역사의 유물로 인식이 되어왔으나 굴욕적인 내용이 적힌 반면에 자주국방의 중요성을 후세에 일깨워 주는 소중한 역사적 교훈이라 할 수 있겠다.

'남한산성문화관광사업단'에서는 최근에 문화유적지 복원을 완료해 놓고 세계문화유산등재를 앞두고 있다고 한다. 남한산성을 단순하게 알리기보다는 역사를 직접 체험해보고 남한산성의 가치를 느낄 수 있도록 홍보 및 관리를 잘 해야 할 것이다. 산성을 둘러보면서 옥에 티가 있다면 본래의 성곽모습으로의 복원 노력이 부족했다는 것과 날림공사로 인해 성곽의 많은 구간이 훼손되어 보기에도 흉했을 뿐만 아니라 산성을 따라 옆으로 길게 쳐놓은 보호라인 줄도 엉성하고 초라해서 눈살을 찌푸리게 했다.

홍박사의 표현대로 정부는 무엇을 왜, 세계문화유산에 등재하려고 발버둥을 치는지 모르겠다. 속내를 들여다보면 그럴만한 가치가 충분히 있는지를 모르겠고 한편으로는 치욕과 굴욕의 역사를 간직한 남한산성을 현시점에서 있는 그대로 즐기고 싶고 가깝게 자주 찾아오는 그런 산성이었으면 하는 바람일 뿐이다.

하루속히 삼전도비가 있는 잠실벌로 달려가야지, 그 비석 앞에서 무슨 말을 해야 할까?

그래! 이 말밖에는 딱히 할 말이 없을 것 같다.
"무망루, 지난날을 잊지 말자."
이렇게 이번 남한산성 역사기행을 自省하는 것으로 마무리해야지…….

남한의 서해 끝, 白翎島

학설에 의하면 제4빙하기 때만해도 한반도와 한 몸이었지만 대략 1만 년 전 후빙기에 들어와 빙하가 녹고 바닷물 수위가 높아지면서 황해도 옹진반도에서 떨어져나가 섬이 된 이후 우리나라에서 13번째로 큰 섬이었다가 대대적인 간척사업으로 약 3만㎡(1만평)가 늘어나 현재는 여덟 번째로 큰 섬이 되었다.

지리학적으로는 동경 124도 53분. 북위 37도 북한에 가장 가까운 서해안 최북단에 위치하고 있으며 인천항으로부터 198㎞ 떨어져 있고 연안부두에서 쾌속선으로 4시간 20분이 소요된다.

한 달 전에 예약을 했지만 주말엔 자리가 없어 금요일인 10월 19일 아침 8시 배로 출발을 했다. 지난 2010년 10월에 동쪽 끝, 울릉도/독도를 탐방하고 올 5월에 한라산 백록담 단독 등정과 최남단 마라도 탐방을 마치었으므로 이번엔 서쪽 끝 백령도를 가보기로 한 것이다.

원래 한반도의 제일 서쪽 끝은 북한 신의주 앞에 있는 섬, 동경 124도 11분 압록강 어귀에서 남서쪽으로 14.5㎞ 떨어져 있는 마안도馬鞍島이다. 그렇지만 남북 분단으로 인해 가 볼 수가 없으므로 현재로선 제일 서쪽에 있는 땅, 바로 백령도에 가보고자 하는 것이다.

흰 날개를 활짝 펴고 나는 모습 같다하여 붙여진 이름이라 한다. 인천대교 밑을 통과한 배는 연안에 있는 섬들의 이름을 일일이 불러가며 아침조회를 한다. 2시간을 지나니 출석체크가 된 섬들은 이미 교실로 다 들어가고 없으며 멀리 북쪽으로 희미하게 연평도가 옆으로 부리나케 달려가고 있는 모습이 보인다. 이제 다시 섬들은 없다. 이후로 1시간 동안 하늘과 구름과 바다뿐이다. 이윽고 반갑게 다가서는 섬이 보인다.

소청도다. 대청면에 딸린 작은 섬으로 주민 거의가 어업에 종사를 하고 있다고 한다. 손님이 내리고 타니 이내 출발한다.

가까이에 대청도가 있다. 위로는 백령도 밑으로는 소청도를 이웃으로 하는 전략적으로도 매우 중요한 섬이다. 우리나라에선 최북단에 자생하는 동백나무숲이 있어 유명하기도 하며 섬의 남쪽에는 제법 높은 삼각산(343m)이 솟아 있어 섬의 대부분이 급한 산지라서 농사에는 어려움이 많으므로 이곳 주민들 역시 어업에 의존하며 살아간다고 한다.

대청을 지나 서쪽 최북단 섬, 백령도에 도착했다. 가슴이 설레기 시작했다. 렌터카로 맨 처음으로 달려간 곳이 천안함 사건으로 순직한 46용사 위령탑이다. 서쪽 해안가 산꼭대기에 위령탑이 우뚝 서있다.

평일이라 그런지 주차장이 한산하다. 같은 배를 타고 온 관광객 일행 몇 명이 고작이다. 46용사의 얼굴이 새겨진 동판을 보니 마음이 숙연해진다. 눈, 코, 입 그리고 귀가 손으로 만져서 반짝 거린다.

아마도 부모님이나 가족 친구들이 만져서 그랬을 것이다. 계급별 나이순으로 배열이 된듯하다.

젊은 용사의 얼굴에 시선이 머물렀을 때 무언가 가슴이 뭉클해 옴을 느꼈다. 순간 그들의 부모님이 생각이 났다. 얼마나 가슴이 아플까, 무어라 위로의 말을 전할 수가 없다. 탑 중앙 하단부에는 영원히 꺼지지 않는 불꽃이 활활 타오르고 있었다. 46용사들의 희생정신만큼은 영원히 꺼지지 않았으면 좋겠다. 통일이 되는 그날 이후로도…….

　위령탑 뒤로는 서해바다가 내려다보인다.
　바로 그 앞쪽 가까이 해상에서 천안함이 어뢰의 공격을 받아 침몰했다고 한다. 마침 그 비슷한 지점에 군함 한 척이 떠있고 바람 한 점 없이 서해바다는 조용하다. 마치 그 일을 저지른 그들이 지금까지도 아무런 말이 없는 것과 같다.
　그들의 분명하고도 진정성 있는 사과와 재발방지에 대한 책임 있는 행동이 있기 까지는 그들을 용서해서는 안 될 것이다. 왜냐하면 천안함의 46인의 젊은 목숨을 잊어서는 안 되기 때문이다.
　그들의 고요한 외침을 뒤로 하고 두무진으로 향했다. 백령도 최고의 명승지다. 쭉쭉 뻗은 바위들이 모여 있는 해안가인데 용맹한 장군들이 머리에 투구를 쓰고 회의를 하는 것 같은 모양이라 해서 頭武津이라 불린다고 한다. 동해 금강산의 해금강, 남해 거제도에 있는 해금강, 여기 서해의 해금강이라 불리는 두무진, 삼면이 바다인 우리나라는 골고루 세 개의 해금강을 보유하고 있다.

　가마우지들의 서식지, 그들의 배설물로 인해 바위 절벽이 희게 회색으로 물들어 있다.
　광해군이 "늙은 신神의 마지막 작품"이라고 극찬한 선대암과 형제바위, 코끼리바위, 신선암 등 유람선으로 둘러보았다. 두무진 절벽의 기암괴석이 늦은 오후 햇살을 받아 총천연색으로 빛나 마치 한 폭의 영상 드라마를 보는 듯했다. 언덕 마루엔 통일기원비석이 북쪽을 향해 서있다. 신선암바위 사이로 어느덧 해는 기울어 서해바다를 붉게 물들이며 두무진 포구에도 또 다시 밤이 찾아 왔다.

　다음날 진촌리에서 아침을 맞았다. 아침 공기를 가르며 해안도로를 달렸다. 높은 철조망이 시야를 가려 해안이라는 기분이 들지 않았다. 북한과 마주하는 최전방이라는 사실이 실감이 났다. 비교적 높은 언덕에 심청각이 세워져 있다.

2층에 올라보니 아주 가까이에 장산곶과 황해도 옹진반도가 한 눈에 들어 왔다. 말로만 듣던 장산곶, 옹진반도의 바다 끝. 저 아래 경상북도 구룡포의 장기곶이 호랑이의 꼬리라 한다면 이 곳 장산곶은 호랑이의 앞발에 해당된다. 앞쪽으로 멀리는 중국의 산동 반도와 마주한다.

소설 심청전에 나오는 인당수가 바로 저 장산곶 앞바다라 했다.

중국 송나라 뱃사람들이 그토록 두려워했다던 빠르고 험한 물살로 악명이 높은 뱃길이라 했다. 백령도와 장산곶은 불과 12km 정도. 그 사이에 NLL(Northern Limit Line, 북방한계선)이 존재한다고 한다.

육지로 말하자면 북방한계선인 셈이다. 거기에 조그만 섬이 하나 보인다.

달래 섬이라 불리었다는데 달字를 月字로 바꾸어 월내도라 불린다고 했다. 전쟁 전에는 민가가 여러 채 있었으나 전쟁 중에 민간인들은 백령도로 이주를 하고 미군이 주둔하다가 북한한테 빼앗겨 지금은 북한 땅이 되어 북한 군인들이 지키고 있다.

바다 중간쯤에 여러 척의 고깃배들이 떠있다. 심청각의 관광해설가한테 물으니 중국 배라고 했다. 그야말로 NLL이 있는 관계로 북한의 어선도 우리 쪽 어선들도 거기에서는 조업을 못한다고 했다.

중국배로 봐선 그야말로 漁夫之利다.

大選을 코앞에 둔 이 시점에 저 NLL 문제로 공방이 시끄럽다. 같은 나라끼리 남과 북이 더군다나 대선을 핑계로 남과 남이 대치를 하고 있는 상황이다.

서해교전, 천안함 피폭사건, 연평도 폭격사건, 예전에 심심치 않게 발생했던 우리어선 강제나포사건 등, 우리는 6·25 이후에 끊임없이 남과 북이 이렇게 서로에게 상처를 주고 있다. 과연 이러한 불필요한 소모전이 언제까지 계속되어야만 하는지, 이번 백령도 여행의 목적은 한반도 제일 서쪽 끝 섬, 우리 땅 백령도에 당당히 서보는 것과 북한 땅 장산곶을 눈으로라도 먼저 만나 보는 것이었다.

  배는 용기포 부두를 떠나 인천으로 향한다.
  어제 보다 물살이 거칠고 파도도 높다.
  아마도 백령도 주변에서 벌어졌던 그 아픔의 상처들이 갈 길을 붙잡는 것 같았다. 정녕 한반도 제일 서쪽 끝 지금은 북한 땅 마안도에 서는 날은 언제쯤 가능할지 그날을 꿈꾸며,

너무하다

요즘 사람들의 일상적인 말이나 방송매체 등을 통해 자주 들을 수 있는 말이다. TV를 통해 이 '너무' 란 말이 잘못 쓰여 지고 있음을 들은 적이 있고 또 그 말을 들은 연후에 모 라디오 방송 생방송 중에 문자를 보내 방송 진행자가 바로 시정을 하였고 또 청취자들한테도 바로 알고 사용했으면 한다고 멘트도 했고 어느 방송에서는 귀담아 들으려 하지도 않았다.

나도 한때는 무심코 사용했으나 그 실체를 알고 난 뒤부터는 왠지 자꾸만 귀에 거슬리고 신경이 쓰여 진다. 그래서 너무 란 단어에 대해 사전을 찾아보았다. 너무하다 즉 너무 하단 말은 자동사로 도에 지나치게 비위에 거슬리는 말이나 행동을 하다. 형용사로는 정도에 지나치게 심하다 로 나온다.

위에서 알 수 있다시피 이 '너무' 란 말의 뒤에 쓰이는 단어는 그 뜻이 모두가 부정적이며 결과가 좋지 못하다는 의미를 내포한다.
그러므로 우리가 무심코 사용하는 이 너무 란 말은 그 문장 전체의 의미를 미리 생각해 가며 써야할 것 같다.
가뜩이나 방송매체(TV, 라디오 등)에 특히 연예인들 상대로 하는 프로그램을 보고 있노라면 언어의 병폐를 절감하며 심히 걱정스럽기까지

하다.

　방송매체에서부터 정화운동이 적극적으로 전개되어야만 한다. 물론 언어에는 역사성과 사회성 등이 있다. 시대가 변하면 말과 글이 변하게 되어있다. 그리고 그 지배사회에 따라서도 변하기 마련이다. 그런데도 자꾸 이런 말들이 귀에 거슬린다.

　너무 예쁘다.
　너무 아름답다.
　너무 귀엽다.
　너무 보고 싶다.
　너무 좋다.
　이런 표현들은 결코 옳은 표현이 아닐 것이다.

　아주 예쁘다.
　매우 아름답다.
　참 귀엽다.
　무척 보고 싶다.
　엄청나게 좋다.
　등으로 올바르게 써야할 것 같다.

　심지어 어느 연예인은 운동선수와 인터뷰 중에 '제가 너무 팬(Fan)이거든요…….' 정말로 기가 막히다.

　우선 우리부터라도 이 '너무'란 말을 가려서 쓸 필요가 있다고 생각한다. 황사비가 자주 내려 정말 짜증나는 요즈음 제발 이런 소리를 듣지 않았으면 한다.

눈 내리는 江村

　강촌을 처음 갔던 때는 1971년 10월 고등학교 1학년 가을 소풍이었다. 등선폭포를 거쳐 단풍이 한창인 삼악산에서 친구들과(차성호, 최재훈) 사진을 찍었다. 어언 40년이 지난 그 칼라사진을 볼 때 마다 지금도 기억이 새롭다. 한편으로는 덧없이 빨리 지나간 그 세월이 야속하다.
　다리 건너 강 건너편 강촌역을 지나면 구곡폭포를 쉽게 오를 수가 있다. 춘천을 가노라면 반드시 둘러보는 곳이 구곡폭포다. 水量이 많은 여름철엔 쏟아져 내리는 그 물줄기의 시원함 때문에 겨울엔 거대한 빙벽을 보는 재미가 그만이다.

　엊그제 그 빙벽을 보고 싶어 차를 몰았다. 2시간 여를 달려 마침 그 빙벽 앞에 섰다. 빙벽을 오르는 Climber들의 손발 놀림을 한참 구경했다.
　검봉산 그 꼭대기에서 흘러내리는 물줄기가 신기하기도 하지만 겨울엔 얼어붙어 거대한 빙벽을 만들어 낸다. 자연이 주는 또 다른 즐거움이다. 바로 옆으로 산등성이를 돌면 울창한 소나무 숲을 지난다. 차가운 공기와 함께 은은한 솔향기가 코끝에 머문다. 때마침 함박눈이 흩날린다. 하늘이 내려주는 축복의 흰 눈꽃송이다. 개체수가 늘어난 까마귀들의 울음소리가 가까이에서 들려온다.

산마루를 넘으니 하늘 아래 첫 동네인 문배마을이 나타난다. 이렇게 높은 산꼭대기에 마을이 있다는 것이 의아하지만 자동차가 다니는 넓은 길도 있는 것이 더욱 신기하다.

강가네 최가네 김가네 등 식당이름이 일률적이라 혼란스럽다. 첫 집인 강가네 식당 생철 연통에선 김이 모락모락 피어오르는 모습이 아주 정겹다. 그중에서 제일 꼭대기집인 김가네 식당을 다시 찾았다. 마당 한 곁에선 서너 마리 사이비 진돗개들이 짖어대며 우리를 먼저 맞이한다. 눈이 내려서 더욱 날뛰는지도 모른다. 산채비빔밥으로 허기를 채우고 김이 나는 손두부와 도토리묵으로 막걸리 안주를 한다.

1년여 만에 다시 찾아왔지만 주인장의 손맛은 변함이 없다. 하산 길에 멀리 보이는 구곡폭포의 빙벽은 키가 작아 보이고 좁은 등산로는 어느새 눈이 제법 쌓여있다. 눈이 내려서 그런가 산은 더욱 조용하다. 인적도 드물다. 겨울산만이 주는 고요의 행복이다.

크리스마스의 저녁은 이렇게 나에게서 서서히 멀어져 가고 있었다. 내년에 또 보자…….

늙어간다는 것

 사춘기 시절엔 어서 어른이 되었으면 하였으며 시간이 더딤을 답답해했었다. 시간이 더딤은 군대 훈련소에서도 마찬가지였다. 직장을 다니며 결혼을 하고 자식들을 낳고 여기저기 정신없이 휩싸여서 살다보니 어느새 마흔이 넘어갔다. 머리에 새치를 남몰래 하나 둘씩 뽑으면서 얼굴에 주름이 조금씩 깊어가는 것을 보면서 불과 몇 년 전에 찍은 사진을 들여다보면서 내 자신이 조금씩 늙어간다는 것을 부인할 수가 없었다.

 한 번 태어나면 성장과 동시에 점점 늙어가고 언젠가는 반드시 죽는다는 것은 정해진 이치다. 성경에서도
 "우리의 연수가 칠십이요, 강건하면 팔십이라도 그 연수의 자랑은 수고와 슬픔뿐이요 신속히 가니 우리가 날아가나이다." 했다.

 그렇게 우리는 확실성과 불확실성의 세계에 살고 있는 것이다. 사람은 태어나면 반드시 죽는다는 확실한 명제가 있는가 하면 한편으로는 언제 죽을지는 아무도 모른다는 불확실한 미래를 향해 살고 있다는 것이다. 우리가 나이가 들어갈수록 부모님들은 연로해가고 자식들은 또 성장해 가고…….

 先親이 召天한지도 20년이 되었다. 死別의 아픔을 처음으로 크게 느

겼었다. 세월의 흐름으로 인한 이별이야 어찌할 수 없다지만 사별이 주는 아픔이란 언어로 표현하기가 어려울 정도로 고통이 심하다.

얼마 전에 어금니를 한 개 더 뽑았다. 벌써 4개째다. 키가 작은 탓에 주위 사람들로부터 늘 나이보다 어려 보인다던지 童顔이다 라는 말을 자주 들어왔다. 내심 싫지 않은 말들이어서 좋았다. 그런데 머리카락이 점점 희어져 가면서 내 자신이 생각해봐도 나이가 들긴 들었나보다 하는 생각에 불안감도 없지 않다.

拔齒 숫자가 늘어가면서 걱정 속에 늙어가고 있다는 것을 부정 할 수가 없게 되었다. 이제 자식의 나이는 30이 넘었고 막내도 곧 서른이다. 자식들이 서른 줄에 넘어가는 것을 지켜보면서 나도 정말 점점 늙어가는구나 하는 생각이 팍팍 온다.

늙어간다는 것은 무엇인가를 하나 둘씩 주변에서 잃어간다는 것일 게다.

어느 프랑스 작가는 이렇게 말했다.
"젊다는 것은 그 무언가를 잃어버린 경험이 없다는 것이다."

젊다는 것과 늙어간다는 것은 주변에서 그 무엇인가를 자꾸 잃어버리느냐 또는 안 잃어버리냐 와의 차이인 것 같다.

3부

바람처럼
재즈처럼

3부

사랑, 그 쓸쓸함에 대하여
- 여름 꽃 능소화陵宵化

이렇게
바람이 많이 부는 날은
당신이 보고 싶어
내 마음이 흔들립니다.

옆에 있는 나무들에게
실례가 되는 줄 알면서도
나도 모르게
가지를 뻗은 그리움이
자꾸자꾸 올라갑니다.

나를 다스릴 힘도
당신이 주실 줄 믿습니다.

다른 사람들이 내게 주는
찬미의 말보다
침묵 속에도 불타는
당신의 그 눈길 하나가
나에겐 기도입니다
전 생애를 건 사랑입니다.

- 이해인 詩 「능소화 연가」

위에 시는 이해인 수녀님의 「능소화 연가」이다.

수녀님도 나만큼 능소화를 좋아하시나 보다. 등라화藤羅花, 자위화紫葳花, 타태화墮胎花라고도 부르는 능소화가 요즘 어디를 가나 만발해 있다.

생명력이 강해서 전국 어디에서나 잘 자라는 줄기식물이다. 옛날에는 엄격하게 양반집 정원에만 심었다고 하여 양반 꽃이라고도 불리 운다.
주안에 내가 사는 동네 단독주택 담 밖으로 고개들을 내밀고 피어있는 능소화는 여름이 지나는 동안 나를 늘 즐겁게 해준다. 능소화가 피어있는 곳을 지나칠 때면 발걸음을 한참 머물고 기쁨을 그 꽃과 함께 한다. 예쁘고 아름다운 능소화가 나를 잠시나마 그렇게 붙잡아 놓곤 하는 것이다.

이번 여름휴가 때 전주 한옥마을을 들렀었다.
거기 경기전慶基殿 앞에도 여지없이 능소화는 피어 있었고 그 꽃을 배경으로 인증 샷도 했다. 중국이 원산지인 이 꽃은 영어로는 Chinese Trumpet Vine이라고 한다. 생긴 모양이 트럼펫 같고 담쟁이처럼 넝쿨식물이라서 서양 사람들은 trumpet vine이라고 했나 보다.

정작 자주 출장을 다니는 원산지 중국에선 능소화를 아직 본 적이 없다. 일본 사사주카역 근처 거래처 사무실 담 사이에 피어있는 능소화를 보고 무척 반가워 한 적이 있다. 내가 이 능소화를 처음 본 것은 십여 년 전에 경서동에 있는 경호네 항아리공장 사택 뜰에서다.
마치 뻐꾸기가 남의 둥지에 알을 낳듯이 다른 키 큰 나무위로 줄기를 뻗어 올라가 아름답게 피어있는 능소화를 그 때 처음 보았다.
어쩌면 나도 이전에 능소화를 보았었는지도 모른다. 하지만 사춘기시절 첫 사랑처럼 능소화가 내 마음을 그렇게 강하게 붙잡은 때는 그 해 햇볕이 무척 뜨겁던 여름이었다.

 추운 겨울지나 따뜻한 봄바람이 불어오기 시작하면 남녘에서부터 봄 꽃잔치가 벌어진다. 매화, 개나리, 진달래, 앵두, 벚꽃, 복숭아꽃 등등 예쁘고 화려한 봄꽃들은 아주 많다. 산이고 들이고 온 천지가 꽃 잔치에 취한다. 사람들도 떼를 지어 몰려다니며 꽃과 함께 덩달아 취한다. 그러나 여름이 되면 딱히 여름 꽃이 없다. 봄에서처럼 무리지어 피는 꽃도 없다. 그나마 봄과 여름사이에 피는 넝쿨장미나 찔레꽃 정도가 때로는 무리를 지어 핀다. 굳이 여름 꽃을 말하자면 능소화와 나라 꽃 무궁화일 것이다.

 무궁화와 능소화는 많은 것이 닮았다.
 여름 내내 피고지고 하는 모습이 닮았고 특별한 아름다움이 내포되어 있는 점도 비슷하다. 무궁화가 연보랏빛 꽃잎 색상에서 주는 우아하고 성숙한 여인네의 모습이라면 능소화의 주황색 꽃잎은 순수하고 수줍음 많은 소녀 같은 꽃이다. 능소화의 또 다른 특징은 다른 꽃들은 시들은 다음에 볼품없이 떨어지지만 능소화는 한창 피었을 때 시들지 않고 송이 째 떨어져 처연한 아름다움을 더한다는 것이다.

 능소화에 대한 전설에서 말을 해 주듯이 땅에 떨어져서도 님을 기다리는 그 아름다움을 간직하고 있는지도 모른다.

 능소화를 좋아하는 나는 얼마 전에 조두진님의 소설 『능소화』를 읽으면서 400년 시공을 뛰어넘은 슬픈 사랑 이야기에 감동을 받았다.
 副題로는 '4백 년 전에 부친 편지' 라 했다.

능소화 곱게 피던 날 처음 만나서 능소화가 만발한 어느 여름 날 死別한 응태와 여늬의 서럽고 안타까운 사랑 이야기를 통해 잊을 수 없고 이기지도 못할 이별의 슬픔을 절절하게 그려 냈다.

소설가 조두진님은 1998년에 며칠 동안 신문과 방송에서 특집을 다루면서 보도된 경북 안동에서 조선 명종 때 사람 이응태의 미이라가 발견되고 관속에 같이 남아있던 유물 중 그의 아내가 쓴 편지를 토대로 한 편의 슬픈 사랑을 이야기로 엮었다.

소설을 읽는 내내 巫俗적인 표현들이 많이 나와서 가끔 감정이입에 방해가 되기도 했지만 기이한 미이라와 함께 발견된 아내의 편지 유품의 내용을 토대로 엮은 부부간의 애틋한 사랑과 사별이 주는 말 못할 고통을 잘 그려낸 소설이다. 이젠 능소화를 볼 때마다 그 꽃에 담긴 전설 이야기 보다 실화에 가까운 Fiction 처럼 능소화를 더욱 소중히 그리고 더욱 애틋하게 감상해야겠다.

여름은 달아나고 하늘은 높아지는 가을초입, 능소화를 그리며.

늦여름의 마니산

늦더위가 한창인 지난 토요일에 강화 마니산을 찾았다.

청라지구를 지나 正西津 안내판을 따라 강화로 향하는 해안도로를 달린다. 언제부터인가 정서진이란 단어가 가끔씩 되새겨 진다. 정동진이 하도 유명해지면서 전남 장흥이 正南津을 만들어 놓고 한참 홍보중이다.
인천도 아라 뱃길을 완공하고 나서부터 경인항 뒤편으로 정서진이란 공원을 조성해 놓고 사람들한테 알리기 시작했다. 그러나 동해안이 정동진처럼 유명해지려면 아직도 멀었다. 인프라가 너무 부족하고 초라하다.
힘겹게 돌아가는 풍력발전기 몇 대만이 황량한 벌판에 외롭다.
정서진 이야기는 다음에 하기로 하자. 나의 애마는 벌써 초지대교를 넘는다. 다른 산을 가려면 가고 오는 길이 너무 멀고 교통체증으로 힘들다. 하지만 강화도만큼은 이것 둘 다를 한 번에 해소시켜 주어서 참 좋다. 산행코스를 함허동천 정수사를 택했으므로 다리를 건너자마자 좌회전을 한다. 좌측으론 황산도 개펄이 썰물로 인해 바닥을 드러내고 갯고랑이 깊이 파인 모습이 완전 살아있는 자연생태계임을 보여준다.
오른쪽으론 넓게 펼쳐지는 논이 무르익어가는 벼이삭으로 인해 에메랄드그린으로 말 그대로 옥빛이다. 이 옥빛이 황금빛으로 물들어갈 때쯤이면 바로 추석이다.

아기자기한 해안도로를 달리며 차창문을 활짝 열고 바닷바람과 섬 냄새를 마음껏 들이 마신다. 함허동천 입구는 아직도 야영을 즐기려는 행락객들로 여전히 붐빈다. 함허동천을 조금 지나 정수사 입구 팻말에서 오른쪽으로 틀어 산길을 오른다.

예전엔 흙길이었으나 지금은 아스팔트로 곱게 단장을 했다. 하지만 옛날 황톳길이 더욱 정겨웠었다. 울창한 나무 숲길은 한참을 올라가야 했다. 정수사 주차장도 시멘트를 깔고 차선을 긋고 난리가 아니다. 여기도 예전의 흙바닥 주차장이 더욱 정겨웠다. 주차장을 지나면 약 30여분을 가파르게 오른다.

거기서 숨고르기를 한 다음 왼쪽으로 틀어 조금만 올라가면 바위능선이 시작된다. 나무숲을 벗어나면서 바위능선에 오르면 양 옆으로 시야가 탁 트인다. 왼쪽은 서해바다요 오른 쪽은 강화벌판이다. 기기묘묘한 바위들을 타고 오르고 내리고를 반복하다보면 정상 부근인 헬기장에 이른다. 전에는 훼손을 이유로 참성단 둘레에 휀스를 쳐놓고 사람들의 출입을 통제했다. 그래서 이곳 헬기장에 참성단을 찍은 대형사진을 비치해 놓고 사람들로 하여금 그것을 배경으로 사진을 찍도록 유도를 했다.

나무로 만든 마니산 정상이라는 팻말도 세워 놓았다. 이어서 바로 참성단을 오른다. 마지막 계단을 밟고 서니 참성단이 나타났다.
참성단 바로 아래에는 사적 제 몇 호라는 글씨가 새겨진 작은 돌비석이 초라하게 서있고 그 옆에는 제를 올릴 때 향을 피우는 커다란 향로가 비석이랑 크기 비율이 안 맞게 놓여 있다. 바로 옆 돌단 위에는 제법 키 큰 소사나무가 서있다. 자작나뭇과에 속하는 활엽교목으로 잎이 작고 줄기가 고목의 형태를 갖추어 예부터 분재 소재로 각광을 받아온 대표적인 전통나무이다. 이렇듯 참성단은 참성단 돌 제단, 참성단 비석, 향로 그리고 소사나무 이 네 가지가 단 둘레 안에 놓여 있어 조금 비좁기는 해도 아늑하다.

단군이 이곳 참성단에서 하늘에 제를 올렸다는 전설이 있는 마니산, 매년 전국체육대회 때 성화를 채화하는 참성단 그리고 매년 개천절에는 국운을 기원하는 단군제가 이곳 참성단에서 열린다.
 특별히 지난 88 서울올림픽 때도 그리스 아테네 신전에서 채화된 올림픽 성화가 이곳 마니산에서 채화된 성화와 개막일 전날 서울 시청 앞에서 합쳐져 올림픽 기간 내내 밝혀졌었다.

해발 469m 밖에 안 되는 마니산이지만 신년 첫 해돋이를 보려고 전국에서 사람들이 모여드는 산, 매년 전국체전 성화를 채화 하는 산, 개천절 행사 일환으로 단군제가 열리는 산, 각종 산악회에서 신년 시산제를 올리려 산행을 하는 산, 봄여름 가을 그리고 겨울 어느 계절에 올라도 각각의 느낌을 달리 주는 산, 氣를 가장 많이 간직하고 있다는 靈山 마니산을 나는 즐겨 찾는다. 지난봄에도 바람이 아주 심하게 불던 날, 나는 이곳 마니산을 올랐다. 이번 추석 명절 연휴에도 오를 것이다.

참성단에서 짧은 휴식을 한 다음 반대편 단군로를 이용하여 하산을 한다. 주차장으로 이르는 비교적 짧은 거리인 계단로는 계단이 너무 많아 완만한 등산로인 단군 로를 택한 것이다. 발아래 멀리 보이는 동막해변이 바다와 마을을 일직선으로 갈라놓았다.
 넓은 바위에 앉아 잠시 쉬어 본다. 아래로는 천길 벼랑이다. 위로는 파란 하늘이 가을을 불러 오고 있다. 골을 타고 올라오는 바람은 향긋한 산 냄새를 머금고 있다. 열심히 울어대는 가을매미 소리만이 정적을 깨운다. 한참을 내려오니 주차장이 가까워진다. 계곡에서 흘러 내려오는 물에 발을 담가본다. 차지는 안았으나 피곤한 발바닥을 시원하게 마사지

해준다. 매표소 주차장 앞에 단골식당인 "고향의 봄"에서 시원한 막국수로 늦은 점심을 한다. 누룩香이 짙은 막걸리를 손두부 공짜 안주로 곁들인다. 강화에 오는 날이면 거의 이곳을 들른다. 벌써 10년이 다 되어간다. 봉당에서는 2개의 항아리에서 오늘도 누룩이 꾸룩꾸룩 익어간다.

늦여름에 맛보는 가을바람, 가을이 오는 소리, 초지대교를 넘어 약암온천을 들른다.

흙탕물 색깔인 紅鹽湯에 몸을 잠수시킨다.
파란 참성단하늘이 붉은 온천수에 가득 잠긴다.
산행에 지친 내 육신도 물속에 잠긴다.
물속은 胎中처럼 고요하다.
늦여름의 마니산은 참으로 고요했다.
이제 가을이 되면 다시 시끄러 질 것이다.
온천욕을 마치고 옷을 새것으로 갈아입으니 아주 산뜻했다.
해는 바다 밑으로 들어가기 전에 더욱 빨갛게 하늘을 물들인다.
바다와 강이 만나는 초지대교 아래에서 새로운 만남은 또 시작된다.
고요함과 시끄러움이 교차하는 늦여름의 호젓한 산행이 나에겐 큰 기쁨과 커다란 행복감 그리고 말로 표현하기 힘든 자신 있는 성취감을 준다.

힐링의 천제단

지난 주말 태백산 천제단에 올랐다. 높이가 1,506.6m라 한다. 소백산 맥이 여기서부터 남서쪽으로 발달한다고 되어있다.

크고 밝은 뫼란 뜻을 가지고 있는 태백산은 흰모래와 자갈이 쌓여 마치 눈이 덮인 것 같다고 하여 붙여진 이름이란다. 우리나라 삼신산 중의 하나로서 삼국유사에 인용된 古記에 따르면 환웅이 태백산 신단수 밑에 神市를 선포하고 웅녀와 혼인하여 낳은 아들이 바로 우리민족의 시조인 단군왕검이었다고 한다. 천제단 한 가운데는 "한배검"이란 비석이 세워져 있는데 이는 檀君을 높여 부르는 말이라 한다.
삼국사기에도 신라초기에 혁거세 왕이 3산 5악 중의 하
나인 이 태백산을 北岳이라 하여 하늘에 제사를 받들었다는 기록이 있는 것으로 보아 민족의 靈山으로 섬겨 왔음을 알 수가 있다. 그렇지만 대학 1학년 때 단재 신채호 선생의 불멸의 저서 朝鮮上古史를 읽으며 의분했던 때가 생각이 났다.
그는 서두에 삼국유사나 삼국사기나 대동소이하게 거기에 기록된 우리나라 고대 역사의 내용이 중국 중심의 세계관과 선비들의 사대관념 등으로 인해 많이 훼손되었다고 했고 또한 문자(한자, 이두자, 한글, 고어, 중국어)의 쓰임에 따라 후에 잘못 해석된 것도 많다고 전제하고 "역사란 我와 非我간의 싸움"이다. 고 했듯이 싸움에서 지면 먹히는 것이

요, 먹히면 역사가 훼손될 수밖에 없는 것이다. 그러기에 작금의 국민정부와 참여정부시절에 중국의 동북공정 프로젝트의 완성은 우리가 힘의 균형에서 중국에 밀린 좋은 예라 할 수 있다. 또한 대한제국 시절 일본의 힘에 밀려 한반도를 다 내어주고 그 결과 그들은 36년 동안 민족말살 정책의 일환으로 민족정기를 끊기 위해 자행된 우리나라 역사 전체의 날조된 왜곡과 거짓의 진수에 관한 증거가 역사의 현장 곳곳에서 아직까지도 드러나고 있는 것이다.

그 역사의 현장의 태두가 되는 태백산 천제단에 오르려는 마음이 거기에 있으며 하늘 아래 첫 동네인 천제단에서 우리민족의 아픈 역사를 healing 하고자 함이었다.

여기서 육사의 詩 "광야"를 생각해 보자.

까마득한 날에
하늘이 처음 열리고
어데 닭 우는 소리 들렸으랴

모든 산맥들이
바다를 연모해 휘달릴 때도
차마 이곳을 범하던 못하였으리라

끊임없는 광음을
부지런한 계절이 피어선 지고
큰 강물이 비로소 길을 열었다.

지금 눈 내리고
매화 향기 홀로 아득하니
내 여기 가난한 노래의 씨를 뿌려라

다시 천고의 뒤에 백마 타고 오는 초인이 있어

이 광야에서 목 놓아 부르게 하리라.

이육사님의 詩 "廣野"는 잃어버린 고구려 땅인 만주 벌판의 회복을 노래한 것으로 이해할 때 비로소 그의 애국심이 풀린다. 적어도 육사가 노래한 광야의 뜻은 한반도에 국한된 식민지 조선의 회복만은 아니었음이 분명하고 우리 역사의 근본적인 회복은 만주와 고구려를 떼어놓고는 생각할 수가 없음이 스스로 증명되는 것이다.

그렇다고 지금은 남의 땅이 되어버린 옛날 고구려 땅을 되찾고자 당장 나설 수야 없는 일이 되었지만 적어도 잊지는 않고 있어야 될 것이다.

태백시 당국에서도 이곳 천제단에서 강화 마니산 참성단에서와 같이 매년 개천절에 단군에게 제사를 지낸다고 한다. 그만큼 태백산이 신령한 곳이라서 그런지 신년맞이 등산객들로 인산인해를 이루었다.

인천에서부터 아침 일찍 출발을 했으나 영동고속도로가 나들이 차량들로 막히고 태백산까지의 거리도 멀어서 오후 2시가 다 되어서야 주차장에 도착했다. 산행 시간을 왕복 4시간 정도 잡아도 겨울산행을 감안하면 빠듯한 일정이었다.

눈으로 만들어진 조각상들의 환영을 받으며 당골에서부터 빠른 걸음으로 산행을 시작했다. 줄지어 늘어선 키다리 낙엽송들이 8년 전 눈 내린 이른 봄에 찾았을 때와 같은 자리에 같은 모습으로 서 있는 모습이 반갑고 아주 늠름했다. 마치 사찰을 들어설 때 사대천왕 문을 통과하는 것과 같은 느낌을 받았다. 일종의 인신검열과 같은 통과의례인 것이다. 중간 지점인 반재에 이르기도 전에 무리지어 하산하는 병력들을 만났다.

6·25 일사후퇴 때 압록강을 넘어오던 중공군을 부닥치듯 하염없이 밀고 또 밀고 내려왔다. 눈길로 이어지는 좁은 등산로는 선택의 여지없이 기다리던가 아니면 헤집고 올라가야 하는 판이었다.

갈 길이 바쁜 우리로선 기를 쓰고 올라 갈 수밖에……

반재를 지나 망경사 가는 도중에 고교동문으로 결성된 북한산 춘추회 M후배와 K선배를 만났다. 그 산악회도 태백산 산행을 한다고 했다. 말 그대로 遭遇였다. 아니 그 많은 인파를 생각하면 절대 행운이었다. 시간이 너무 늦어 정상은 포기하고 그냥 내려가는 편이 좋을 듯하다고 착한 충고를 해 준다. 얼마 안 가서 일행 중 여자 분이 포기하고 하산을 서두른다.

겨울 해가 짧긴 짧은 모양이다. 벌써 햇빛이 힘을 잃고 그늘에 가렸다 보였다 를 반복한다. "살아 천년, 죽어 천년"이라 하는 주목들의 상고대가 하얀 꽃 잔치를 펼치고 있었다.

망경사가 시야에 들어온다.
거의 9부 능선에 위치한 望景寺, 시원스런 조망을 할 수 있어 붙여진 이름인 만큼 저 아래로는 흰색 골짜기들이 내려다보이고 옆으로는 장군봉, 멀리 문수봉이 보인다. 절 입구에는 가장 높은 곳에서 솟는 샘물이라 하는 낙동강 발원지인 황지연못의 원천이 된다는 龍井이라는 우물의 유혹을 뿌리치고 단종비각을 돌아서니 바로 머리 위에 정상이 보인다.
영월에 유배되어 온 단종이 한양 궁궐을 그리며 자주 찾았다는 이 곳 태백산, 단종을 위로하기 위해 비각을 세우고 매년 제를 지낸다고 하며 비각 안에 적힌 비문과 현판글씨는 오대산 월정사 탄허스님의 친필이라고 한다.

단종비각을 지나 봅슬레이 경기장 같은 비좁고 눈으로 만들어진 눈길 통로를 힘겹게 지나자 천제단이 눈앞에 나타났다.

더 이상 오를 곳이 없다.
천하가 다 발아래다.

정상은 정상인가 보다 칼바람이 거세게 불어댄다.
그 많던 사람들도 이미 다 내려가 버렸다.
바람도 피할 겸 천제단 안으로 들어갔다.
한배검이란 붉은 글씨로 된 비석이 정 중앙에 놓여 있었다.
역사적인 순간이다.
5천 년 전 이곳에 와서 제를 올렸을 단군왕검이 떠올랐다.
마치 그와 同時代(contemporary) 사람이 되기라도 한 듯이 기뻤다.
눈을 감고 예를 갖추어 기도를 올렸다.
우리민족의 아픈 역사를 치유해 달라는 침묵의 기도였다.
또한 H형의 쾌유도 빌었다.

지난 해 오월에 올랐던 한라산 백록담에서도 같은 내용의 침묵의 기도와 H형을 위해 올렸던 힐링 기도가 생각이 났다. 마침 올 해에는 7월 말에 백두산 천지를 오를 예정이다. 거기에서도 마찬가지로 기도를 올릴 것이다. 그때가 되면 5년 전부터 기획해 오던 육순 이전에 한반도 동서남북 네 꼭짓점(울릉도 독도, 한라산 백록담 마라도, 백령도 대청도 그리고 백두산 천지 연길)에 모두 서게 되는 것이다.

그야말로 역사의 현장에 서는 것이다. 그날을 미리 생각해 보니 가슴이 벅차올랐다. 맞다, 내 기도의 제목들이 하늘로 올라가는 것이다. 마음으로 求한 것은 이미 다 이루어졌다고 했으니 마음이 훨씬 가벼워짐을 느꼈다. 태백산 천제단이 나한테 주는 특별한 위로와 희망의 선물이다.

요즘 뮤지컬 영화 "레미제라블"이 흥행의 돌풍을 일으키고 있다고 하며 많은 사람들이 이 영화를 보고 위로를 받았다고 한다. 얼마 전 늦은 시간에 이 영화를 보았다. 자정이 넘어서야 영화는 막을 내린다. 전문가들은 상처와 좌절감을 어루만지는 힐링 영화라고들 분석한다. 위로도 좋고 힐링도 좋다. 하지만 그걸로 만족하기엔 영화 바깥의 현실상황이 그렇지가 않다. 특별히 지난 연말 대선의 후유증은 아직도 곳곳에서 자기 목소리를 낸다. 다음 달 출범하는 차기 정부는 이들의 목소리에도 힐링의 치유가 필요할 것이다.

천제단 중앙에서 사방을 둘러보니 태백산의 힘찬 봉우리들인 장군봉, 문수봉, 부소봉, 두리봉, 가까이에 함백산 그리고 멀리 정선 두위봉, 민둥산 등등, 겨울 산이 주는 장엄한 흰색 파노라마다 칼바람이 더욱 세차게 등을 떠민다.

눈 조각상에서의 인증 샷도 또 하나의 즐거움 그리고 석탄박물관 입구 통나무식당에서의 산채비빔밥과 곤드레 밥은 정말 일품이다.
愛馬가 달리기를 거부하는지 눈 속에서 헛바퀴만 돈다. 주인장이 빌려준 삽으로 눈을 치우고서야 간신히 출발 할 수가 있었다. 손님을 많이 치러서인지 발길이 뜸해진 식당에 벌렁 누워 행복해 하는 주인장의 모습이 아직도 눈에 선하다.
그제 몸 풀이 산행으로 청량산을 돌고 있을 때 같은 날 북한산춘추회의 일원으로 태백산 산행에 참가 하였었다는 盧소남 여행 작가님이 전화를 주셨다. 태백산을 같이 올랐음에도 만나지 못함이 무척 아쉬웠다고……. 다음 산행에서의 만남을 기약하면서.

단감나무

오늘은 식목일이다. 다른 때 같으면 공휴일이라서 나무를 심는다든지 아니면 보너스로 주어지는 이 공휴일을 나름대로 유효하게 보낼 수가 있었다.

그런데 언제부터인가 정부에서 공휴일이 너무 많다는 이유로 공휴일을 폐지하고 나무심기 행사로만 대체해 오고 있다.

일제강점기를 거치면서 그들의 수탈로 인해 많은 산들이 황폐화 되어가면서 해방 후 1946년부터 식목일을 공휴일로 제정해 해마다 나무심기 운동을 해 오던 중 뜻밖의 한국동란을 겪으면서 다시 한 번 이 땅의 많은 산들이 황폐화 되었었다.

그 후 가정마다 부엌이 선진화되면서 땔감으로 사용되던 나무들이 숨을 쉬게 되고 대대적으로 전개된 식목일 나무심기 운동의 결과로 우리나라는 벌거숭이산이 없어지고 산림녹화에 성공한 나라가 되었다. 산을 좋아하는 나는 많은 산은 안 가보았지만 가깝거나 먼데 있는 산을 다니다 보면 참으로 고맙고 반가운 것이 산에 나무들이 울창하다는 것이다.

초등학교 저학년 시절엔 우리 집도 불을 때는 아궁이들이었다. 부뚜막엔 여지없이 가마솥을 포함한 여러 솥들이 놓여 있었으며 그 아래 아궁이에는 늘 나무들로 불을 지폈으며 뒤쪽 찬장 옆으로는 산에서 해온 장작과 나뭇가지들로 꽉차있었다.

그 시절 시골에서는 어느 집이나 할 것 없이 모두들 산에 가서 나무를 해오는 일이 하루의 일과였었다. 생각해 보면 산림이 우거지게 된 것은 경제발전과 전혀 무관하다고는 볼 수가 없다. 실제로 북한을 생각해보면 초근목피草根木皮란 말이 있듯이 곡식이 떨어졌을 때 먹는 험한 음식으로 극심한 빈곤 상태를 의미하는데 현재의 북한이 꼭 그 상태라는 것이다.

그러다 보니 해마다 여름에 조금만 비가 많이 와도 북한은 벌거숭이 산들로 인해 그 피해가 아주 막심하다. 그만큼 나무심기 운동이 얼마나 소중한 일인가를 극명하게 보여주는 것이다.

얼마 전에 이윤기님의 산문집 '위대한 침묵' 이란 책을 사서 읽었다.
그리스 로마 신화로 아주 유명한 그는 지난해 심장마비로 아깝게 63세의 일기로 세상을 떠났다. 나무에 대한 사랑이 유별났던 그는 양평으로 일찌감치 작업실을 옮겨 황무지인 그곳을 나무숲으로 만들어 놓았다. 그의 글에 의하면 초기에는 느티나무, 목련, 단풍나무, 메타세콰이어, 은행나무, 산수유, 배나무, 배롱나무(목백일홍) 등등을 樹種마다 이삼백여 그루 또는 사오 십여 그루를 심었다. 이십여 년이 훨씬 지난 요즘엔 주변이 제법 숲으로 우거졌다고 한다. 그곳을 조만간 다녀와야겠다는 생각이 불쑥 들었다.

그는 그의 글에서 이렇게 힘주어 말했다.

> 나는 나무를 심는다. 빈 땅에는 나무를 심는다.
> 나는 늙겠지만 나무는 자랄 것이다.
> 나는 내 값을 못 할 만큼 늙어가겠지만
> 나무는 제 값을 할 것이다.

해마다 식목일이 다가오면 송도에서 사다가 심은 단감나무 생각이 난다.

1970년 중3 때의 어느 봄날이었다. 사촌 형네 집에 놀러갔다가 지나가는 나무묘목 장사한테 단감나무 두 그루를 샀다. 하나는 사촌 형들이 자는 방 앞에 화단에 심었고 나머지 하나는 인천 숭의동 집으로 가지고 와서 앞마당 정원 한 귀퉁이에 심었다.

사촌형은 시도 때도 없이 거기다 소변을 누어 얼마 안가서 그 묘목은 죽고 말았다. 하지만 내가심은 단감나무는 정성을 드려서 잘 키운 덕에 묘목장사의 말대로 삼년이 지나면서부터 단감이 열리기 시작했다.

해를 거듭할수록 효자노릇을 톡톡히 해서 늦가을이면 그 감을 따다가 안방 장롱 위에 늘어놓았다가 연시가 되면 꺼내 먹었었다. 온 식구의 간식거리가 충분했었으며 그 나무 가지가 퍼져 양쪽 옆집으로 번져갈 정도였다. 그러던 어느 날 그 집을 팔고 아파트로 이사를 했다. 꽃을 좋아하신 어머니는 앞마당 화단의 꽃들과 여러 가지 화초나무들을 그대로 놓고 이사를 하는 것을 못내 아쉬워하셨다.

나는 지금도 그 단감나무를 잊지 못한다. 가끔씩 그 골목길을 일부러 지나치면서 안쪽을 힐끔힐끔 들여다보곤 한다. 다행히 그대로 잘 있다. 이제 곧 봄을 알리는 선두주자 꽃들이 활짝 필 것이고 그 꽃들의 화려한 잔치가 끝나면 이어서 지금은 남의 땅 그 숭의동 집 앞마당에 내가 심었던 단감나무도 정사각형 아이보리 노란색 감꽃을 피우겠지?

    감꽃이 피어 노란 모습이 아름다워요

    어릴 적 앞마당에 피어있는 감꽃

땅에 떨어진 감꽃을
시커멓게 된 손으로 부지런히
닭 모이 먹듯 주워 먹기도 하고,

보리풀에 꼽아서 예쁜 꽃목걸이 만들어
목에 걸고 놀던 추억이 간절히 생각이 나요.

작은 나팔처럼 생긴 감꽃
여름햇살 익어 노랗다가
이내 수줍은 듯 저녁놀 내 마음처럼

빨갛게 물들어 달콤한 홍시를 만드는
그대는 누구신지요…….

정겨운 모습으로 감잎 반짝여
환하게 웃으며 피어나는
그대는 내게 누구시옵니까…….

「감꽃의 추억」 - 작가 미상

담임선생님과 칠순

담임선생님이란 말은 부모님만큼이나 친숙하고 포근하다.

초등학교 시절부터 자주 들어 온 이 단어는 집이라는 울타리 외에 나를 가장 잘 아껴주고 신경을 써주시는 분들을 일컫던 말들이다. 다른 선생님들 그리고 다른 과목의 선생님들은 그저 맡은 과목만을 잘 가르쳐 주시는 선생님으로 족하셨다.

그렇지만 담임선생님만큼은 부모님 다음으로 우리들을 챙겨주시고 보살펴 주셨다. 아침저녁 조회시간은 물론 가정방문을 통해서 집안의 형편을 아시고 개인지도 등을 통해서 올바른 길로 인도하시기를 애쓰셨다. 擔任이라 함은 멜 擔에 맡길 任이다.

그만큼 교육현장에서의 책임을 양어깨에 메고 일정기간 학교에서 생활하는 동안을 책임지고 보살피는 역할을 맡는 선생님을 일컫는다. 요즘은 교회에서도 이와 유사한 의미의 담임목사라는 제도가 있다.

나의 담임선생님 목록은 아래와 같다.

송도초등 1-2학년 차영애 선생님
       3학년   양충식 선생님(60년대 말에 작고)

          4학년   고정환 선생님
          5학년   조종순 선생님
축현초등 6학년   김영호 선생님
인천중   1학년   이은복 선생님(생물담당)
          2학년   김용원 선생님(상업담당)
          3학년   이 형 선생님(수학담당)
제물포고 1학년   조동현 선생님(국어담당)
          2학년   송해석 선생님(영어담당)
          3학년   이병훈 선생님(수학담당, 80년대 작고)
동국대 무역학과 조왕기 교수님(主任교수)

더러는 옛 담임선생님을 모시고 같은 반 출신들이 반창회를 한다는 얘기도 가끔 듣는다. 그리고 담임선생님을 결혼주례로 모시고 혼사를 치르는 경우도 왕왕 있다. 나도 딸 결혼식 때 중 3 담임선생님을 주례로 모시고 혼사를 치렀다. 학창시절을 되돌아보면 어느 시기이든 담임선생님은 대부분 부모님 또래이신 경우가 많았다. 그래서 더욱 엄하시고 무섭기도 했지만, 한편으론 존경스럽고 마음 포근한 감정을 느끼는 경우도 많았다.

이제 나이가 육순을 바라보는 이 시점에서 이미 작고하신 선생님들도 계시고 연락이 안 돼 생사 여부를 모르는 선생님들도 계시다. 돌이켜 보면 가끔은 챙겨드려야 하는 분들임에는 틀림없으나 우리 일상이 그렇게 안 되고 있는 것을 보면 마음의 寧日이 없거나 성의가 부족함 때문일 것이다. 엄밀히 따지고 보면 자기 부모님도 잘 보살펴 드리지도 못하는데 담임선생님까지야 하는 생각도 있을 수 있다. 그만큼 현대를 살아가고 있는 우리들 삶이 날로 각박해지고 마음의 여유가 없는 이유일 것이다.

지난 토요일에 서울에서 대학친구들 부부동반 송년회가 압구정동에서 있었다. 다른 대학이나 다른 科는 잘 모르겠지만 내가 나온 동국대 무역학과 74학번은 학창시절부터 파트너동반 이후로 부부동반 모임을 지금껏 해온다.

그래서 다른 科의 부러움을 사고 있다. 이미 몇 개월 전에 날짜가 확정된 모임이었는데 갑자기 택주한테서 연락이 왔다. 그날 저녁에 이형 선생님 내외분을 모시고 용환이 내외랑 저녁을 같이 하기로 했으니 시간이 되겠느냐고……. 처음엔 위의 날짜와 시간이 중복되어 잠시 망설임도 있었으나 다행히 보자고 하는 장소가 선생님 댁 근처 역삼동이고 대학친구 모임도 압구정동이라서 흔쾌히 승낙을 했다.

오리온에서 부사장으로 근무하는 대학동기 덕분에 그 회사에서 직영하는 마켓오 압구정점 레스토랑에서 식사를 한 다음 2차로 노래방으로 옮겼는데 잠시 앉아 있다가 집사람과 슬쩍 빠져나와 역삼동 모임장소로 달려갔다. 좀 늦은 시간이라서 그쪽에서도 거의 식사를 마치고 후식타임이었다.

거기에는 뜻밖에 태명이도 나와 있었으며 선생님 내외분과, 친구들 아내는 보이질 않고 용환이, 택주 모두 쏠로 들만 앉아있었다. 인사소개 후 상호간에 저녁을 먹은 뒤라서 2차 자리를 의논했으나 선생님께서 당신 집으로 가자고 했다.

3년 전에 막내아들 혼사를 치루시고 두 내외분만 호젓하게 살고 계셨다. 역삼동 陽秋軒빌라 3층 거실 벽에는 선생님 가족사진이 큼지막하게 걸려있었다. 딸 사위 외손자들, 아들 며느리 손녀와 다정하게 찍으신 사진이었다.

얼마 전 칠순 때 사진이라고 하셔서 짐짓 놀라움과 죄책감이 엄습해

왔다. 옛날을 더듬어 봐도 우리 나이보다 열 살 정도 위로만 생각해 왔던 터라 선생님 칠순이 늘 궁금했었다. 2년 전인가 청양에서 농사를 하는 성욱君이 오리지널 구기자 술을 독자개발, 주조하여 예약을 하면 3년 후에 배송을 해준다는 얘기가 있어 내심 선생님 생각을 하고 예약을 했던 기억이 있다.

내년이면 받을 수가 있는데 벌써 칠순이시다니 속으로 많이 아쉬웠다. 태명이는 사모님 드린다고 그 늦은 밤에 케이크를 사 오겠다고 역삼동 밤거리를 헤매고 거실에서는 30년산 밸런타인으로 술 파티가 벌어졌다. 냉장고에서 주섬주섬 안주 거리를 계속 내오시는 사모님을 집사람이 과일안주 등을 돕는다.

시간이 한참 지나도 태명이는 오질 않았다. 그 시간에 빵집이 문을 열고 있지 않는 모양이다. 택주가 전화를 걸어 빵은 고사하고 맥주를 사오라고 다그친다. 이어서 태명이가 사모님이 좋아하시는 맥주라 하며 하이네캔을 사들고 들어왔다. 집사람과 나 또한 한 맥주를 하지 않던가? 하지만 나는 차를 가지고 가서 안주만 축내고 있었다.

가족사진 반대쪽에 걸려있는 범상치 않은 한문으로 된 기다란 액자는 어느 유명한 서예가분이 써서 헌정 했다는 노자의 道德經의 첫 문구…….

道可道, 非常道, 名可名

선생님의 해박한 설명이 장황하게 뒤를 잇는다. 해석하면 "도라고 칭하는 것이 다 영원한 도가 아니며, 이름 하는 것이 다 영원한 이름이 아니다."라고 택주가 한 수 거들고 나선다.

도올 김용옥 교수가 거론되고 도독경을 읽었다는 택주의 辯도 대단했다. 그는 지금 회사 은퇴 후에 마곡사가 가까운 유구면에 전원주택을 짓고 초야에 묻혀 살면서 木工藝에 심취되어 있다. 조만간 목조로만 된 한옥을 짓겠다는 꿈을 가지고 있다.

곧이어 선생님의 인문학 강의가 시작되었다. 태명이와 주고받는 질문과 답변이 시간가는 줄 모른다. 우리가 학창시절에는 수학을 가르치셨지만 대전대에서 컴퓨터관련 교수로 카이스트에서 객원교수로 계시면서 자연과학, 인문학에 대한 지식도 대단하시다. 그칠 줄 모르는 언변에 내가 故양주동박사님을 거론하면서 반강제식으로 하직인사를 드리고 늦은 밤 시간에 우리는 그렇게 선생님과 헤어졌다. 사모님을 통해서 얼마 전에 칠순을 가족끼리 조촐하게 하셨다는 말씀을 듣고 선생님 생신 날짜를 수첩에 적으면서 우리는 못내 아쉬워했다.

우리 나이에 실제로 부모님들 중에 두 분이 다 살아계시는 친구가 과연 몇 이나 될 까? 또 학창시절에 모셨던 담임선생님들은 과연 몇 분이나 생존해 계실까?

한 해를 보내면서 나이를 먹어가면서 담임선생님이 생각이 나는 이유는 무얼까? 그만큼 세월을 먹었다는 의미인가 보다. 차를 몰고 올림픽대로를 달리면서 건강하게 생존해 계심을 감사하면서 새해에는 같이 즐겨 찾던 청계산, 우면산을 자주 동행해 드려야겠다는 다짐을 해본다. 뒤에서 선생님 목소리가 들리는듯하다.

"밤길 조심해서 운전해 내려가거라."

도가니

 며칠에 걸쳐서 읽은 공지영님의 '도가니'. 소설속의 이야기 배경은 霧津市다. 단어에서 얼른 알 수가 있듯이 안개 霧(무)에 나루터 津(진)이란 이름을 가진 도시이다.

 첫 문장에서부터 안개로 시작된다. 그만큼 안개가 자주 끼는 어느 바닷가로부터 아주 가까운 무진이란 도시에 있는 청각, 지적 장애우들을 수용해서 가르치는 자애학원이란 곳으로 새롭게 부임해가는 주인공 강인호의 이야기이다.
 소설을 읽어가다 보면 무진이란 도시 이름과 안개라는 단어가 처음부터 중간, 중간 그리고 이 글의 마지막부분까지 수도 없이 나온다. 그만큼 작가는 이 나라의 모든 사회복지시설들을 운영하는 각종 기관 단체들의 불합리한 운영에 관련된 들어나지 않는 비리들을 안개라는 특유의 불투명한 기상 현상에 비유적으로 피력하면서 간접적으로 파헤치고 싶었던 것이다.
 안개를 통과하는 유일한 것은 소리다. 하지만 그들의 비명소리는 들을 수 없다. 그래도 그 거짓과 폭력의 도가니 속에서 용기와 희망을 보았다. 작가가 이 사회를 향해서 외치고 싶었던 것을 조금은 알 수 있었다. 이 세상에서 흠이 없는 사람은 단 한 명도 없다. 성경을 빌자면 하나님 앞에선 모두가 죄인 인 것이다. 덮어진 죄와 덮으려는 죄, 그것을 파헤쳐 세상에서 정해진 눈으로 심판하고 정죄함으로써 인권을 회복시키고자 노력하려는 또 하나의 사회적 정의다. 선과악은 태초부터 공존한다는 說이 작가의 머릿속에 상존하고 있다는 생각이 들었다.

과연 누가 누구를 어떤 잣대로 정죄를 할 수 있다는 것인지?

"너희 중에 죄 없는 자가 먼저 이 여인을 돌로 쳐라!"

하신 예수님 한마디에 뒤로 슬금슬금 물러나 사라져갔다던 현장에서 간음을 한 여인을 정죄하려 했던 그 사람들은 그래도 양심은 있었나 보다.

단면이기는 하나 세습해가는 사회복지시설들의 친인척들에 의한 불합리한 경영 그리고 비리, 지난 참여정부에서 그토록 노력했던 법조계의 개혁, 信徒의 수가 늘어남으로써 본연의 역할에서 멀어져 이제는 믿지 않는 사람들에게 마저도 사회적 지탄의 대상이 되고 있는 일부 종교집단들의 바람직하지 못한 실상들, 어느 것이 참이고 무엇이 거짓인지, 작가가 던진 질문을 어떻게 답해야 하는지를 고민하면서 살아갈까 한다.

나는 아주 오래 전부터 4가지 직업군에 있는 사람들은 돈, 즉 재산 축적과는 거리가 멀게 생각해야 한다고 늘 입버릇처럼 말을 해왔다.

그러한 생각은 지금도 변함이 없다. 법조계에 종사하는 판사 검사 변호사들 의료계 사람들 교육계(교수 및 선생님들) 그리고 종교계의 목사님 신부님 스님 등 이들은 일반적인 직업인이 아니라 인류사회의 기강을 위한 하나의 使命者(사명자)들이라고 생각한다. 이들이 돈과 관계없이 그야말로 맡은 바 본연의 사명을 잘 감당할 때 이 사회는 훨씬 정의롭고 진실이 거짓을 앞서가는 그러한 사회가 되지 않을까 생각을 한다.

책을 덮은 이 시점에도 아직도 머릿속에 남는 글귀들이 있다.

"세상에서 가장 무서운 것은 거짓말이다." 그리고 또 하나

"어른이 되면 그 대답을 알게 되는 것이 아니라, 어른이 되면 그 질문을 잊고 사는 것이다." 라는 말이다.

도쿄 까마귀

일본 도쿄를 출장 다니다 보면 굳이 높은 산을 가지 않는다 해도 도심에서나 변두리에서 자주 들리는 소리가 까마귀 소리다.

호텔 부근에서도 쉽게 들을 수가 있다. 우리나라에서는 비둘기가 주로 도심에 곳곳에 또 공원에 아주 많이 서식하고 있어서 일반 사람들이 쉽게 접할 수 있는 것은 바로 까마귀가 아닌 비둘기다. 요즘엔 그 비둘기들이 개체수가 부쩍 늘어서 이런저런 피해가 많은 모양이다. 그래서 나라에선 금기시 했던 포획을 올해부터 해제를 시켜 개체수를 줄여가기로 했다는 얘기를 들었다.

아무튼 까마귀 하면 어려서부터도 우리는 쉽게 볼 수가 없었다. 보지는 못 했어도 별로 좋지 않은 풍문에 멀리하고픈 새였다. 기억력이 좋지 않은 사람한테는 까마귀 고기를 먹었냐고 농담조로 말할 정도이다.

서양에서는 불길한 새로 여긴다고는 하지만, 성경에 의하면 노아의 방주 이야기가 나오는데 대홍수가 멎은 후에 비둘기에 앞서 먼저 날려 보내졌던 새가 바로 까마귀였다. 그만큼 북유럽에선 아직도 지혜로운 새로 이 까마귀를 吉鳥로 여긴다고 한다. 일본에서는 이 새를 흉조로 여긴다는데 도쿄 한복판에서 흔하게 볼 수 있고 자주 들리는 소리가 까마귀 울음소리이다. 반면에 비둘기를 보기란 좀처럼 쉽지가 않다. 이처럼 흉조로 여기는 까마귀는 도쿄 하늘을 자유로이 날고, 주거지 근처에서도 쉽게 접할 수가 있는데 왜 흉조로 여기는지 참으로 아이러니하다.

  나는 산행을 좋아한다. 주5일제가 시행된 뒤로는 웬만하면 주말에 가까운 산, 가끔은 멀리 있는 산을 오른다. 거기서 까마귀를 자주 만난다. 전에는 700고지 이상 되는 산이라야 볼 수가 있다고 했다. 도봉산, 관악산 정도가 되어야 들을 수가 있고 볼 수가 있었다.
  요새는 가까운 계양산에서도 청량산에서도 까마귀 소리가 들리고 볼 수가 있다. 안산 수암봉, 강화 마니산을 올라도 마찬가지다. 그만큼 개체수가 늘었다는 증거일 것이다. 그 얘기는 먹이사슬이 있다는 얘기인데 급격히 줄은 새의 종류나 아예 멸종된 새들은 그 먹이사슬에 문제가 있었던 것인지? 어려서 정말 흔하고 친숙했던 제비나 때까치를 전혀 볼 수가 없어서 안타깝다.

  아무튼 느낌이 좋든 안 좋든 관련된 속담이나 징크스가 좋은 것이든 나쁜 것이든 도심이나 가까운 산에서 까마귀 소리라도 자주 들었으면 하는 바람이다. 그만큼 새소리를 들을 수 없는 현실이 안타까울 뿐인데 귀엽고 예쁜 새들 지저귀는 소리가 아름답지는 않더라도 혹은 까마귀 소리라도 우리 곁에서 더 크게 들었으면 좋겠다.

  도쿄에서의 경우처럼 우리도 도심 한복판에서 까르륵 까르륵 하는 소리라도 들을 수 있는 날이 속히 왔으면 좋겠다.

땅끝마을과 겨울기차여행

　2010년 새해가 밝은지도 어언 일주일이 지나간 8일 새벽 동암역으로 향하는 택시 안에서 밤새 깊은 잠을 못 이루고 뒤척이던 생각이 났다. 아니 50평생을 기다려온 설렘으로 제대로 잠을 이룰 수가 없었는지도 모른다.
　날씨는 몹시 추웠지만 그것 역시 대수는 아니었다. 용산역에서 출발한 우리는 광명에서 일행 모두가 합류하여 아래쪽으로 계속해서 달려 내려가는 기차 안에서는 어느 일행이나 다 그러하듯이 초반에는 들뜬 마음으로 소란스럽게 여기저기서 여러 말들이 주제 없이 오갔다.
　평택을 지나고 아산지역을 멀리하면서 열차 안은 점점 조용해지기 시작하며 어느 정도 평온을 되찾았다. 차창 밖으로는 하얗게 눈 덮인 김제평야가 벌써 시야에 들어왔다. 이것은 분명 신이 내려준 축복이었.
　이곳을 지날 때는 파란 하늘과 맞닿은 지평선을 볼 수 있다는 것, 게다가 얼마 전에 내린 폭설로 인해 온 통 눈으로 덮인 하얀 벌판을 달리는 내 모습을 상상하니 닥터지바고 영화에서 보았던 까만색 길 다란 증기기차가 희뿌연 연기를 하늘로 내뿜으며 하얀 눈으로 덮인 광활한 벌판을 가로지르며 지나가는 아름다운 장면이 떠올랐다.

　하얀 세상을 한참을 내다보면서 행복해 하는 가운데 나주역에 도착했다. 우리를 기다리던 여행사 마이크로버스에서 다른 팀들과 합류했다.

영산포를 지나면서 말이 좀 어눌하고 경험이 부족한 듯 한 가이드의 그리 구수하지 못한 입담을 들으면서 한참을 달려가니 눈 덮인 월출산이 우측으로 시야에 들어왔다. 모두들 일제히 탄성을 질러댔다. 산 정상에 울룩불룩 불규칙적으로 솟아있는 기암괴석들이 하얀 무시루떡에 수정 유리막대들을 일렬로 꽂아놓은 듯 얌전한 겨울 햇빛에 여린 힘으로 반짝반짝 거렸다. 가끔 즐겨 부르던 하사와 병장의 해남아가씨란 노래를 흥얼거렸다.

> 월출봉 고갯길을 굽이굽이 돌아서
> 나 여기 찾아 왔네. 해남아가씨
> 구름도 내 맘인 양 그님 모습 그리고
> 우슬제 산마루에 나의 눈 길 머무네.
> 아, 이 내 맘 부러운 것 없어라
> 우물가 해남아씨 물 한 모금 주구려.

계속해서 이 노래를 흥얼거리는데 대학교 2학년 때 미팅에서 만났던 단국대 여학생이 생각이 났다. 지금은 그녀의 이름도 가물가물하지만 고향이 이곳 해남이고 아버지가 의사였다고 말한 생각이 났다.
봉천동 고갯마루에서 하숙을 하던 그녀를 몇 번 쫓아다니다가 헤어졌지만 해남하면 늘 그녀가 생각이 난다. 아주 예뻤었는데…….

버스 밖으로 가깝게 보이는 해남 읍내가 한눈에 들어 올 정도로 아직도 작은 도시임을 알 수가 있었다. 해남에 들어서면서부터 눈은 이미 녹아서 오히려 푸른색 밭엔 마늘이 쑥쑥 자라고 있었다. 산자락에만 잔설이랄까 눈이 그런대로 많이 남아 있었으나 이미 해남은 봄이 온듯했다. 바다가 보이다 말다하며 우리는 땅끝마을에 도착했다. 점심을 마치고 전망대에 올랐다.

다도해란 말이 실감날 정도로 크고 작은 섬들이 줄줄이 흩어져 있다. 알고 있는 섬 이름들도 있어 더욱 반가웠다. 우측으로 보이는 큰 섬이 완도, 그 옆에 멀리 서편제 촬영지로 유명한 청산도, 고산이 유배되었던 보길도, 노화도 등등. 날씨가 아주 화창한 날엔 멀리 제주 한라산이 보인다고 한다.

한반도 땅 끝에 서있으면서 남쪽 멀리 바다를 바라보니 이번 봄에 계획한 제주 한라산 백록담 등산과 최남단 마라도 탐방생각에 벌써부터 가슴이 두근거렸다. 어딘가에 땅 끝 지점에 서 있다는 것이 그만큼 나한테는 큰 의미를 부여한다. 전에 구룡포 장기곶 등대 앞에 섰을 때, 그리고 영덕을 지나 덕구로 가는 길에 동쪽 멀리 보이는 구룡반도를 바라보면서 깊은 감격을 맛보던 생각도 났다.

모두 재차 방문하기가 좀처럼 어려운 곳이기 때문에 개인적으로도 아주 뜻 깊은 역사적 현장인 것이다. 말로만 들었고 늘 마음속에 가보고 싶었던 해남 땅 끝, 그 땅 끝 지점에 50중반이 넘어서야 섰다는 것이 늦은 감은 있지만 가슴 뿌듯하고 행복한 순간이었다.

영산포역 다복식당에서 맛본 전통 전라도식 한식도 내겐 기억에 오래 남을 먹거리였다.

또 하나의 역사의 현장,
- 한라산 백록담 / 마라도에 서다

    금요일 점심에 회사에 조퇴를 하고 제주행 비행기에 몸을 실었다.
    당초 K군과 함께 하기로 한 여행이었지만 뜻하지 않게 발바닥에 문제가 생겨 부득이 홀로 나선 여행이었다.
    남한에서 제일 높다는 한라산 백록담을 왕복 9시간여에 걸친 산행을 혼자 해야 한다고 생각에 걱정이 앞선다. 등산객들이 많을 것이라는 주변사람들의 위로보다는 혼자서 긴 산행 여정에서의 외로움이 더 싫었다. 왕복 20㎞, 시간적으로도 한나절의 길고 긴 산행일정을 감안해서 타이어도 좋은 브랜드로 준비를 했고 나름대로 산행연습도 해놓은 차다. 짐을 최대한으로 줄여 배낭을 꾸리긴 했어도 비가 올 것을 대비하여 우비와 우산도 준비를 했다.

    2월에 집사람과 함께 도전했던 마라도 탐방은 눈 폭풍이 불어 유람선이 운항을 하지 못해 모슬포항에서 이틀이나 허탕치고 돌아서야 했었다. 그래서 4월 중순으로 미루었으나 돌풍과 함께 많은 비가 예상된다고 하여 다시 미룬 것이 이번 여행일정이었다.
    일주일 제주도 기상예보를 체크해 보니 금 토 일, 맑음으로 되어 있었지만 내심 머릿속으로 많은 경우의 수를 그리고 있었다. 오후 늦게 제주에 내렸으나 해는 아직 한라산 전체를 환하게 비추고 있었다. 멀리 정상이 보일정도로 날씨예보는 그런대로 믿음이 갔다. 약국 선배와의 재회,

지인들과의 식사, 노래방……. 내일의 大事를 앞두고 걱정은 되었지만 여흥은 깊어갔다.

다음 날 아침 일찍 친구 제주대 C교수가 성판악까지 픽업을 해주었다. 이른 아침이라서 해가 아직 지표면에 충분히 머물지를 않아 날씨도 쌀쌀했고 어제 보단 조금 흐려 차창 밖으로 걱정스레 한라산 정상을 계속 주시했다. 구름에 가려 한라산 절반 정도가 보이질 않았다. 다행히 비 예보는 없어 안심을 했다.

제주도 말로 설널오름이라 불리는 해발 750m의 성판악 주차장에 도착해서 산행을 시작했다. 오전 8시가 막 지나고 있었다. 올려다 보이는 한라산 정상은 까마득히 멀다. 완만한 오름으로 시작하는 산행 길에 까마귀들이 나를 반긴다. 우렁찬 소리를 내면서 혼자 걷는 나에게 힘을 실어 준다.

81년 초 신혼여행 때 산굼부리에서 생전 처음 본 까마귀. 그날의 까마귀는 아닐 테고 아마도 손자 손녀들 쯤 되겠지.

처음부터 대하는 나무들과 숲들이 기존에 다녔던 산들과는 판이하게 달랐다. 남국에서나 볼 수 있는 꽃나무들, 이름 모를 새들의 반가운 지저귐, 안개가 낮게 깔려있어 덥고 습습한 공기가 몸으로 들어온다. 안개가 걷히면서 숲은 점점 밝아오고 몸에서 조금씩 땀이 나기 시작했다. 잘 다듬어진 등산로 바닥에는 제주도 특유의 구멍이 파여 있는 크고 작은 검은색 현무암 돌멩이들이 등산길 내내 쫙 깔려 있다.

4km 지점에 있는 속밭 휴게소에서 잠바를 벗고 잠시 휴식을 취했다. 첫 번째 휴게소라서 그런지 사람들이 제법 많이 모여 있었다. 사라오름으로 가는 길에 외국인 청년들을 만났다. 말동무가 그리웠던 나로선 의식적으로 접근을 해서 대화를 이어갔다. 샌프란시스코에서 왔다는 남녀

들, 그들 특유의 웃음과 쾌활함과 빠른 말솜씨에 정신을 차리며 걷다 보니 힘이 훨씬 덜 들었다.

  진달래밭 대피소에 오기까지는 키 큰 나무들에 가려져 주위경관을 볼 수가 없어 앞서가는 사람들을 따라서 무작정 걸을 수밖에 없었다. 그나마 가끔씩 위를 쳐다보면 구름이 걷힌 파란 조각난 하늘이 흔들리는 나뭇잎 사이로 이어졌다 떨어졌다를 반복했다.

  산행을 시작한지 두 시간 반 정도 지나 진달래밭 대피소에 도착했다. 잊혀진 줄 알았던 진달래를 만나니 반갑고 기뻤다. 여기를 지나니 주변이 전부 키작은 灌木들로 이루어져 시야도 넓어지고 힘이 덜 들었다. 발 아래 서귀포시가 까마득히 내려다보인다. 날은 완전히 쾌청해졌다. 한라산 정상이 하늘과 맞닿아 보인다. 등고선이 가파르지기 시작하면서 계단으로 연이어져 숨도 점점 거칠어진다.

  이마에 맺힌 땀방울과 장난을 치던 얌전한 바람도 조금은 세지면서 정상이 얼마 남지 않았음을 직감할 수가 있었다. 계단을 원망하는 소리가 여기 저기 들려왔다.

  드디어 정상에 왔다.

  해발 1,950m, 우리나라에서 두 번째로 높은 산, 남한에서는 제일 높은 산 그 한라산에 우뚝 선 것이다. 신비의 백록담이 눈앞에 내려다보인다. 사진으로만 보아 왔던 백록담. 태고의 모진 역사를 묵묵히 지켜온 백록담. 기대했던 것 보다 많은 물이 고여 있었다. 초록빛을 띄고 있었다. 까마귀들이 가끔씩 소리를 내면서 가로지르며 날았다. 내려가서 손이라도 담그고 싶었다. 나무로 된 경계 펜스를 붙잡고 그분께 기도를 드렸다. H형의 빠른 쾌유와 나의 건강을 위해서…….

  남국으로 출장을 다닐 때면 일부러라도 비행기 안에서 내려다보던 한라산 백록담. 그 백록담이 바로 눈앞에 아니 내발 밑에 있었다. 하늘도 우리의 만남을 축복이라도 하듯 끝없이 높고 맑고 청명했다. 그분께 감사했다. 그래 백록담이다. 나 혼자서 여기에 섰다.

고산자 김정호도 대동여지도를 만들기 전에 몇 번이고 이곳 한라를 올랐다지? 이곳을 혼자 오르면서 김정호선생을 생각하며 마음으로부터 위로를 받았다. 그는 지도를 만들기 위해서 혼자서라도 올랐을 것이며 나는 백록담을 만나보기 위해서 오른 것이었다.

> 가재도 기지 않는 백록담 푸른 물에 하늘이 돈다.
> 불구에 가깝도록 고단한 나의 다리를 돌아 소가 갔다.
> 쫓겨 온 실구름 일말에도 백록담은 흐리운다.
> 나의 얼굴에 한나절 포긴 백록담은 쓸쓸하다.
> 나는 깨다 졸다 기도조차 잊었더니라.

정지용 시인의 백록담이란 詩다.
백록담 초록빛 물에 혼자서 보는 하늘이 돌고, 쫓겨 온 실구름에 백록담 얼굴이 흐려져도 삼천리 멀리 백두산 천지와 떨어져 있어 기도조차 잊을 정도로 백록담은 쓸쓸하기만 하다. 백록담을 위해서라도 어서 남북통일이 이루어져야겠다.

지금으로부터 약 6,500만 년 전인 新生代때 화산작용으로 인해 생긴 분화구에 물이 고여 형성된 호수 백록담은 유추하기도 아주 힘든 아주 오래 전에 이곳에서 화산이 폭발하여 용암이 분출되고 그 용암이 흘러 내리면서 식어 굳어져 오늘의 현무암 천지인 제주도가 된 것이며 그 오랜 역사와 지금의 나의 첫 만남인 것이다.

한반도의 북쪽엔 백두산이 우뚝 서 있고 남쪽으론 한라산이 있고 그 중간 지점엔 단군이 제를 올렸다는 참성단이 있는 내가 살고 있는 인천의 강화도에 마니산이 있다. 그 마니산을 사이에 두고 백두와 한라가 마주 보고 서있는 것이다.

　백록담을 한참이나 내려다보았다. 이제 백록담을 다시 여기에 두고 가야했다. 차마 발걸음이 떨어지질 않았다. 언제 다시 여기에 온다는 기약이 없기 때문이다.

　백록담과 나의 역사적 만남은 6,500만 년 만에 이루어졌지만 두 번째 만남은 언제 이루어질지 그저 역사에 묻어 두고 싶다. 인증 샷만이 유일한 기록일 뿐, 백록담은 나를 기억하지 못할 것이다. 하지만 그 초록빛 맑은 물은 내 마음 속에 아주 오래도록 기억될 것이다.
　헤어짐이 아쉬워서 일까 아니면 성취감에서 오는 해탈감이랄까? 내려오는 발길이 무겁지는 않은데 힘이 실리질 않았다. 뒤돌아보는 하산 길엔 정상만이 보일 뿐 백록담은 다시 침묵이다. 침묵해도 좋다. 하지만 목마르지는 마라라. 할 수만 있다면 호수가득 물을 준비해 다음에 다시 만나거든 그 물로 너와 내가 함께 축배를 들자!

　4시간여에 걸친 기나긴 하산은 지루함과 고독을 안겨주었다. 작은 산도 혼자 산행하는 것을 좋아하지 않는 나로선 정말 힘든 산행이 아닐 수 없다. 외로움과 고독만큼 사람을 힘들게 하는 것은 없을 것이다. 서귀포행 버스를 기다리며 서울에서 혼자 여행을 온 여자 분을 만났다. 제주도가 초행이라 했다. 그래도 몇 번을 와 본 내가 그녀보다야 한 수 위다. 제주도 관광지도를 그녀에게 넘겨주며 대략적인 제주도 설명을 해 주었다. 그녀는 다음 날 남원읍에서 시작하는 올레 길로 서귀포, 중문까지 걷는다고 했다. 나는 내일로 예정되어 있는 마라도 탐방에 대해 설명해 주었다. 해가 어느덧 서귀포 문섬 뒤로 내려앉는다. 서귀포 터미널에서 그녀와 헤어졌다. 여행이라는 것은 만남과 이별의 연속이라고 작가 오소희 님은 "사랑바보"라는 책에서 이렇게 얘기를 했다.

산방산 탄산온천에서 묵고 모슬포로 향했다. 바람이 불어 걱정을 하는데 택시기사분이 이정도 바람은 제주도에서는 바람이 아니라고 하며 마라도 배가 출항할 수 있을 것이라고 위로를 해 주었다.

모슬포 터미널에 사람들이 모여든다. 가파도 청보리 축제 및 마라도 가는 여행객들이다. 마라도 가는 배에 몸을 싣는다. 모슬포항이 멀어져 가며 서서히 가파도와 마라도가 시야에 들어온다. 청보리가 익어 노랗게 보이는 가파도를 옆으로 우리 배는 마라도를 향해 달린다. 마라도에 닿자마자 급하게 뭍에 오른다. 초입에 있는 짜장면 집에서 그 유명한 짜장면으로 아침식사를 대신한다.

시원하게 펼쳐진 넓은 평원, 그 주변으론 온통 푸른 바다. 해변을 따라 느린 걸음으로 걷다보면 바다를 향해 고고하게 고개를 들고 있는 기암괴석들이 신비로움을 자아낸다. 길가에는 낯 설은 들꽃들이 부끄러운 듯 얼굴을 내밀고 있다.

해안에서 밀려오는 파도소리와 시원한 바닷바람을 맞으며 걷는 신선함이 어우러진 마라도 평원, 남국에서 불어오는 마라도의 시원한 바람을 마음껏 들이키며 최남단 비를 만났다. 위쪽으론 한라산과 가파도와 모슬포항 그리고 삼방산이 보이나 아래쪽으론 망망대해일 뿐 멀리 지평선이 외롭다.

여기가 끝이다. 더 이상 물러설 곳이 없다. 더 멀리 바다 끝으론 이어도가 있긴 하나 우리가 갈 수 있는 땅이라곤 마라도가 끝이다.

박종헌님의 詩 "마라도"를 살펴보자.

> 그리움 때문이었을까
> 먼데 뭍을 두고 예까지 떠밀린 것은
> 더는 어쩔 수 없이 미련처럼
> 파도 속 이어도를 본다.
> 비바람에 젖는 이 땅이 여기에서 끝나고,
> 핏줄마저 끊기었는가.
> 너른 바다 한 가운데 말없이 웅크린
> 바위마다 응혈이 지는데
> 이 땅의 끝 한라를 바라보며
> 백두까지 품었을까
> 네 꿈이 무어냐? 뉘 물었을까 마는
> 날마다 예 와서 파도에 젖는 섬 하나
> 먼데 소식 들릴 때 마다
> 더느 말 못할 그리움이었으리.

맨 끝으로 떠밀려 왔음에도 뭍이 그리워 미련처럼 파도 속 이어도를 챙기는 막내둥이 마라도, 네 꿈이 무어냐고 물으면 한라를 바라보며 백두를 품는 것이라고 말하는 마라도, 더 이상 물러설 곳이 없는 마라도를 위해서라도 끊어진 핏줄을 어서 다시 잇는 수 밖에 없다. 최남단비를 어루만지며 후일을 기약해 본다.

이제 돌아서야 한다. 여행은 한곳에 오래도록 머무르는 여행과 한곳에만 머무르지 않는 여행이 만나는 것이라서 누구든 여행을 하게 되는 거라고 강조하는 어느 생태연구원의 말이 생각났다.

한 곳에만 오래 머무는 한라산 백록담과 마라도 그리고 한 곳에만 머무르지 않고 잠시 왔다가는 내가 만난 역사의 현장여행은 이렇게 아쉬움과 그리움을 남긴다.

마라톤과 나

하늘은 맑았다.
바람은 없었다.
기온도 적당했다.
사람들은 많았다.

세계적으로도 그리 흔치 않은 바다를 가로지르는 斜張橋, 공식적으로는 21.27㎞ 거리이며 세계에서 다섯 번째 긴 다리라고 한다. 그 다리가 우리고장 인천에 놓여 개통기념 국제마라톤대회가 어제 열렸다. 10㎞ 코스를 일찍이 신청해 놓고 산엘 몇 번 다닌 것으로 준비운동을 했던 셈이다.

고향이 송도인 나는 연수구가 생기고 송도 신도시가 생겨나고, 인천대교가 영종도에서 송도신도시로 연결되고 몇 해 안 있으면 세계에서 3번째로 높은 151층 건물이 완공이 된다. 그야말로 인천의 랜드 마크가 되면서 명물이 탄생되는 것이다. 송도에서 태어나 송도초등을 다닌 나로선 校歌를 되새겨 보지 않을 수가 없다.

"살기 좋은 名勝 松島 황해물가에 웅장하게 자리 잡은 우리의 樂園 그 이름도 蒼蒼하다 송도 배움터, 億萬代에 빛나리라 萬世萬萬歲"

비록 좋은 중학교에 입학하라고 6학년 때 시내 축현초등학교로 전학을 시켜주셨는데 목표는 달성했고 그 학교는 40여년이 지난 지금은 바로 그 송도초등학교 옆으로 이전해 왔다.

이제와 생각해보면 내게는 아이러니컬한 시대적 도전이었다. 그 만큼 그 시절엔 송도가 인천의 邊方이었으며 아주 낙후된 농촌, 특히 동춘동 동막은 거의 어촌이나 다름없었다. 그야말로 桑田碧海가 된 것이다. 그러한 송도였는데 교가에서 伏線을 엿볼 수 있듯이 지금은 낙원이라 할 정도로 아름다운 도시로 변모해 가고 있는 것이다.

외부인 특별히 외국손님이 인천에 오게 되면 마땅히 관광시켜줄 장소나 명소가 없었던 인천이었는데 이제는 서서히 생겨나고 있어 누구보다도 기쁘다. 그 중에 하나가 된 인천대교가 곧 일반인들에게 개통이 될 것이며 이를 기념하기 위해서 국제마라톤 대회를 송도국제도시축전 기일에 맞춰 개최가 되어 거기에 참가하게 된 것이다.

비록 10km 코스를 선택해서 달렸기 때문에 명물인 主塔까지는 못 뛰었지만 가까이에서 바라다보는 주탑의 위용에 가슴이 벅찼으며 다리 난간 밑으로 출렁이는 역동적인 바닷물을 내려다보며 다이나믹 인천을 표방하는 슬로건에 실감이 간다.

작년 9월에 대구광역시 측에서 공식적으로 대한민국 제3의 도시를 인천광역시로 넘겨줄 수밖에 없었던 이유를 인천대교를 상큼한 가을햇살을 받으며 달리면서 내내 생각했다.

엊그제 대구에 출장 가서 택시기사님이 묻지도 않았는데 한탄하며 하던 말이 생각이 났다. 대구 경제는 10년 전부터 하향 길로 접어들었다며 허탈해 하기에 정부에서도 무슨 특별화 사업을 대구에 유치키로 했다면서요? 라며 위로를 해주었다.

지금은 인천이 大勢다. 십여 년 전만 해도 인천의 아파트 시세가 충북 충주시와 비슷했다. 그러나 지금은 부동산값 상승세가 전국 어느 도시 못지않다. 그만큼 인천으로 몰려온다는 것이다.

청라지구마저 완성이 되고 곳곳의 도시재생사업이 완공이 되면서 2014년에 있을 아시안게임을 잘 치르고 나면 바야흐로 서울의 변방이 아닌 부산광역시를 능가하는 세계적인 도시로 거듭날 수가 있을 것이다.

인천시민은 그래서 희망과 비전이 있는 것이다.

반환점을 돌면서 숨은 비록 가빠왔지만 이런저런 생각에 내딛는 발은 그리 피곤함을 느끼지 않았다.

학창시절에 자유공원이 있는 교정에서 송도역을 돌아오는 교내 단축 마라톤에서 제법 앞자리 水位도 차지했었는데……. 마음은 아직 청춘이래도 몸은 六旬을 바라보니 세월 앞에서는 나도 어쩔 수가 없나보다. 모든 인프라가 너무 빈약했던 고향 인천을 이제는 새롭게 사랑해야겠다는 생각을 이번 마라톤에 참가하면서 다짐해 본다.

마포포럼에서 만난 시인 김영승

동문 모임 중에서 氣와 勢가 아주 센 모임 중의 하나가 바로 마포포럼이다.

포럼이란 사전적 의미로는 공공의 장소에서 공공의 문제를 공개적으로 질의 응답하는 토의 방식이라 했다. 그래서 동문들 중에 다수는 마포포럼 모임의 성격이 너무 무겁고 다가서기가 쉽지 않아서 아예 참석조차를 꺼리는 사람들이 많을 것이다. 나도 첫 발을 디디기 전에는 같은 생각이었다.

처음에는 주로 모이는 장소가 마포였기 때문에 모임의 이름에 마포라는 단어를 사용했고 단순히 동문 선후배가 정기적으로 모여 식사를 하면서 친목을 다지는 여느 모임과 차별화를 두기 위하여 식사 전에 어떤 주제를 가지고 연사로부터 강연을 듣고 질의 응답하는 형식을 갖추고자 하여 포럼이란 말을 넣은 것이고 이 둘이 합쳐져 마포포럼이 탄생한 것으로 알고 있다.

그간 여러 동문이 다양한 주제를 가지고 그 자리에 연사로 섰었고, 바로 직전에는 18회 동기인 신성환 예비역 공군대령(전 공군사관학교 교수)이 "獨島空域 및 航空關聯 懸安 考察"이라는 주제를 가지고 20여 분간 열변을 토했었다. 특별히 독도수호대 일원인 나로서는 독도영공에 대한 내용이 아주 궁금했었는데 신 교수에 의하면 방공식별구역 내에 있는 우리 땅, 독도 공역에 있어서는 절대로 일본 항공기의 접근이 국제법적으로 불가하다는 내용을 듣고서 안심이 되었다. 작년 가을에 다녀왔던 인천항에서 고속훼리로도 4시간을 달려야 갈 수 있는 백령도에도 민항기 취항을 추진 중에 있다는 내용도 흥미로웠다. 비록 짧은 시간의 강연이었지만 獨島에 있어서 空域이 주는 의미라든지 航空에 關聯한 懸案들이라서 질의 응답이 다채로웠다.

어제 사당동 모임에서의 강사 주인공은 世稱 인천이 낳은 천재시인 또는 이 상. 김수영시인의 계보를 잇는 시인으로 평가되는 김영승시인(21회)이 제물포고 정신의 淵源인 "빛과 소금" 등 문학으로서의 성경 및 고대 경전의 그 비유 문학을 瞥見(별견)하고, 그 시공을 초월한 동시대적 의미와 가치를 고찰해 본다"라는 附記를 달고 섰다.

김영승시인은 성대 철학과를 나와서 1986년 계간 "세계와 문학" 가을호에 "반성. 序"를 발표하면서 등단했다.
벌써 여덟 번째 시집인 "화창"을 2008년에 출판해 냈을 정도로 지금도 꾸준히 집필활동을 하고 있으며 그의 詩 世界는 세상에 대한 저항과 정화의 욕망을 배설의 詩學으로 그려내는 시인으로 평가된다고 한다. "흐린 날 미사일"이란 시로 제13회 芝薰문학상을 수상하는 영광을 얻기도 했다.
빛과 소금이라는 제목에서도 감을 잡을 수 있듯이 성경에서 출발하리라는 생각을 했었다. 구약 시편, 잠언……. 신약에 와서도 사도 바울의 무수한 편지들이 주를 이루는데 이 모든 말씀들이 갈릴리 유대 청년의 시적 언어이면서 비유가 주를 이룬다.
별견이란 말에서와 같이 자세히 들여다보지 않고 얼른 슬쩍 보기만 해도 예수님의 비유의 설법은 설사 비기독교인이라 할지라도 그 문학적

소질에 감탄하지 않을 수가 없다.

소위 CCM이라고 하는 복음 송은 Contemporary Christian Music의 약자로서 2000년 이라는 시간과 공간을 초월하여 그 유대청년과 同시대를 살아간다는 의미와 가치에 대해서 처음부터 입을 열었다.

"너희는 세상의 소금이니 소금이 만일 그 맛을 잃으면 무엇으로 짜게 하리요. 후에는 아무 쓸데없어 다만 밖에 버리어 사람에게 밟힐 뿐이니라. 너희는 세상의 빛이라 산 위에 있는 동네가 숨기우지 못할 것이요 사람이 등불을 켜서 말 아래 두지 아니하고 등경 위에 두나니 이러므로 집안 모든 사람에게 비취느니라."

신약성경 마태복음에 나오는 말씀으로서 제물포고 정신인 빛과 소금에 비유하며 과연 제고출신들이 모교에서 주창했던 그 정신과 예수님이 설파한 그 빛과 소금의 비유에서 자유로울 수가 있는 사람이 과연 몇이나 될 것인가? 마치 우리를 꾸짖듯 세상을 향하여 피를 토하듯 그의 강연은 시간가는 줄 모르고 지속된다.

윤동주 시인의 序詩에서 주는 默視, 즉 머리에 물 항아리를 올려놓은 상태에서는 절대로 하늘을 우러러 볼 수가 없다는 것이다.

이어서 시인이 열거한 인물은 남의 이목에서가 아니라 자신의 내부에서 진정 하려는 일을 해야 한다고 외치며 살았던 기상천외한 오스카 와일드, 남보다 반발을 앞서가면 선구자요 한 발을 앞서가면 이단자라고 말했던 그도 선구자와 이단자 사이의 반발의 차이로 감옥에 가는 등 짧은 생을 마쳤다.

김시인은 자본주의와 기독교 사상 등을 강하게 비판하며 급기야 제고의 참 정신인 "무감독고사" 일명 Honor system의 진실성에까지 깊이 파고들며 자유와 부자유, 양심과 비양심 사이에서 갈등하며 고민하며 허탈하게 살아가는 우리세대 사람들을 무섭게 질타한다.

　순간 나는 도올 김용옥교수를 생각했다.
　불교와 유교와 기독교를 자유로이 넘나드는 그의 광범위한 지적 수준과 사상 그리고 철학은 자유와 부자유 또는 양심과 비양심 세계를 초월할 것 같다는 생각을 했었는데 오늘의 김영승시인도 마찬가지로 기독교가 던져주는 초유의 메시지를 받아들이면서 갈등하는 그의 시 세계를 앞으로는 좀 더 관심을 가지고 들여다보아야겠다는 마음을 갖게 한다. 비유문학을 주제로 삼다보니 성경에서 나오는 비유만을 주로 실례를 들었고 동양철학에 대해서는 시간관계상 많이 주저했다는 느낌을 받았다.
　무려 1시간이 훨씬 넘어가는 그의 주제발표는 식탁을 마주한 많은 동문들의 민생고에 대한 인내심을 요구하고 있었다. 하지만 누구도 그의 열변을 자제하려 들지 않았다. 감히 할 수가 없었다. 그만큼 그의 강의는 우리가 추구하는 빛과 소금의 정의를 다시금 일깨워 주기에 충분했다. 그의 시 세계와 반전된 시를 하나 발견했다.

희망 989

　과일을 잘 먹는 당신
　과일을 잘 먹어서 고맙습니다.

　낮잠을 잘 자는 당신
　낮잠도 잘 자서 고맙습니다.

　옷을 공산당여맹위원장같이 입고 다니는 당신
　옷을 공산당여맹위원장같이 입고 다녀서 고맙습니다.

　고맙습니다. 아픈 당신
　당신이 아파서 고맙습니다.

참 많은 것을 생각게 하는 시다. 생각의 차이는 있겠지만 특별한 수사법과 꾸밈이 없이도 참 쉽게 마음으로 다가오는 예쁜 시다. 의외로 쉽게 다가오는 시가 좋은 시라는 생각을 했다.

돈 안 되는 배고픈 학문으로 여겨지는 인문학을 가지고도 마포포럼에서 이렇게 좋은 강연을 할 수 있는 시인 김영승이 부럽고 자랑스럽다. 바라기는 高銀시인을 넘어 nominated가 아니라 당당히 노벨문학상을 수상하는 그런 시인으로 대한민국의 대표 문학가로 성장하기를 기대한다.

막걸리

천상병 시인은 막걸리만 드셨다.
나도 막걸리를 좋아한다.

막걸리하면 역시 수주 변영로 선생(논개 작가)과 공초 오상순 선생과의 대작에 관한 일화가 즐비하게 구술되어 있는 『명정 사십리』란 책에 쫙 나와 있다. Freshman 시절 교수님의 소개로 이 책을 읽었는데 정말 가관이다. 아무튼 막걸리는 우리민족과 떼어낼 수 없는 음주문화의 소재이다.

올해는 원숭이의 해이다. 원숭이는 다른 동물에 비해서 지혜가 많은 동물이다. 마치 유원인인 같은 원숭이를 보면서 내가 사람으로 태어난 것이 얼마나 다행인가를 새삼 느끼게도 한다. 그리스 철학자 플라톤은 "사람으로 태어난 것을 신께 감사 한다"고 말했다.

福은 검소한 데서 오고 德은 겸손한 데서 오며 智惠는 조용한 명상에서 온다고 한다. 지혜가 있어야 성불 할 수 있기에 스님들도 많은 경전을 소리 내어 읽기 보다는 하나의 話頭를 깊이 파고드는 참선을 많이 한다고 한다.

이제부터 우리는 작년에 그렇게도 많이 떠 벌렸던 말들은 뒤로하고 하나의 話頭를 깊이 파고들어 정제된 말들조차도 아껴가며 조심스럽게 내뱉어 신뢰와 어른 됨을 보여 주어야 하겠다. 많은 사람들이 스포츠에 빠져 스피드를 즐기며 TV와 오락물에 시간을 허비하고 있을 때 유태인들은 클래식 음악을 즐기며 주말에는 친구들과 함께 탈무드를 읽으며 토론을 한다고 한다. 지혜를 어떻게 해야 얻을 수 있는 지를 잘 말 해주고 있는 것이다.

내가 막걸리를 좋아 하는 이유 중 하나를 꼽는 다면 순하여 금방 취하지 않고 상대와 충분한 대화나 토론의 장을 이어 갈 수가 있고 그 옛날 어려웠던 시절에 술 찌게미로 배고픔을 달래주던 향수가 있기 때문이기도 하다.

조선조 초의 명장 정인지는 젖과 막걸리는 생김새가 같다하며 아기들이 젖으로 생명을 키워 나가듯이 막걸리는 노인의 젖줄이라고 했다 한다.
정인지를 비롯해서 문호 서거정, 명신 손순효 등은 만년에는 막걸리로 밥을 대신 했는데 병 없이 장수를 했다고도 한다. 노인의 젖줄이라 함은 비단 영양 보급원일 뿐만이 아니라 무병장수의 비밀을 암시하는 것이 되기도 한다는 것이다.

또한 이런 말도 전해 내려온다. 조선조 중엽에 막걸리를 좋아하던 이 氏 성을 가진 판서가 하나 있었다고 한다. 언젠가 그의 아들이 "왜 아버님은 약주나 좋은 소주가 많은데 굳이 막걸리만을 고집 하십니까. 하고 물었더니 그 아버지는 아들에게 "쇠 쓸개 세 개를 구해 오라!" 했단다. 하나에는 소주를 다른 하나에는 약주를, 그리고 나머지 하나에는 막걸리를 가득 채우고 처마 밑에 매달아 두었단다.
며칠이 지난 후 이 쓸개주머니들을 열어 보니 소주를 담은 주머니는 구멍이 송송 나 있었고 약주를 담은 주머니는 상해서 얇아져 있었는데 막걸리를 담은 주머니는 오히려 이전 보다 더 두꺼워져 있었다고 한다.
– 이상(출처미상)

내가 막걸리를 좋아하는 이유는 막걸리에는 五德이 있어서 이다.

취하되 인사불성이 될 만큼 취하지 않음이 一德이요
출출할 때 마시면 요기가 됨에 二德이요
기운이 없을 때 힘을 돋우기에 三德이요
안 될 일도 마시고 나서 넌지시 웃으면 되는 것이기에 四德이며 더불어 마시면 응어리가 풀리게 됨에 五德이어서 이다.

더 중요한 것은 요즘 밝혀진 사실이지만 혈중 코레스톨과 혈중 중성지방, 그리고 암세포 증식의 억제라는 현대인의 三大 성인병의 억제 효과가 있다는 연구 결과가 발표된 일이 있어서 이다.

막걸리의 原酒를 藥酒라고 했음이 새롭게 느껴지며 이제 五德에 하나 더하여 고질적인 성인병을 예방한다는 六德을 우리 모두 함께 누려보기를 바라는 것이다.

몸을 상하게 하고 실수를 유발하게 하는 독주나 외화를 낭비하게 하는 비싼 양주는 이제 그만 삼가하고 우리 조상들이 슬기롭게 만들어 마시어 온 藥酒, 그 막걸리를 많이 마시어 자신과 나라의 건강도 튼튼히 함이 좋을 듯싶다.

4부

바람처럼 재즈처럼

4부

모란시장과 초승달

와, 신난다!
회사는 얼마 전 대책 없이 그만 두었지만
모란시장을 다시 보며 친구들을 만날 수 있다는 기대 속에
직행버스에 오른다.
약속시간보다 훨씬 이른 2시간여 전에 모란시장에 내렸다.
지난번엔 제대로 구경을 못해 잔뜩 벼르고 간 길이라 기대가 컸다.
그러나 가축시장을 길게 돌고 나니 더 이상 발걸음을 옮길만한 곳을 찾기가 힘들었다. 그저 가축시장을 지나면서 간혹 졸던 주인들이 뛰어나와 나를 반갑게 맞이하지만, 그들은 쉽게 헛 달음질이었다는 것을 알고는 씁쓸한 표정으로 원위치하는 모습이 우스꽝스럽게 그려진다.

중간 쯤 갔을 때 흑염소들의 괴성이 들린다. 마침 흑염소를 실은 차가 열 마리도 넘게 담긴 용기박스를 내려놓고 한 마리 씩 꺼내서 판매용 쇠창살에 내동댕이치듯 집어넣는다. 죽는 줄 알았던 흑염소들은 이내 발버둥을 치는 짓을 멈추고 소리도 멈춘다.

그러나 간신히 건진 생명의 소리는 얼마 못가서 영영 다시 들을 수가 없을 것 같다.
나는 그들의 눈망울을 보았다. 겁먹은 듯 생명을 구해달라는 듯한 눈

빛, 아니면 모르기 때문에 초점이 없는 눈빛, 갑자기 2년 전 중국 대련을 갔을 때 동물원 사파리에서 살아있는 어린양을 상대로 덩치 큰 사자들의 먹이싸움을 보았기 때문에 결코 보고 싶지 않은 광경이었다. 그 가게 안쪽에는 이런 글귀가 보인다.

"최신식 기계도입, 최단시간 가공포장"

플라톤이 그랬듯 갑자기 사람으로 태어난 것을 감사했다.

지난번에 왔을 때는 토요일 오후에 장날이어서 그랬었는지 발 디딜 틈이 없이 온통 시장 안이 북적거렸는데 이렇게 차이가 날 수가 있을까? 덕분에 근처를 한참 맴돌다 호프집에 앉아 매운맛 닭 안주를 시켰다.

목마른 김에 연거푸 두 세잔을 비운다.

친구들이 왔다. 얼마 전에 보고 다시 보았는데도 역시 반갑다. 친구들과 늦게 헤어져 사우나에서 잠을 깨니 아침 6시가 넘었다. 부지런히 밖으로 나오니 아직 어두웠지만 아침공기는 아주 산뜻했다. 버스를 기다리며 하늘을 본다. 해는 아직 산 뒤쪽에 여명만 보일 뿐, 나올 생각을 안 한다.

조금 배부른 하얀 초승달만이 길 커피를 마시는 내 모습을 비춘다. 해가 나오기 전까지만 보이는 달, 달은 그렇게 늘 양보하면서 산다. 결코 욕심을 내지 않는다.

우리의 삶도 달처럼 자기 포지션만 지키면 아옹다옹 안 할 텐데 간만에 다시 찾은 모란시장은 실망도 컸지만 변함없는 친구들의 우정을 확인했고 또 그 짧은 추억을 머릿속에 새기며 인천으로 향하는 발걸음이 가벼움을 느낀다. 고마워! 친구들…….

미국. 캐나다 출장

광식君의 오하이오 얘기를 읽다보니 전에 한국유리 근무할 때 그곳으로 출장 갔던 일이 생각난다. Columbus city는 오하이오주의 주도이나 도시 규모로는 Cleveland city가 더 크다.

특수제품판매를 맡고 있을 때에 미국 GE(General Electric)사의 방탄유리와 Tremco사의 Swiggle Press(Swiggle Tape을 이용한 복층유리제조기계)를 주로 취급하였다.

그 중 Tremco사 본사가 있는 Cleveland와 swiggle tape 공장이 있는 캐나다 토론토 그리고 swiggle press로 복층유리를 만드는 공장이 있는 미국 내 여러 지역(펜실베니아주 피츠버그, 조지아주 아틀랜터, 유타주 솔트 레이크 씨티, 캘리포니아 L.A.)을 14박 15일로 혼자 출장을 다녀왔을 때의 일이다.

우리의 호프 추신수선수가 활약하고 있는 Cleveland Indians 팀이 있는 클리브랜드는 미국 5대호 중 하나인 Lake Erie에 남쪽으로 맞닿아 있는 오하이오주에서 제일 큰 도시이다.

1991년 4월 출장 첫 날에 처가식구들이 있는 L.A.에서 1박을 하고 시카고 오헤어 공항에서 비행기를 갈아타고 클리브랜드에 밤 11시가 다 되어 도착을 했다.

Tremco사 부사장인 Mr. Jeorge J. Deutsch 가 픽업을 나왔다. 즐겁게 해후를 한 후 다음 날 본사를 방문하였다. 업무관련 미팅을 종일하고 저녁에 오래된 철교가 내다보이는 시내 레스토랑에서 저녁을 했다. 그 자리엔 사장을 비롯한 몇몇 고위급 직원들이 배석을 했다.
   두 번째 미국 출장이긴 해도 혼자인 나로서는 쟁쟁한 그들 앞에서 조금 위축이 된 것은 사실이었다. 그래도 다행인 것은 우리가 그들 제품을 팔아주는 입장이라서 그들이 볼 때는 내가 나름 큰 바이어이다.
   우리나라가 86아시안게임에 이어서 88올림픽을 치루고 난 직후라 경제도 어느 정도 빠른 속도로 성장해가는 과정이라 그들도 우리를 우습게 안 보는 눈치라서 주눅이 안 들고 당당하게 맞섰다. 지금 생각해 보면 어언 20년 전 일인데도 생생하게 기억이 난다.

   양식이 잘 안 맞는 나는 맥주를 무기로 그들과 맞섰다. 일찍이 88년부터 그쪽 업무를 맡고 있는 터라 그들을 자주 대해서 이미 맥주 챔피언임을 그들도 알고 있었다.
   결국 맥주로 그들을 이겼다.(복층유리제조 원료인 swiggle tape 수입 가격을 많이 네고 받았음.)

   다음 날 도이취씨는 나를 자기 집으로 안내했다. 당시 그의 나이가 60이 조금 넘은 상태였다. 광식군이 말하는 전형적인 미국식 가옥이 참 마음에 들었다. 띄엄띄엄 집들이 있는 평화롭고 한가로운 전원주택단지이다.
   사냥용 총을 보여주면서 가끔 산에서 노루, 스컹크 등등 동물들이 출현을 하면 총으로 사냥 또는 위협을 가한다고 했다. 차를 몰고 에리湖로 나를 안내했다. 그의 Yacht클럽에서 점심을 하고 호수를 배경으로 사진도 몇 방 찍었다.

저녁엔 그의 Wife도 함께하는 식사를 했다. 와이프는 동네 도서관에 출근하여 자원봉사로 일을 한다고 했다. 그녀가 먼저 서울올림픽 얘기를 꺼내면서 개막식 장면을 아주 감명 깊게 보았다고 했다. 그래서 나는 그 비디오테이프를 보내 주겠다고 약속을 했다.

그러나 당장 실행에 옮기지를 못한 가운데 얼마 안가서 나는 한국유리를 떠났다. 시간이 많이 흐른 다음 나는 그의 wife와의 약속이 늘 머릿속에 미안하게 남아 있었다. 개인 대 개인의 약속이 아니라 미국 대 한국의 약속처럼 마음 무거웠다.

그 후에 전화를 해 보았는데 도이취씨는 은퇴를 한지가 오래되어 전혀 연락이 안 닿는다고 했다. 지금 생각해보면 그의 나이가 이제 80대이다. 관절염을 앓고 있던 그였는데……. 생전에 전화통화라도 한번 해 보고 싶다.

다음 날 swiggle tape 제조공장이 있는 토론토를 가기 위해 비행기를 탔다. 이리호 호수를 마주보며 두 도시는 놓여있다. 크리브랜드에서 기수를 돌려 2시 방향으로 두어 시간을 날아가면 캐나다 토론토에 닿는다. 기내에서 창을 통해 관심 있게 내려다 본 것은 망망대해일 뿐……. 호수의 크기가 우리 한반도를 풍덩 빠뜨리게 할 정도로 크고 끝이 안 보인다.

토론토 공장에서 이틀간 제품 연수를 받았다.

셋째 날에 하루 휴가를 얻어 당당자인 Mr. Smith 하고 나이아가라 폭포를 관광했다. 차로 3시간여를 달리는 그리 먼 거리는 아니었다. 가는 중간에 우리나라 차인 포니를 우연히 목격했다. 나도 모르게 소리치며 손을 흔들어 댔다. 폭포를 가다보면 이리호와 온타리오호가 만나는 지점에 Walland Canal을 구경했다. 처음 보는 운하가 아주 신기했다. 그 친구 말이 운이 좋아서 구경할 수가 있었다고 했다.

지금은 경인운하가 개통을 했는데 그때만큼 흥이 안 난다. 월미산 전망대에 오르면 밀물 시에 배가 들어오고 나가는 광경(일종의 운하)을 자세히 볼 수가 있다.

나이아가라 폭포는 그야말로 장관이다. 더욱이 캐나다 쪽 폭포를 보게 되어 더욱 기뻤다. 몇 미터 거리까지 가까이 근접해서 들여다보는 폭포의 위용이란 말로 표현하기가 어려울 정도로 흥분되었었다.

마릴린 몬로가 출연한 영화 "나이아가라"에서 화면으로만 보았던 바로 그 폭포다. 반대편 멀리는 버팔로시가 있는 미국쪽 수직폭포가 있다. 멀기도 멀거니와 수직으로 낙하하여 보는 재미는 토론토 쪽 타원형만 못했다. 두 폭포 사이에 무지개다리가 놓여있는데 중간지점에 국경검문소가 있어 미국과 캐나다를 그들은 편하게 오간다.

바로 2년 전 1989년 6월에 GE사 방탄유리공장이 있는 매사츄세츠주 핏츠필드에 연수 갔었을 때 귀국길에 버팔로를 경유하여 이 폭포를 보려고 꼼수도 펴보았지만 뜻을 이루지 못했었다. 뉴욕주의 주도인 Albany공항에서 차로 핏츠필드를 갔었기 때문에 같은 뉴욕주에 있는 버팔로를 통해서 가보려고 했었던 것이다.

어쨌든 꿈은 이루어지나 보다. 그 후 2년 뒤에 그 꿈이 이루어졌기 때문이다. 광식군의 오하이오주 얘기를 들으니 갑자기 옛날 생각이 나서 두서없이…….

서러운 조화

 독립 운동가이며 민족 시인이셨던 이상화 선생의 詩 2편이 새로이 발굴되었다고 오늘자 '한국일보'에 기사가 났다.

 일제강점기 「빼앗긴 들에도 봄은 오는가」를 쓴 저항시인 이상화의 시 두 편과 수필 한편을 찾아내 『근대서지』 최신호를 통해 공개했다.
 시의 말미에
 "이른 봄 힘없는 이 땅은 발버둥을 쳐보아도 죽은 무덤과 같이 가위만 눌린다."라는 대목에서 일제강점기라는 암울한 시대와 마주했던 시인의 내면과 절망적인 현실을 극복하고자 하는 의지가 담겨있다고 할 수 있다.

 3·1운동 당시 대구에서 거사모임에도 참여했으며 이후 독립운동자금 마련을 위한 모 사건에 연루되어 대구경찰서에서 옥살이도 하였다.
 일본 유학시절 관동대지진이 나자 조선인 수난을 피해 귀국, 현재의 대구 대륜고등학교에서 국어와 영어를 가르쳤다. 안타깝게도 시인은 조국의 독립을 보지 못하고 1943년 4월에 대구 자택에서 病死했다.
 대한민국 최초의 문학詩碑(나의 침실로)가 이상화 시인의 독립정신을 기리기 위해 1948년 대구 달성공원에 세워졌다.
 나는 1977년 가을에 그의 詩碑를 스케치하기 위해 그곳을 방문한 적이 있다. 아래 글은 지난 2004년에 쓴 글이다.

제목 : 지금은 남의 땅

오늘 아침 라디오 프로그램에서 고구려사 지키기에 대한 교수들의 대담프로그램을 잠시 들으면서 아직도 정부 해당부처 고관들의 올바른 역사의식의 결여로 인해 정부차원에서 당당한 목소리를 못 내고 있는 것이 안타까울 뿐이며, 만주지방 북간도에 대한 새로운 기사를 접하면서 우리 땅에 대한 무관심과 그동안의 잘못된 역사교육의 실체가 부끄러울 따름이다.

일본에 대해서만 독도문제로 과민반응을 보인 것도 부인할 수 없지만, 선조들이 호령했던 그 광활한 땅을 못 지킨 것도 억울한데 이제 와서 고구려사를 자국의 고대사에 편입시키려는 중국정부의 억지와 과욕에 대한민국 국민의 한 사람으로서 개탄해 마지않습니다.

시인 윤동주의 젊은 죽음만 억울하게 생각했던 북간도의 용정, 일제 치하가 싫어 단순히 그 쪽으로 이주해 간 것으로만 알았던 그 간도 땅, 제대로 역사시간에 가르쳐 주지 않았던 선생님들에 대한 아쉬움이 있다.

지금은 남의 땅 빼앗긴 들에도 봄은 오는가? 이상화 선생님의 용기와 일본인들이 강제로 지내게 했던 신정新正을 까치설날로 표현하고 우리 고유의 설날인 舊正을 우리 설날로 노래한 윤극영 선생의 나라사랑과 재치에 다시 한 번 감사를 드린다.

이쯤에서 새롭게 알게 된 북간도 지방의 방치를 더 이상 묵과할 수 없다는 것이 비록 개인의 생각만이 아니 되기를 바라면서 북간도에 대한 진실을 올려 드립니다.

여태까지 몰랐던 위의 두 엄연한 사실에 큰 기쁨을 느끼며,
간도! 반드시 되찾아야 할 우리 땅. - 2004년 1월 24일에

곧 새 정부가 정식 출발한다.
그러나 중국에선 이미 동북공정 사업을 끝내 놓고 얼마 전에 지린성 지안시에서 고구려비로 추정된다는 비석을 발굴했다고 떠들썩해서 좋아했더니 어느 우리 사학자가 그들이 동북공정을 기정사실화하기 위해 일부러 조작해 냈을 가능성이 아주 높다는 조심스런 기사를 발표한 것을 보았다.

역사도 얼마든지 조작이 가능한 가 보다.
그를 방지하기 위해선 史料를 모으고 발굴하는 일에 정부와 학계가 더욱 적극적으로 매진해야 할 것이다. 일본은 지금 띠아오위따오(釣魚島, 일본 발음인 센카쿠열도라 하지말자) 분쟁을 놓고 해상에서 전쟁일보 前이다.

한편 얼마 전 새로 출범한 아베정권은 그저께 독도/조어도 영토 확보를 위한 전담부를 새롭게 설치하라고 지시를 내렸다. 이달 20일이면 시네마현에선 매년 실시하는 그들 말로 다케시마의 날 행사를 갖는다.
지방정부차원에서 행해지던 그 작태를 이번 아베정권은 앞으로 매년 정부차원에서 행사를 치루겠다고 벼루고 있다는데, 마침 우리나라도 새로운 정부가 출범하는 날이 이달 25일이라서 목하 고민 중이라는 소식을 들었다.
그래서 이상화 선생의 새롭게 발견된 抵抗詩가 빛나는 대목이다.

북한을 보자.

제3차 핵실험을 곧 감행할 것 같은 기세다. 미국을 비롯한 국제사회가 이를 제지하기 위해 안절부절못하고 있다. 정부에서는 여야가 오늘 긴급회담을 갖는다고 한다. 어제 모 국방장관은 선제타격도 불사하겠다고 힘 있는 발언을 했다. 하지만 이는 자칫 불행한 사태로 이어질 수도 있다.

새로운 정부가 탄생하는 이 시점에 우리는 아직도 해결해야 할 대내적인 일도 산더미처럼 쌓여있지만 대외적인 일들도 시시각각으로 우리의 목을 조여오고 있는 것이다.

한번 빼앗기면 되찾기는 거의 불가능하다. 그것이 역사이고 실제로 우리의 현실이다. 만주, 아니 간도 땅 만이라도 되찾을 날은 진정 없는 것인지, 그렇다면 역사적으로나 지리학적으로나 실질적으로 소유하고 있는 우리 땅 독도를 피를 흘려서라도 반드시 지켜내야 하는 일이 현재를 살고 있는 우리의 책무이다.

이제 곧 설날이다. 앞으론 절대로 구정이란 말은 쓰지 말자!

百濟의 눈물

백제로 가는 길이 왜 이리 멀까?

장마철이긴 해도 3주째 연거푸 주말에 비가 내렸다. 지난 토요일은 모처럼 맑은 하늘을 허락해 주었다. 부여로의 여행이 마치 소풍가는 전날처럼 조바심이 났다. 우리의 기억에서 거의 잊혀 진 백제의 마지막 도읍지 扶餘. 그 옛날 초등학교 6학년 국어책에 "고적을 더듬어"를 보면 지은이가 첫 번째로 찾아간 도시가 부여이다.

내가 처음 찾은 때는 1976년 여름. 그 때도 7월 하순이었다. 친구 성호君하고 대천해수욕장 가는 길에 부여를 찾았고 시골 인심을 맛보기 위해 일부러 읍내에서 버스를 타고 논산방향으로 가다가 구룡면 논티라는 곳에서 내렸었다. 그 집에서는 젊은 두 청년에게 쾌히 안방까지 내주어 하룻밤을 잘 묶었던 기억이 있다. 지금까지도 따뜻한 부여인심이 아름답게 자리하고 있는 이유다.

부여를 다시금 보고 싶었다. 부소산에 올라 백제의 숨결을 느끼고 싶었다. 36년 만에 다시 찾은 부여는 거의 변함이 없이 조용하고 한적했다.

잊혀진 왕도王都는 처연하다. 최인호의 소설 『잃어버린 왕국』은 백제를 뜻한다.
 육당 최남선은 '조선의 고적' 이란 글에서 부여를 이렇게 묘사했다.

 "평양은 적막한 중에 변화가 드러나고 경주는 변화한 중에 적막이 숨어 있는데 백제의 부여는 失視한 미인같이 그악스러운 운명에 부대끼다 못한 천재같이 대하면 딱하고 섧고 눈물조차 그렁거리는 곳"

 이라 했으니 이보다 더 적확한 표현은 없을 것이다.
 마침 서동요의 전설이 깃든 우리나라 최초의 인공연못 궁남지에서는 연꽃축제를 벌이고 있었으며 그로인해 연잎밥 정식이 유명한 P식당은 줄을 서야만 했다. 장마 끝이라 그런지 부여의 여름 한낮은 가마솥 같았다. 민생고를 해결한 우리는 우선 부소산성을 찾기로 했다. 읍내에서 그리 멀지 않은 곳에 있어서 쉽게 찾을 수가 있었다. 입구에 부소산성이라고 새긴 작은 돌기둥이 우리를 반겼다.

 백제가 성왕 때 웅진(지금의 공주)에서 마지막 도읍지로 사비, 즉 지금의 부여로 옮겨서 멸망할 때까지 백제를 지켜주던 산성이다. 부소산은 해발 100여 미터밖에 안 되는 언덕과 같은 아주 낮은 산으로 평상시에는 비원으로 왕과 귀족들이 아름다운 경관을 즐기던 곳으로 이용되었으며 전시에는 도성을 방어하는 거점으로 활용되었다고 한다. 출입구인 부소산문扶蘇山門을 지나면 나무들이 울창하게 우거져 있다.
 초입에 수령이 아주 오래된 아름드리 흰 단풍나무가 시선을 끈다. 산을 오르는 길은 완만하며 벽돌을 깔아놓아 정갈함을 더해주었고 주변의 울창한 푸른 나무숲이 7월의 여름 한낮을 시원하게 해 주었다.
 처음 만나는 곳이 삼충사, 말 그대로 백제 말기에 충신 3명(성충, 흥수, 계백)의 위폐를 모신 곳이다. 눈길을 끄는 것은 안내문이었다. 위의 3명 모두 태어난 연대가 물음표다. 그만큼 패망한 국가 백제의 역사는 불타고 사라져 거의 다 미궁에 빠져 있다고 해도 과언이 아니다. 이렇게 백제의 마지막을 기억하며 천천히 걸어 올라가는 부소산 길은 가파르지 않아서 좋았다.

아주 정겨운 산길이다. 일부러 옆으로 난 소나무 길을 걸어 보았다. 동양화를 연상케 하는 키 큰 赤松들이 하늘을 찌르고 그 사이를 천오백 년의 바람의 오간다. 반월루를 지나 조금 오르면 낙화암과 고란사로 가는 갈림길이 나온다. 부소산 정상이기도 한 낙화암 꼭대기엔 육각형의 정자 백화정이 세워져 있다. 궁녀들의 원혼을 추모하기 위해 1929년에 지어졌다고 한다. 백화정 난간에 걸터앉아 아래로 보이는 백마강을 내려다보며 깊은 생각에 젖어 보았다.

춘원 이광수는 낙화암을 이렇게 노래했다지?

"사자수 내린 물에 석양이 빗길 제, 버들꽃 날리는데 낙화암이란다. 모르는 아이들은 피리만 불건만, 맘 있는 나그네의 창자를 끊노라. 낙화암 낙화암 왜 말이 없느냐."

낙화암으로 가는 부소산 길은 작고 넓적한 돌로 깔려있다. 패망한 나라를 뒤로 하고 죽음의 길로 떠났던 백제의 여인들의 한이 발자국으로 찍힌 듯 했다. 백제의 운명이 다 하는 날, 궁궐의 여인네들이 羅唐연합군의 칼을 피해 산꼭대기로 힘껏 내달리다 이곳을 지나 더 이상 길이 없는 막다른 길에 도착했겠지,
앞에는 백길 낭떠러지, 새파란 물길만 혀를 날름거렸을 백마강 물줄기, 적국의 노예가 되느니 차라리……. 백제의 여인들은 하나 둘 치마에 얼굴을 묻고 절벽에 몸을 던졌을 것이다.
멀리 신무산에서 발원한 물줄기가 공주에 이르러 금강이 되고 부여에

닿으면 백마강이라 불린다. 말로만 들어오던 백마강. 강폭은 적당히 넓으며 수량은 생각보다 많았다. 그런데 강물은 맑고 파랗치가 않고 혼탁하다. 우리나라 강물 중에 이런 강물은 처음이다. 여름 홍수 때 팔당댐을 떠난 흙탕물이 한강에 이르러 혼탁해진 물 같다. 목숨을 스스로 끊어야 했던 삼천궁녀들의 피눈물이 물들어 오늘날에도 그곳에 이르면 혼탁해 지는 모양이다.

이름 하여 백제의 눈물!

부소산 낙화암에서 떨어지는 백제의 눈물은 지금도 백마강을 혼탁할 정도로 붉게 물들이고 있는 것이다.

낙화암을 지나 반대편으로 내려가면 백제 말엽에 창건된 것으로 추측이 된다는 고란사가 있다. 일설에 의하면 삼천궁녀의 원혼을 달래 주기 위해서 지어졌다고도 한다. 공주에 있는 조계종 마곡사의 말사이기도 한 고란사는 낙화암 암벽에서 자라나는 고란초에서 이름 하였다고 한다.

고란사로 내려가는 길은 꼬불꼬불 나있다. 백제의 아픈 역사가 주마등처럼 스쳐 지나가는 길, 왠지 모를 쓸쓸함도 깃들어 애잔한 마음이 드는 길.

강에서 불어오는 바람소리에 이따금 새소리가 들리고 백제의 눈물이 떨어지는 소리가 아프게 들린다. 고란사를 지나 나루터에서 유람선을 탔다. 구드래 나루터까지 가는 황포돛배에서 올려다보는 부소산 낙화암……. 선장이 틀어주는 이미자의 황포돛대 노래가 더욱 구슬프게 가슴을 저민다.

배에서 내린 우리는 정림사지 터로 향했다. 부흥했던 백제의 문화가 패망할 때 불에 다 타버리고 돌탑만 덩그러니 남아있는 정림사지. 백제가 부여로 왕도를 정했던 때의 중심사찰임을 알 수가 있다.

국보 제9호인 정림사지 5층 석탑은 현존하는 석탑 중 가장 오래된 탑이라고 한다. 석탑에는 백제인들의 기술이 녹아있다. 단아하면서도 세련된 탑의 모습은 1,500년이 지난 현대인들의 눈으로 보아도 여전히 세련되고 아름답다. 일부가 훼손 된 탑의 상층부와 불길에 휩싸여 그을린 모습은 사라지고 지워진 백제의 유적임을 증명하기에 충분했다. 화려하지만 사치스럽지 않고 검소하지만 누추하지 않은 백제문화의 진수를 보여준다고 어느 사학자는 말했다.

   신라 다보탑처럼 섬세하고 세련되지는 않아도 석가탑 보다는 조금 높으면서도 우아함이 가득한 정림사지 5층 석탑. 백제를 멸망시킨 당나라 장수 소정방이 1층 탑신에 "大唐平百濟國碑銘"이라고 새겨 놓았다. 그래서 한 때는 평제탑이라고 불리기도 했다.
   평제 기념을 적었다는 글씨를 자세히 들여다보려고 가까이 가 보았으나 풍상에 깎이어 빼꼭히 새겨져 있는 글귀만 보일 뿐이다. 삼국을 통일하기 위해 外勢의 힘을 빌어야만 했던 신라가 야속하기까지 했으며 남의 나라 장수가 우리나라 문화재에 승전 기념 내용을 새겨 놓았다는 것 자체가 나를 슬프게 했다.
   오돌 도돌 새겨진 글씨를 어루만지며 또 한 번 백제의 눈물을 생각해 보았다. 뒤 쪽에 위치한 건물에는 고려 때 만들어진 석불이 안치되어 있다. 그나마 머리 부분은 훗날 연자방아 돌을 깎아 다시 올려놓았다는데, 부처의 모양이 우스꽝스럽기도 했지만 다만 받침돌 부분의 연꽃 문양이 그 석불의 아름다움을 증명해 주고 있을 뿐이다.

   여름이긴 했지만 어느덧 긴 해가 꼬리를 길게 드리우며 석탑의 색깔도 어두워지기 시작했다. 널따란 정림사지 터에 키 큰 석탑만이 그 오랜 풍상을 견디고 서 있어 이곳 부여로 천도한 후에 백제의 부흥을 염원했던 성왕의 바람도 정림사와 함께 불길로 사자진 것이 못내 아쉬웠다.
   꽃이 진다고 역사를 탓하랴.

이제 더 이상 백제는 잃어버린 역사가 되어서는 안 된다.
오랜만에 다시 찾은 부여, 너무나 초라했다.

정부에서는 백제문화의 가치를 찾고 재조명하는 일에 노력을 게을리 해서는 안 될 것이다.

백제의 눈물은 여기에서 멈춰져야 하는 이유가 바로 그것이다.

베란다와 발코니

우리나라의 건축물이 현대화, 서구화 되면서 툇마루의 개념을 벗어나서 본격적으로 입에 오르는 말이다. 특별히 근자엔 아파트 문화가 급속도로 확장되면서 사람들의 입에서 베란다를 텄다느니 발코니를 넓혔다느니 하는 말들이 자주 오르내린다.

실제로 우리는 베란다와 발코니를 혼동해서 사용하는 경우가 많다. 얼핏 들으면 비슷하다고 생각할지는 모르겠으나 엄밀히 말하자면 사뭇 다르다.

베란다(Veranda)는 서양건축에서 가옥 밖으로 나와 있어서 별도로 벽이 없고 난간으로 둘려 쳐진 지붕 덮인 공간을 말한다.

한편 발코니(Balcony)는 주거공간을 넓히기 위해 건물 외벽에서 어느 정도 밖으로 튀어 나오게 만든 작은 공간을 의미한다.

요즘은 많은 사람들이 베란다에 새시를 덧대어 외부로부터의 비바람을 막아 훌륭한 생활공간으로 활용하고 있다. 더 나아가서 거실과 베란다 바닥 높이를 같게 별도의 공사를 하여 거실을 상당히 넓혀 생활하는 가정들이 늘고 있다.

물론 이에 따른 부작용도 만만치 않아 불법으로 공사들을 해대는 바람에 이웃 간에 민원도 일고 관할 관청에선 단속 및 관리로 골머리를 앓는다. 불법으로 무리한 확장 및 변경공사를 하는 통에 건물 전체에 하중 문제가 야기되어 안전에 상당한 위험이 따르기 때문이라고 한다.

그렇다면 이 아름다운 건축의 묘미를 살린 베란다나 발코니가 왜 이리 유독 우리나라에만 문제가 야기되는 것일까? 애초에 설계당시에 그렇게 되었다면 별 문제는 안 될지도 모르겠는데 설계 후 준공이 이루어진 다음에 임의대로 개인 가정의 편의대로 불법으로 확장 개조를 함으로써 그런 민원들이 발생한다고 볼 수 있다.

우리가 전에 외국영화를 볼 때마다 많이 부러워했던 것이 베란다나 발코니가 있는 예쁜 집들이 자주 화면이 나오기 때문이었다. 우리나라 건축물 특히 일반 가정집에선 좀처럼 보기 힘든 구조가 아닌가?
초가집이나 기와집의 단층구조에선 도저히 나오기 힘든 설계다. 굳이 비교하자면 툇마루가 이에 비교된다고 볼 수 있다. 베란다와 발코니가 잠시 실내 밖으로 나와 신선한 바깥바람을 쐰다든지 약간의 휴식을 취하는 공간으로 활용된다면 우리의 툇마루는 그 보다 훨씬 정감이 있는 만남의 공간이요, 휴식의 공간이요 그리움의 공간이었다.

툇마루란 방이나 마루에 붙여 만든 좁은 마루라는 뜻이다.

한마디로 말해서 방이나 마루가 조금 밖으로 일보 전진했다고 볼 수가 있다.

옛날 우리가 살던 집들은 거의 다 툇마루가 있었다. 거기에 옹기종기 모여 앉아 도란도란 얘기도 나누고 굳이 방이나 큰 마루에 올라가지 않고서도 점심이나 간식 같은 것을 나누어 먹던 휴식공간이요 비오는 날 또는 한적한 날 툇마루에 앉아 멀리 밖을 내다보며 어떤 그리움의 날개를 펴던 그런 공간이다.

　요즘 대부분 아파트 생활을 하는 우리들로서는 베란다 발코니가 그저 세탁기나 들여 놓고 빨래를 해서 건조대에 빨래를 너는 공간, 좀 고상하다면 화분이나 꽃들을 키우는 녹색정서의 공간, 아니면 담배를 피우는 불가항력적인 비참한 공간으로나 이용된다고나 할까.
　그런데 한걸음 더 나아가 소음공해로부터의 방어, 외부 찬 공기로부터의 보온효과 등으로 그 아름다운 공간의 활용이 새시로 둘려 쌓여서 외부와 차단이 되어 좀 답답하다는 것이 안타까울 뿐이다.

　수년 전 강릉 경포대로 여행을 간 적이 있다.
　거기 경포대엔 해변가를 끼고 모텔들이 즐비하게 늘어서 있다. 그런데 해변가를 걷다보니 유난히 눈에 띄는 모텔이 있었다. 바로 발코니가 나와 있는 모텔이었다. 마음으로 찍어 놓은 다음 거기에서 숙박을 했다. 발코니에 나와 앉아 확 트인 경포해변을 바라보며 가슴까지 시원하게 철썩거리는 파도소리를 들으며 맥주를 마시는 기분이란 그 어느 것과도 비교가 안 되는 큰 행복감에 젖은 적이 있다.

　순간 중 2때 보았던 로미오와 쥬리엣 영화가 떠올랐다. 로미오가 나무에 올라 발코니에 나와 있던 쥬리엣을 향해 사랑의 아리아를 부르는 장면이 아직도 또렷하게 남아있다.
　그 발코니에 대한 기억이 나한테는 그날의 기억과 동일했던 것 같다.

　"What is a youth? Impetuous fire. What is the maid? Ice and desire……."
　젊음이란 무엇인가? 격렬하게 타오르는 불꽃,
　처녀란 무엇인가? 얼음같이 차가운 것, 불타오르는 욕망…….

그만큼 베란다나 발코니, 툇마루가 주는 낭만이 요즘같이 실생활에서의 활용도 보다는 훨씬 감상적일 수가 있는 공간이다. 지금은 작은 집에서 살다보니 그나마 있는 두개의 베란다조차도 이것저것 잡동사니들로 가득 차있어서 낭만을 기대하기란 애초에 틀렸다.

그나저나 요새 밤하늘엔 별들이 유난히 반짝인다던데 경포대 그 모텔에 다시 가서 밤하늘의 별들을 바라보며 맥주나 한잔…….

碧眼의 Native Speaker, Mr. Paul Needham Gregg 선생님

一刻如三秋라 했던가?
아니면 三秋가 如一刻이란 말인가?
선생님이 모교를 방문한다는 소식을 접한 지가 얼마 전이었고 그 짧은 만남이 실감이 안 날정도로 고맙고 아쉬웠다. 실로 46년이 지난 어제 중1때 영어선생님이셨던 미국인 Mr. Paul Greff 사모님과 함께 모교인 인천중. 제물포고를 방문하셨다. 1968년 중학교 1학년이던 시절 간신히 ABC를 배우던 우리한테 선생님은 How are you?를 가르치셨다. 요즘으로 말하자면 원어민 선생님의 태두이셨던 셈이다.

케네디대통령이 1961년에 만든 미국평화봉사단(The Peace Corps)의 일원으로 24세 젊은 나이에 한국에 와서 우리한테 영어를 가르치셨던 것이다. 그는 1966년부터 1968년까지 3년 동안 우리학교에 계시면서 영어회화 교과서(Tom & Judy)를 아주 재미있고 실감나게 수업을 해주셔서 당시 학생들한테 대단한 인기를 누리셨다.

미국으로 돌아간 그는 6년 뒤 지금의 부인인 Mrs. Elizabeth Morales Gregg과 결혼을 했고 37년 동안 학교에서 선생님으로 지내시다가 은퇴를 하시고 현재 뉴저지주 Waldwick이란 도시에 살고 계신다고 했다.
거기엔 Komerican들이 이웃에 많이 살고 있다고 하면서 놀러 오라고 하신다.

　1960년대 당시만 해도 우리나라의 모든 주변 환경이 아주 열악하기만 했었고 특별히 교육환경 중에서도 영어교육은 더욱 그랬었다. 다른 학교에서는 입시 위주의 문법교육에 힘을 쏟았겠지만 우리한테는 그와 못지않게 회화공부에도 기회가 있었다. 그것도 원어민인 파란 눈의 폴 선생님은 우리들의 로망이셨다. 미국에 대한 꿈, 영어에 대한 열정…….
　그런 것들이 영어 과외, 외국학생들과의 영어펜팔로 이어지고 교내 영어암송대회에도 나가게 되었다. 비록 장려상에 그쳤지만 내가 중학교 시절(1학년 때)에 받은 유일한 상장이었다.

　폴 선생님과의 개인적인 추억거리는 거의 없지만 수업시간에 특유의 제스추어와 친근감 그리고 익살스러운 소품들을 가지고 우리한테 영어수업은 물론이고 마음으로 다가와 주셨던 선생님이 지금도 고맙다. 덕분에 다시 찾은 모교 교정엔 가을비가 조금씩 내리고 있었다.

　인천중학교는 1972년 졸업생을 끝으로 정부시책으로 폐교되었다가 10여 년 전 다른 지역에서 동일 이름으로 다시 개교를 하였다. 그 옛날 校舍는 리모델링을 해서 외관에 약간의 변화를 주었지만 옛날 그 자리에 그대로 남아있어서 제물포고등학교 건물로만 사용하고 있다. 폴 선생님의 기억 속엔 자유공원 한 자락, 나무숲이 우거진 웃터골에 조용히 자리한 옛날의 학교 모습이 아련하셨을 것이고 여름날엔 교실에 비록 지금처럼 에어컨은 없어도 겨울철엔 나름대로 스팀(실내난방설비)이 나왔던 그 중학교 교실을 기억하시고 계실 것이다.

　올 해가 70이시라는 선생님,
　생각해 보면 그 당시에 큰 형님과 비슷한 나이셨는데 선생님이라는 그 단어 때문에 가까이 하기가 어려우면서도 미국인 특유의 익살에, 대화 대화마다 여전히 웃음을 자아내게 하시는 폴 선생님은 영원히 마음 속에 간직할 우리들의 파란 눈의 친구로 남겨 드리고 싶다. 언제 다시 만나리라는 기약은 없지만 Global 시대에 IT시대에 살고 있다는 행운으로 우리는 메일이나 전화 카톡 그리고 Facebook 등으로 언제든 폴 선생님과 교감을 할 수 있다는 것은 큰 다행이다.

The English teacher with blue-eyed native speaker,
Mr. Paul Needham Gregg.

Every minute seems like a thousand?
Or Time and tide wait for no man?
I heard about Mr. Gregg's visit to Jemulpo High School, my alma mater couple of days ago, and I appreciate him and felt something was missing even if our meeting was very short.

Actually Mr. Paul Gregg who was my English teacher when I was in the seventh grade visited to Incheon Junior School/Jemulpo High School with his wife yesterday since I saw him last for 46 years.

In retrospect, he taught us "How are you?" as we learned A, B, C...simply when we were all in the seventh grade in the year of 1968.
Say in short, currently it means that he was an actual great authority on the native speaker.

Mr. Paul Gregg taught us the English conversation when he was the age of 24 who was a member of "The Peace Corps" which was established in 1961 by Mr. John F. Kennedy, the President of USA.
He taught the English conversation textbook(Tom &Judy) for three years from 1966 to 1968 with very fun, more realistic and comically.
He has been enjoying great fame during his teaching at that period.
He married Mrs. Elizabeth Morales Gregg after six years from his returning to USA, and he worked for the school as a teacher for 37 years, and

now he is living in Waldwick city in New Jersey, USA.
He told us why don't you come over there because there are lots of Korean-Americans in neighbors.

In my memory, in the years of 1960 all of the Korean ambient environments were very poor, especially the English conversation education was so like as the above out of the education environments at that time.
By the way, fortunately we were very lucky because we had an opportunity to learn the English conversation lesson from the native speaker compare to the another schools which were tried to teach the grammar lesson only for the entrance examinations.
Needless to say, we had a native speaker as an English conversation teacher with blue-eyed Mr. Paul Gregg who was an our new ideal.

The dream for the America, the passion of the English....
Owing to the above reasons, I used to receive the private lessons, corresponded with international pen pal friends, and also participated in English Recital Contest.
At that time I ranked the 4th position out of over 20 participants.
Actually the above award was only one for myself during my Junior School in the 7th grade.

Unfortunately I had a few private memories with Mr. Gregg, I really appreciate Mr. Gregg still at this moment for his excellent efforts to learn the English conversation with typical gesture, familarity and some comic tools.
When the very date which Mr. and Mrs. Paul Gregg visited to Jemulpo High School was raining little by little in the school ground.
Incheon Junior School was abolished in 1972 due to the indispensable governmental policy, but the same name of the school opened at other place in ten years ago.
The old school buildings are still located at the same place and the same venue with some different external appearances after remodeling, and now they are used for Jemulpo High School only.

I think Mr. Gregg has an dim memory of the very calm place surrounded with many trees in the Jayu park.

In summer time we had no air-conditioners like as the current situation, but he remembered we had the heating systems(steam types) in the winter time at the classes.

He told us he became 70 years old in this year.

As I guess that time, his age was similar to our elder brother's, but he was a teacher for us.

So it couldn't make us to keep close relationship with him.

Then, he still showed us the typical joke as the Americans do and gave us some laughs in every dialogues during our short meeting in Jemulpo High School.

With the result of the fact that I'd like to keep the good relationship in my mind forever with the blue-eyed friend.

Even if I can not promise to meet him again in the near future, fortunately we are now living in the global world and IT era, so we can correspond with him by e-mail, phone, facebook and etc. at any time whenever we want to do each other.

Oct. 16, 2013
For memory with Mr. Paul Gregg.

봄을 맞이한 三寺

 지난 금요일 식목일 오후는 아주 따뜻했다 그리고 달리는 자동차 창문 밖으로 스쳐 지나가는 봄 풍경은 아주 평화로웠다.

 얼마 전 새로 개통된 제2서해안고속도로는 조금 더 서해 바다 쪽으로 가까이 나있다. 인천에서 시작하여 목포에 이르는 서해안고속도로는 2001년에 개통되어 상대적으로 낙후되어 있는 충남, 전남북의 서해안 인접 도시들의 생활환경 및 경제수준을 급속도로 발전시키는데 크게 기여했다. 여름 피서철 때나 봄꽃놀이, 가을단풍놀이 철에는 그야말로 주차장을 방불케 할 만큼 수많은 나들이 차량들로 늘 북새통을 이룬다.
 이번에 새로 개통된 제2서해안 고속도로는 시흥과 평택시를 연결하며 상습 정체구간인 군자와 안산. 화성구간의 교통소통을 시원하게 해소하는데 기여를 하고 있다. 하지만 시화공단과 안산공단을 지나치는 구간에서는 공장지붕들과 굴뚝 그리고 고가철탑들이 어지럽게 지나가고 있어 그리 상쾌하지 만은 않다. 아무튼 새로 뚫린 깨끗한 도로덕분에 까만색 아스팔트 위를 달리는 기분은 아주 좋았다.

 동군산 IC를 빠져나와 群長(군산. 장항)도로를 지나 새만금으로 향한다. 예전 같으면 인천에서 군산까지 족히 3시간 반 이상 걸려 도착 했을 텐데 새로 개통된 고속도로 덕분에 상습체증구간을 피해 달리니 2시간이 채 안 걸렸다. 군산은 초창기에 다녔던 회사에서 10년이 넘게 출장을 자주 다녀 나에겐 추억과 情이 아주 많은 도시이다. 1980년대 초만 해도 아주 작은 항구도시였지만 지금은 군장산업도시개발로 제법 형님대열에 낄 정도로 도시전체가 여러모로 많이 성장해 있다.

군산시 바닷가 끝에 있는 비응도에서 시작하는 새만금방조제는 중간중간에 야미도, 신시도, 어도, 가력도 그리고 부안의 대항리를 잇는 무려 33㎞의 세계 최장의 방조제로서 20년에 걸친 대역사 끝에 2010년에 준공되었다.

김제와 만경평야를 일컫던 금만평야를 새롭게 만든다는 의미로 새만금이라는 이름이 만들어졌다고 한다.

달려도 달려도 끝이 없는 방조제, 모세가 바다를 가르듯 양쪽으론 망망대해……. 새로 구입한 나의 愛馬에는 CD player가 있어서 웅산님의 노래가 아까부터 흘러나왔지만 주변 경치를 보느라 두 번 auto reverse 되는 동안 잘 안 들렸던 그녀 목소리가 크게 들리기 시작했다.

내가 좋아하는 "Call Me"가 흘러나왔다. 그녀의 뇌쇄적인 음색이 내 귓가에 가까이 들리면서 방조제를 가로질러 질주하는 내 차가 저 바다 속으로 바다 속으로 점점 빠져 들어가는 기분이었다.

Call me when you feel so blue
Call me when you feel so sad…….

순간 마음이 뜨거워졌다.
양옆 창문을 다 열었다.
봄을 마음껏 품은 서해 바닷바람이 차안으로 밀려들어와 뜨거워진 내 몸을 식혀주었다. 잠시 노래에 취해 봄바람에 취해 비틀거렸던 마음을 추슬러 격포항 채석강으로 향했다. 일몰을 보기엔 아직 이른 시간이었다. 바닷물이 많이 빠져있어 채석강 앞의 바위들이 넓게 들어나 있었다.

2년 만에 다시 와보는 채석강이다. 채석강은 변산반도에서 서해 바다 쪽으로 가장 많이 돌출된 지역으로 강한 파랑波浪의 영향으로 오랜 세월을 두고 바닷물에 침식당해 형성된 것이라 한다. 수 만권의 책을 정연하게 쌓아 올려놓은 듯한 높은 해식애 및 해안단구는 자연이 주는 아름다움이 아주 빼어나며 바다 밑에 깔려있는 암반의 채색이 영롱하다하여 붙여진 이름이며 당나라 이태백이 달을 보며 놀았다는 중국의 채석강만큼 아름다운 곳이다.

2년 전 5월 중순에 왔을 때는 인접한 격포해변에서 물놀이를 하는 젊은 친구들이 많았었는데 이번엔 날씨가 그다지 덥지가 않아서인지 밀려오는 파도를 깡충거리며 피해다는 모습들이 아주 정겹다.

노을을 보기엔 시간적으로 좀 이른데다가 하늘마저 구름이 많이 끼어있어서 채석강을 출발하여 지난번에 걸었던 마실 길(이곳에선 둘레길을 이렇게 부른다) 코스를 이번엔 애마로 돌아보았다.

대명콘도 앞을 지나면 바로 만나는 곳이 아래로 보이는 적벽강이다.

적벽강은 파도가 깎아낸 붉은 해안단층의 절벽으로 송나라 소동파가 놀았다는 적벽강과 비슷하다 해서 "적벽강"이란 이름이 붙었다고 한다. 적벽강 언덕 위에는 개양할미와 여덟 딸을 모시는 "수성당"이란 당집이 있다. 변산 마실 길 중 적벽강과 수성당은 가히 천하제일이다. 이곳을 지나 조금 달리다 보면 하섬을 만난다. 모세의 기적을 한 달에 두 번, 사리 때에 만날 수 있다고 한다. 잠시 차를 세우고 전망대에서 하섬을 내려다보았다. 인천 앞바다의 작약도만큼이나 작고 예쁜 섬이다. 물이 빠지면 당장이라도 뛰어 내려가 한걸음에 달려가 보고 싶은 충동을 일으켰다.

애마는 봄을 맞이한 변산반도 마실 길을 신바람나게 달렸다.
우측으론 겨울을 털고 몸을 추스르는 內外변산 그리고 왼쪽으론 떨어지는 해를 껴안을 준비를 하는 서해바다는 신호등이 없는 조용하고 평화로운 해안도로다. 이 모두가 나에겐 축복이요 행운이다.

어둠이 짙어오는 시간에 부안읍내에 들어서 백합죽으로 유명한 계화회관을 찾아갔다. 80년대 초부터 내 기억 속에 늘 자리 잡고 있었던 계화회관 식당의 이름이 시야에 들어왔다. 원래는 읍내에 있었으나 부안소방서가 위치한 외곽으로 확장이전을 했다고 했다.
백합구이와 백합탕 그리고 백합전을 안주로 부안의 명주 동진쌀막걸리와 씨름을 했다.
이어서 마무리는 오늘의 주인공 백합죽으로 그야말로 황홀한 휘니쉬다. 변산온천의 숙소가 사정이 생겨 인근 개암사 근처에서 여장을 풀었다.

부안의 아침은 빨리 찾아왔다. 하지만 날씨가 예사롭지 않다. 비가 간간히 뿌려지고 있었다. 예정대로 애마는 내소사를 향해 질주를 다시 시작했다. 시골집 담장마다 개나리와 앵두꽃이 활짝 피어 반갑게 맞이해주었다. 내소사 주차장엔 짓궂은 날씨 탓에 생각보다 사람들이 적었다.
비가 점점 세차게 내리기 시작하고 바람마저 세차게 불어댔다. 준비해간 우비를 입고 우산으로 비와 바람을 피해보지만 불편함이 이만저만이 아니었다. 내소사에 이르는 전나무숲길이 이날처럼 멀게만 느껴본 적이 없었다. 우여곡절 끝에 겨우 내소사에 도착, 일주문을 통과하고 바로 돌아서야만 했다. 세찬 비바람에 여린 나뭇가지들도 꺾어져 길가에 나부꼈다.

  내소사의 날씨 인심이 야속하기만 했다.
  전나무 숲길을 보려고 달려 왔건만 혹한 날씨 속에 겨우 인증샷만 하고 부랴부랴 고창 선운사로 향했다. 시골 정경을 만끽하기 위해 고속도로를 피해서 지방도로를 택했다. 비가 간간이 뿌려대는 너른 벌판에 전봇대만 즐비하게 늘어서 있다. 인심 사나운 봄비가 앞을 가로막아댔지만 무사히 선운사 주차장에 도착을 했다.
  시기적으로도 많은 관광버스들과 차량으로 붐벼야 할 때였지만 주차장이 반 정도만 겨우 찼다. 바람은 잦아들었지만 비는 조금씩 내리고 있었다. 초입에 늘어선 벚나무는 아직 꽃을 피울 생각을 안 하고 있었다. 부안보다 아래지방이지만 山中이라 기온이 받쳐주질 않은 모양이다.

  봄에 찾아가는 선운사에는 3가지의 목적이 있다.
  선운사 가는 길의 벚꽃,
  선운사 경내 화단의 수선화
  그리고 대웅보전 뒷산의 동백나무숲이다. 도솔산 선운사 일주문을 지나 말끔히 단장된 시멘트도로를 피해 풀밭 길로 들어서서 세차게 흐르는 냇물을 따라 걸었다. 물이 큰 소리를 내며 흘러 내려갔다. 비는 이슬비보다 여리게 내리고 있었다.

  경내에 들어서자마자 화단으로 내처 걸어 예쁘게 옹기종기 모여 핀 노란 수선화 무리와 조우를 했다. 실로 10년 만에 재회를 한 것이다. 키는 예전이나 비슷했지만 꽃 웃음들이 아주 크게 보였다. 즐겨 부르는 일곱 송이 수선화를 허밍으로 흥얼거리며 종무소를 지나 대웅보전 뒤쪽으로 향했다. 동백나무 숲이 펼쳐졌다. 아직 철이 일러서인지 성질 급한 동백 몇 송이만이 상춘객들의 사랑을 독차지 하고 있었다. 하기야 올 해는 유난히 꽃샘추위도 심했고 날씨도 고르지 못해 선운사 동백꽃 피는 시기가 조금 늦어지리라 생각을 했다.

옆 마을 출신의 미당선생도 동백을 보러 갔다가 동백이 피질 않아서 주막집 주모의 육자배기 가락만 듣고 왔다고 할 만큼 선운사 동백은 개화시기를 맞추어 방문하기가 아주 어려운 모양이다. 중앙의 큰 동백나무는 전주기상대의 개화시기를 측정하는데 기준이 된다고 팻말에 쓰여 있을 정도로 선운사 동백꽃의 개화 시기는 많은 사람들의 관심을 받는 만큼이나 고운 자태를 쉽게 허락하지 않는 것 같았다.

송창식의 "선운사" 노래를 듣고 지었다는 최영미 시인의 「선운사에서」라는 시가 생각이 났다.

  꽃이 피는 건 힘들어도 지는 건 잠깐 이더군
  골고루 쳐다 볼 틈 없이
  생각할 틈 없이 잠깐 이더군
  그대가 처음 내 속에 피어날 때처럼
  잊는 것 또한 그렇게 순간이면 좋겠네
  멀리서 웃는 그대여 산 넘어 가는 그대여
  꽃이 지는 건 쉬워도 잊는 건 한 참 이더군
  영영 한 참 이더군

참으로 선운사 동백꽃을 두고 적절히 표현한 詩句다.
또한 시인 한정원님도 선운사를 다녀와서 쓴 글이다.

  선운사 동구
  선운사에서
  선운사 가는 길
  선운사 비悲

선운사 동백
그 해 선운사
선운사에 가면
낮 선운사
늦봄 짧은 꽃의 잎들을 한없이,

이렇게 최영미 시인은 선운사 동백을 보고서 꽃이 피는 건 아주 힘들다고 했고 한정원 시인은 늦봄에 피는 아주 짧은 꽃이라 표현했다.

친구는 말한다. 선운사 동백은 실제로는 冬柏이 아니고 春柏이라고 힘주어 말한다. 4월이 되어서도 만개를 하지 않는 것을 보면 어쩌면 그의 말이 맞을지도 모르겠다. 화려한 동백꽃 잔치를 못 본 것이 아쉽기는 했어도 늦봄까지 아름다운 자태를 보여줄 선운사 춘백이 고맙기도 했다. 잊고 있었던 것이 더 있었다. 선운사의 풍천장어와 복분자술이다. 사실 10년 전에 왔을 때는 산악회에서 단체로 왔었기 때문에 시간적으로 여유가 없어서 그 명물을 맛보지 못했다.

선운사 초입에는 좌우로 장어집들이 줄비하다. 그 중에서 가운데 냇가를 끼고 있는 S장어집으로 들어갔다. 넓은 유리창 밖으로 시원스레 냇물이 생각보다 깊이 흐르고 직접 키운다는 오리들도 물장구를 치며 봄을 즐기고 있었다. 주인장이 직접 담갔다는 복분자 술을 내왔다. 장어구이에 복분자라 그야말로 금상첨화였다. 장어 맛은 그저 그랬는데 복분자술이 기가 막혔다. 선운사 동백 아니 춘백, 수선화와 함께 기억에 남는 것들이었다. 옆 손님들이 빠져 나간 사이에 잠시 산을 향하여 바닥에 누워보았다.

물소리도 들리고 바람소리도 들렸다. 선운산 자락이 아주 추워 보였다.

긴 겨울이 지나가고 봄이 오긴 왔으나 여기 선운사는 아직 봄이 아니었다. 실제로 그랬다, 춘래불사춘春來不似春이었다.

이 말은 춘추시대의 서시, 삼국시대의 초선, 당나라의 양귀비와 더불어 중국 4대 미녀 중 한 명이라는 한나라(前漢시대)의 왕소군의 서글픈 심정을 묘사한 것인데 명문가의 딸이었던 왕소군은 落雁(날아가던 기러기들이 왕소군의 미모에 반해 땅으로 내려앉았다는 뜻)이라는 별명을 가질 정도로 절세미인이었는데 그 당시 흉노족이 힘이 강성해져서 한나라 국경을 위협하는 관계로 그들을 달래려는 정략결혼의 제물이 되어 흉노족의 왕 선우에게 시집을 갔는데 봄이 왔어도 봄을 느낄 수 없다고 푸념을 늘어놓은 것이라는데 후대 당나라 시인 동방규東方虬가 이러한 왕소군의 심정을 대변하는 昭君怨이란 시를 지었고 그 시의 3번째 구절은

"胡地無花草 호지무화초 ; 오랑캐 땅에는 꽃도 풀도 없으니
春來不似春 춘래불사춘 ; 봄이 와도 봄 같지 않구나"에서 유래된 것이라 한다.

봄은 유독 "성큼"이란 부사가 잘 어울리는 말이지만 마음은 성큼 일지는 몰라도 날씨는 아직 성큼이 아니다. 가을은 하늘에서 내려오고 봄은 땅 밑에서 온다고 했는데, 이미 땅 밑은 녹아서 봄물이 되어 계곡을 따라 흐르건만 불을 지펴야 할 봄꽃 나무들한테는 봄 인심이 아주 야박한 모양이다.

민생고를 해결하고 나서 선운사 아랫동네와 이별을 했다. 동군산 IC를 빠져나와 익산으로 향했다. 독도수호대 회원인 K씨 내외가 반갑게 맞이해 주었다. 광화문에서의 연말 송년회에서 보고 실로 4개월 만에 만난 것이다. 막걸리를 좋아하는 나를 습관대로 막걸리집인 "주촌"으로 안내했다. 익산 인심이 서울이나 인천보다는 확실히 좋다. 막걸리 대주전자 하나에 2만원인데 기본안주가 십여 가지가 나온다. 그야말로 산해

진미다. 추가로 한 주전자를 더 시키면 반찬이 싹 바뀐다. 그렇게 하기를 세 주전자를 마셨다.

세월을 이야기하고 계절을 이야기하고 인생을 이야기하다 보니 나중에는 몇 병을 더 시켰다.

이야기할 사람이 없으면 술을 마시지 말라고 했듯이 술은 정말로 좋아하는 사람이랑 같이 하지 않으면 그냥 물이요, 즉 수돗물이라고 이병률 시인의 여행 산문집 "바람이 분다, 당신이 좋다"에선 그렇게 쓰고 있다.

익산의 두 내외는 나한텐 좋은 사람들이다. 익산에서의 밤은 또 그렇게 스케줄대로 흘러갔다. 여행이라는 것은 만남과 이별의 연속이라고 여행 작가 오소희님이 말했듯이 다음 날 내외와 작별을 하고 해장을 그 유명한 팔봉동 "명장 추어탕"에서 해결을 했다. 상큼한 부추와 함께 먹는 추어튀김은 입안에서 그리 오래 머물지를 않았다.

관촉사 은진미륵을 보기 위해 논산으로 달렸다. 달리는 차 안에서 노래를 불러댔다. 추어탕의 산쵸좀이 차안에 가득하다. 창문을 열어서 불어오는 봄바람에 널리널리 명장추어탕 소문을 냈다.

어제의 내소사, 선운사에서의 날씨 푸대접은 어느새 뇌리에서 사라지고 논산의 평화롭고 따사로운 봄 풍경이 나를 반긴다. 요금소를 빠져나와 은진면에 있는 관촉사 입구에 도달했다.

주차장이 아주 작고 허술하며 작은 슈퍼가 있는 건물도 허름하다. 마을 뒷길을 따라 조금 오르니 관촉사가 나왔다. 공주 마곡사의 말사로서 촛불을 보는 것 같이 미륵이 빛난다는 절이라고 해서 붙여진 이름이라는데 1,000여 년 전 고려 때 지어진 아시아 최대의 불상으로 유명한 미륵 석불이 있다. 은진면에 위치하고 있어서 은진미륵이라고 불리는데 다른 절에 있는 불상들과는 사뭇 다르게 생겼다.

신체 구조가 불균형적으로 즉, 균형미를 과감하게 파괴한 얼굴과 상체가 유난히 길고 크며 여느 불상들에 비해서 아주 파격적인 모습을 하고 있는 것이 특징이며 보물 218호다. 미래에 중생을 구제한다는 미래의 부처라서 독특한 모습을 하고 있나보다.

봄 햇살은 어느새 서쪽으로 기울어 불상 뒤쪽에서 비춘다.
정면에서 찍으면 사진이 逆光이다.
가뜩이나 커다란 불상의 그림자가 내가 사진 찍는 것을 방해한다.

도량 내부를 돌고 5층 석탑을 지나면 아담하게 생긴 석문이 나온다. 일명 '해탈문'이라고 하는데 창덕궁에 있는 불로문처럼 아주 예쁘게 잘 만들어진 돌로 된 문이다. 돌문을 통과해 돌계단을 내려오다 돌 틈바귀에서 비집고 나온 연보라색 제비꽃이 반갑게 인사한다.
제비꽃이 핀 것을 보면 봄이 온 모양이다. 하도 반가워서 앵글에 담아본다. 그 순간 내 마음에선 슈베르트의 가곡 "비올라"가 춤을 춘다. 마치 제비꽃이 나를 보고 그러하듯이 비올라에서의 피아노 선율이 아름답고 경쾌하다. 뒤로 보이는 관촉사의 은진미륵이 멀어지면서 저 멀리 계룡산이 점점 가까워진다.
어제 밤에 내린 눈으로 나폴레옹 모자처럼 생긴 모자를 하얗게 뒤집어쓰고 있다. 백제의 향기를 간직한 이곳 논산 사람들은 개태사의 가마솥, 인근 강경의 미내다리 그리고 관촉사의 은진미륵에 대한 자부심이 대단하다고 했다.

봄을 맞이하는 삼사의 표정이 다 다르듯이
봄엔 확실히 바람이 많이 부는 계절인가 보다.
삼월에 부는 바람은 사랑의 바람이요,
사월에 부는 바람은 생명의 바람이라했던가?
요즘엔 뜻하지 않게 미사일바람, 핵폭탄바람이 위에서부터 몰아치고 있다.

  진정 이 봄에 부는 바람은 남녘에서 시작해서 북한 땅으로 부는 평화의 바람이었으면 좋겠다. 갈 길은 멀고 당진에서부터 차가 거의 서있다. 언제 가려는지…….

봄이 오는 길목에서

오늘도 변함없이 일찍 서둘러 청량산 둘레 길을 돌아본다.
군데군데 눈이 얼었다 녹아서 살짝 춘니도 있고 어디는 아직 꽁꽁 얼어있고 어느 곳은 슬금슬금 녹고 있다. 고것 참 고약하다. 아이젠을 안 하자니 미끄럽고 하자니 둘레 길 중간 중간이 애매하고 아침 바람은 아직 차갑고 길은 고약해도 정겨운 새소리를 들으니 발걸음이 가볍다. 某女人네 아파트를 배경으로 혼자서 사진을 살짝…….

서울에서 결혼식이 있어 서둘러 하산한다. 신길역에서 5호선으로 갈아탄다. 여의나루역에 내려서 셔틀버스에 오른다. 중소기업회관 웨딩홀은 하객들로 북적거린다. 믿음의 친구 딸이 시집을 가는 날이다. 신부입장을 지켜보고 나서 곧 바로 민생고를 해결하려 식당으로 내려간다. 뷔페식당은 정신이 없을 정도로 줄이 길게 늘어서 있다. 노로 바이러스 뉴스 때문인지 굴 및 생선회 라인은 좀 한산하다. 죄 없는 굴 깍지가 내 앞에서 수북이 쌓인다. 겨울은 굴 철이 아닌가?

입안 가득한 굴내음을 달콤한 카푸치노 커피 향으로 덧칠한다. 식사를 마치고 건물 밖으로 나와 셔틀을 기다린다. 여의도 샛강을 넘어온 바깥 공기가 아직도 차갑지만 그리 밉지가 않다. 해는 어느 덧 南中을 넘겨 멀리 관악산 우측으로 방향을 틀었다. 雨水를 앞둔 햇볕은 여의도 공원에 대대적으로 내려앉는다.

  1987년 대선 때 연일 백만 인파를 몰고 다니며 勢를 과시하던 광장이다. 국군의 날 행사 때 강제동원 되던 광장이기도 했다. 지금은 공원으로 탈바꿈하여 휴식공간으로 자리 메김을 하고 있다. 서울의 맨하탄인 여의도 콘크리트 숲 중앙에서 허파역할을 충분히 해내고 있는 것이다.
  지하철로 한강 밑을 통과한다.
  마포역으로 가는 동안 홍콩에서 구룡반도 신세계역(침사쪼이)에서 홍콩섬으로 가는 지하철을 탔을 때 불안했던 기억이 되살아난다. 영국과 프랑스를 연결하는 도버해협 횡단지하터널을 통과할 때는 더 불안하겠지? 이러한 망상이 사라지기도 전에 애오개를 넘어 광화문역에 내린다. 지상으로 올라와 청계광장 앞에 섰다.

  이순신장군 동상이 오늘 따라 늠름해 보인다. 세종대왕 동상도 봄빛을 받아서인지 더욱 누렇게 반짝인다. 광화문 뒤로는 청와대 지붕이 유난히 파랗다. 얼마 안 있으면 새로운 주인이 이사를 온다. 이번 엔 처음으로 女주인이라지? 5년 동안 전세를 살게 될 것이다. 바라기는 살림살이를 잘 해서 국민 모두의 주머니를 가득 채워주었으면 좋겠다.

  청계천으로 내려선다.
  폭포를 만난다. 시원한 물줄기가 요란한 소리를 내며 일사분란하게 아래로 떨어진다. 그 물들은 이어서 재잘거리며 도랑으로 흘러 내려간다. 따사로운 오후의 봄 햇살이 물결 위에서 반짝인다.
  물고기 떼들이 춤을 추는 것 같다. 봄의 소리 왈츠가 들리는 듯, 비발디의 바이올린 선율에 박자를 맞추듯, 슈베르트의 송어들이 행진을 하듯, 종달새가 노래를 하는 듯 반짝반짝 거리며 춤을 추며 흘러간다.
  물소리를 들으며 걷다 보면 윤동주님의 序詩를 만난다. 올 여름에 장춘을 거쳐 백두산 천지에 오를 계획이다. 옌지[延吉]에 들러 시인의 발자취도 돌아 볼 것이다. 위로 올라 와 광교를 건넌다. 보신각이 서있다.

서울 종로에 있는 종각.
조선 시대 태조 4년인 1395년에 세웠으나 임진왜란과 육이오 사변 때 각각 불타 소멸되어 다시 세운 것이라 했다. 고종 때 '보신각'이라는 이름으로 현판을 걸고 난 후부터 이 이름으로 불리게 되었다. 보신각종은 본래 원각사에 있던 종으로 세조 때에 주조한 것인데 1536년(중종 31년)에 숭례문 안으로 옮겨 놓았다가 1597년(선조 30년) 명례동고개로 옮겼던 것을 광해군 때 종각을 복구하면서 이전한 것이다.
그 후 조선 후기까지 4차례나 화재와 중건이 있다가 1895년(고종 32년)에 종각에 "보신각"이란 편액이 걸린 이후 종로 보신각종이라 부르게 되었다. 보신각의 타종은 12월 31일 밤 이외에도 광복절, 삼일절 등 국경일 낮 12시에 기념 타종 행사를 갖고 있다. 이달 25일에 18대 대통령이 취임하는 날 타종 행사를 갖는다고 한다. 보신각의 편액은 보신각이라는 이름을 명명한 고종이 직접 쓴 현판이었으나 6·25전쟁으로 전소했으며 현재의 편액은 1953년 중건 당시에 내걸은 것이며 편액의 글씨는 이승만 대통령이 직접 쓴 것이라 한다.

인사동 골목으로 들어선다. 주말이라 그런지 많은 인파들로 북적거린다. 쌈지길을 걸어 본다. 인사동을 방문하면 늘 오는 곳이지만 서울 사람들이 부럽다. 내가 사는 인천에도 이런 명소가 생겼으면 좋겠다. 5월에 보리밥집을 지나 팥빙수로 유명한 찻집 木香에 들른다. 2층은 찻집이며 아래층은 미술작품들을 판매하고 있다.

하모니즘과 조형주의 미술의 세계적인 대가 김흥수화백의 작품도 걸려 있다. 얼마 전 유명을 달리한 그의 제자이자 부인인 장수현화백의 작품들도 걸려 있다. 물론 펜화가의 대가인 선배 김영택 화백님의 작품들도 있다. 주인장한테 김 화백님의 안부를 묻는다. 전화를 걸어 보았으나 외출 중이셨다.

목향을 나와 좁은 골목으로 들어선다. 나름대로 힘을 주는 먹거리 식당들이 즐비하다. 모텔 간판이 유난히 눈에 띈다. 우리가 젊어선 여관이나 여인숙이란 간판이 낯익었다.

가나아트스페이스를 지나니 1층 갤러리에 사람들이 북적인다. 강정희 화백의 개인전이 열리고 있었다. 이곳은 얼마 전 궁궐박사 홍순민교수 안주인인 세밀화가로 유명한 김혜경 화백이 한국야생란세밀화전을 펼쳤던 곳이기도 했다.

姜화백은 이번이 17번째 개인전이라고 말한다. 그녀의 작품 중 마음에 든 것은 유화로 그린 "화려한 나들이"였다. 갤러리에는 아직 겨울이 머물고 있는데 그녀의 화폭에선 봄내음이 물씬 풍겨 나왔다.

인사동을 돌고 풍문여고 사거리 쪽으로 간다. 전에는 커부 도는 곳에 코너다방이 있었다. 지금은 크라운베이커리가 자리를 하고 있다. 종로 경찰서 앞을 지나면서 잠시 발을 멈추었다. 1·21사태 때 순직한 최규식 서장이 생각났다. 경비를 서는 의경과 눈이 마주쳤다. 그는 내가 거기 왜 서있는지를 모르는 것 같았다. 하기야 그 친구가 태어나기도 훨씬 또 훨씬 전 얘기이니 당연하다.

한참을 걷다가 계동 현대사옥 앞에서 우회전 한다. 운현궁이 나온다. 수운회관에서 횡단보도를 건너 운현궁에 들어섰다. 수운회관 지하에는 수운다방이 있다. Freshmen 시절 미팅에서 만난 덕성여대생 L양 생각이 났다. 그녀와 나는 그곳 수운다방을 자주 이용했다. 운현궁 정문에서 입장료를 내야 했다. 얼마예요? 물으니 표 받는 여직원은 65세 이상은 무료라고 답한다.
 '저는 올 해 59세입니다.'
 '아, 그러세요?'
 '저는 웬만하면 무료로 들여보내드리려 했는데 자수하시네요.'
 그녀의 말이 재미있다.
 입장료 700원을 내며 고맙기도 하고 야릇하기도 했다. 평일 점심시간은 무료라고 쓰여 있다.

 운현궁은 조선 26대 임금인 고종이 등극하기 전에 살았던 潛邸로서, 생부이신 흥선대원군 이하응의 집이다. 그는 어린 아들을 대신해서 이곳 老安堂에서 주요개혁정책을 논의 하였던 역사적인 장소라고 한다.
 중앙에는 운현궁에서 가장 크고 중심이 되는 건물인 老樂堂이 있다. 이곳은 명성황후가 왕비수업을 받던 곳이자 고종과 가례를 치룬 곳이기도 하다. 그 뒤쪽으로는 二老堂 건물이 있는데 고종과 명성황후가 가례를 치룬 이후 노락당을 안채로 사용하기가 어려워지게 되자 별도로 세워진 건물로서 운현궁 전체의 안살림살이를 책임지던 건물이라고 한다.
 乾淸宮에서 시해되던 때에 일본인 폭도들을 향해 "내가 조선의 國母다"라고 호령하던 황후가 가여워졌다. 순간 화가 치밀어진다. 힘이 없었던 대한제국이 속상했다. 100여 년이 지난 지금도 을미사변 생각만 하면 속이 뒤틀린다. 잊지 말자 그리고 기억하자 그들의 만행을…….
 운현궁 안에는 또 하나의 명소가 있는데 그것이 바로 양관이다. 좌우대칭형으로 프렌치 르네상스양식의 근대식 건물이다. 한 때는 김구 선생이 2층을 집무실로 사용하기도 했다고 한다. 1948년부터 덕성여대가 본관으로 사용해 오고 있다. 중앙의 둥근 돔 지붕에는 봄빛이 조용하게 내려 앉아 있다. 소설가 김동인은 나와 같은 장소에서 봄빛이 완연하게 찾아든 운현궁을 노래했던 것인가?

낙원상가를 지나 탑골공원을 지난다. 조그만 골목에 들어서니 옛고을 식당이다. 오후 5시에 글사랑 모임이 있는 곳이다. 친구들이 속속들이 모여든다. 고기 판에선 육질이 좋은 고기가 지글거리며 구워지고 있다. 이 잔에서 저 잔으로 情과 글이 오고 간다.
　오늘 모임에서도 새로운 집행부가 형성이 되었다. 문학회 활동을 하고 있는 P군이 회장이 되었다. 덕분에 3년간의 짐을 내려놓은 기분 좋은 날이다. 식사 후 장소를 옆 동네로 옮겨갔다. 한참을 소리 지르다가 호프집으로 이동한다.
　종로의 밤은 이렇게 깊어만 간다. 꼬불꼬불 종로 뒷골목의 밤에는 어느 샌가 봄이 조용히 다가오고 있었다.

부두 이야기
- 북성, 만석 그리고 화수부두

    중2때 학교 후문 밑에 북성동 3가 3번지에 잠시 살았었지만 막상 북성부두엔 가보질 못했었다. 아니 그 존재조차도 몰랐었을 것이다.
    다만 오림포스호텔(지금은 파라다이스호텔) 밑에 있었던 부두에서 만리포로 해양훈련을 갈 때(중2 중3 여름방학) 인천항에서 만리포부두까지 황진호. 은하호를 탔던 기억과 그 부두에서부터 하인천역까지 연결되어 있던 어시장에서 생선을 사던 부모님 따라서 가끔 둘러보곤 했었다. 더군다나 만석부두와 화수부두는 역시 내 기억엔 없었다.

    세월이 흘러 1978년 겨울, 한국유리 신입사원시절 인천공장(인천판유리)에서 한 달 간 오리엔테이션을 했을 때 처음으로 만석부두라는 데를 가보았다. 그 뒤에 부두에 관심을 갖게 된 것은 보섭이가 그곳에 대한 사진을 찍기 시작해서부터이다.

    북성부두는 아직도 확실하게 살아있다.
    물때에 맞춰 어선이 들어오면 배안에서 즉석 흥정으로 깜짝 시장이 형성된다. 목적을 가지고 이곳을 찾는 이들은 대부분 물때를 맞춰서 찾아온다.
    우리 신포럼도 그 물때를 맞춰서 놀이가 시작되었다. 보섭이가 "수

복호 사람들"이란 제목으로 사진첩을 만들고 전시회를 연 이후로 그들과 遭遇를 했다.

　외손녀를 위해서 꽃게를 몇 마리 샀다. 보섭이 덕에 살찐 돌게 한 마리를 선사받았다. 복잡한 틈을 이용해 생새우와 꼴뚜기를 몰래 낼름낼름 삼켰다. 용수호식당에서 보섭이가 준비한 해물(광어, 바닷가재)로 정식 신포럼 놀이가 시작되었다. 김창희 회장, 광우 그리고 홍교수가 합류했다. 만석 고가 밑 주꾸미 집에서 시작된 신명놀이는 북성부두 용수호식당을 거쳐 만석부두 그리고 화수부두 할머니식당에서 그 절정을 이룬다.

　보섭이의 발걸음과 앵글이 스쳐간 흔적이 연탄화덕 위에도 까맣게 그을린 벽에도 팔순의 여주인장 할머니 웃음 속에도 여기저기 묻어난다. 나는 클래식기타연주회 관계로 뭇포럼長은 딸 사위 친정나들이로 먼저 자리를 떠서 그 이후의 행적이 궁금하다.

　멀리서 와준 영훈이와 남수가 반갑고 고마웠다. 벌써부터 다음 번 놀이마당이 기다려진다.

부분 日蝕과 하늘

지난달 부분일식 광경을 잠시 지켜보았다.

아침 이른 시간대에 일식이 시작되었기 때문에 출근 시간에 거의 마지막 부분을 관측했다. 태양의 삼상한 쪽이 달그림자에 가려져 마치 사과를 한 입 베어 먹은 듯 했다. 일식이란 지구 주위를 공전하는 달이 태양 면을 가로지를 때 발생하는 현상이다. 이러한 일식현상은 일 년에 서너 번 씩 일어난다고 한다. 이번에 일어난 일식은 일본 남부지역(도쿄)과 북태평양 그리고 미국 서부 일부지역에서는 제대로 된 금환식을 보았다고 한다.

지난 5월 3일(음력 윤삼월 13일) 퇴근 후에 친구를 따라 당진 왜목마을 쪽으로 밤낚시를 갔었다. 수퍼문(Super Moon)이 뜬다는 보름이 가깝기도 해서 은근히 기대도 했었다.

서해안 고속도로를 달려 송악IC를 빠져나와 간월도를 지나 방파제에 도착을 하니 저녁 9시 반 정도가 되었다. 인적은 드물고 가까이 공사장에선 포클레인의 작업소리가 적막을 깬다. 칠흑같이 어두운 밤이었으나 오히려 랜턴만큼이나 밝은 달빛이 낚싯대를 드리운 우리들을 환하게 비춰주었다. 유난히 커다란 보름 같은 달이 머리위에서 빛나고 있었던 것이다.

말로만 들어왔던 "수퍼문"은 말 그대로 커다란 노란색 쟁반이 하늘에

떠 있는 것이다. 지구에서 가장 가까이 있는 우리 식구인 달까지의 거리는 약 38만㎞이다. 그러나 수퍼문이 뜨는 날은 달과의 거리가 3만㎞ 정도가 더 가까운 35만㎞라는 것이다. 실제로 평시보다 14퍼센트가 더 커보이며 30퍼센트 정도가 더 밝다고 한다. 우리는 19년 만의 수퍼문 덕에 큰 불편함 없이 3시간 정도 우럭을 9수나 올리며 밤낚시를 즐겼다.

그리고 이 달 6일에는 금세기 최고 우주쇼라고 해서 야단법석이던 금성일식이 일어났다. 지구에서 가장 가까운 별, 금성이 태양 면을 통과하는 현상이다. 이번에 놓치면 105년 후에나 일어난다고 해서 마침 제부도 여행길에 차를 세우고 지켜보았다. 날은 약간 흐리긴 했지만 옅은 구름사이로 희미하게나마 태양의 흑점처럼 아주 작은 금성을 볼 수가 있었다. 나는 하늘에 관심이 많다. 하늘에는 3가지 종류가 있다고 한다. 소위 우리가 말하는 하늘은 Sky이다. 해와 달 그리고 지구와 한 식구인 태양계의 별들이 떠있는 일반적인 하늘과 그 보다 더 멀리 있는 우주, 즉 Space다. Space에는 여러 개의 은하계가 있다. 나머지 하늘은 Heaven, 즉 천국이다. 내가 제일가고 싶은 곳은 바로 이 Heaven이다. 그래서 하늘을 밤이나 낮이나 자주 쳐다보며 하늘에 관심이 많은지도 모른다.

강화도 마니산 참성단에서 즐기는 새해 첫날의 일출, 그리고 배낭여행 할 때 맛보았던 중국 황산 光明頂(1,860m)에서의 일출, 고2 때 경주 수학여행 중 토함산에서의 일출, 이 모두가 또렷이 기억에 남는 하늘과의 만남이다.

퇴근하면서 집으로 돌아오는 경인고속도로에서 보는 월미도쪽의 해넘이, 영화 '바람과 함께 사라지다'에서의 장면처럼 장관이 아닐 수 없다. 하얀 낮달이 뜰 때면 햇빛에 가려 유심히 쳐다보지 않으면 안 보일 정도로 희미하게 떠있는 달을 쳐다보는 낭만이 있다.

밤이면 하늘을 가끔 본다. 별이 유난히 많이 떠 있는 날은 그래서 더욱 기쁘다. 시간에 따라 자리를 이동하는 북두칠성, 그리고 언제나 한 자리를 고집하는 북극성과의 만남이 즐거운 것이다.

초승달이 뜨는 날 새벽에 남쪽 하늘을 보면 터키 국기처럼 나란히 있는 금성과 초승달이 오누이 같이 정겨워 보인다. 지난 주말에 더 많은 별을 보기 위해서 마니산 함허동천에 텐트를 치고 야영을 했다. 작년 7월에 후배랑 함께한 야영 때에는 밤부터 흐려지고 새벽에는 천둥번개를 동반한 강한 비가 내리는 바람에 별은커녕 뜬눈으로 밤을 세워야 했다.

올 해는 오랜 가뭄으로 인해 비는 오지 않았지만 날씨는 그리 맑은 편이 아니어서 밝은 녀석들만 겨우 몇 개 정도 구경할 수가 있었다. 대신 날틀 조종사 L군이 찾아와 줘서 반갑고 즐거운 밤이었다.

올 가을에는 전남 고흥에 있는 나로도우주센터에서 제3차 나로호 발사가 계획이 되어 있는 모양이다. 2차 때는 발사장면을 TV로 숨죽이며 지켜보고 있다가 성공리에 발사되는 광경을 보고 얼마나 가슴이 뿌듯했던지……. 그러나 밤에 뉴스를 통해 지구 저궤도로의 진입이 또다시 실패로 돌아갔다는 소식을 들었을 때 무척 아쉬웠다.

이웃나라 중국에서는 우주정거장인 텐궁 1호와 두 차례에 걸쳐 유인 도킹에 성공한 유인 우주선 션저우 9호가 14일간의 임무를 마치고 오는 29일에 지구로 귀환한다는 소식도 있었다. 이로써 중국은 미국, 러시아에 이어서 세계에서 3번째로 우주 도킹 기술을 보유한 나라가 되어서 내심 부럽기만 하다. 이처럼 일식과 월식 현상 그리고 하늘에서 일어나는 일들에 관심을 갖고 살다보면 또 다른 기대감과 즐거움, 기쁨이 있는 것이다. 이번 가을엔 나로도로 달려가 보아야겠다.

빙점

작년 후반기에 갑자기 '빙점'과 '설국'이라는 철지난 일본 소설을 읽고 싶었다. 두 소설은 공통점이 있다.

모두 일본 작가가 쓴 소설이라는 점과 눈이 비교적 많이 내린다는 홋카이도 지방과 니이카타 지방을 계절적 배경으로 쓰여 졌다는 것이다.

특히 빙점이란 소설은 주제가 기독교에서 말하는 原罪이다.

시대적 배경은 2차 대전 후의 1960년, 일본은 패전 후에 급속도로 원기를 회복해가며 1964년 도쿄올림픽을 치러낼 정도로 경제적인 자립을 이루어가던 시절이다. 작가가 이미 기독교를 영접한 다음에 쓴 소설이라서 내용적으로도 죄를 다루는 소설기법이 자주 나타난다.

주인공인 게이조는 잘 나가는 병원장이며 그의 아내 나쓰에 그리고 그녀를 사모하는 부원장 무라이 등

작가는 병원장 게이조란 인물이 아내인 나쓰에와 부원장과의 부적절한 관계로 의심하면서 딸인 루리꼬의 죽음이 위의 두 사람의 애정행각에서 기인했다고 확신을 한다. 복수를 위해서 자기 자식을 살해한 원수의 딸(요오꼬)을 양녀로 들인다.

그녀가 자라가는 과정을 통해서 사랑과 애증이란 두개의 시선으로 소설의 내용을 이끌어간다.

소설을 읽는 내내 소설속의 起承轉結을 연상해 보면 작가는 빙점이란 소설을 통해서 나쁜 것으로부터 벗어나길 원할수록 선하게 살고자 애쓸수록 자기에게는 없을 것이라 믿었던 죄의식이 더 강하게 짓누름을 발견하는 것으로 인간에게는 누구나 태어나면서부터 죄의 뿌리가 박혀있다는 原罪를 강하게 강조하면서 이 소설은 역설적인 마무리를 택했다.

읽으면서 의아한 것은 우리나라 보다 훨씬 먼저 기독교를 받아들였고 이 소설이 쓰여 진 1960년대에도 기독교가 전파되고 있었다면 50여년이 지난 지금도 왜 일본의 기독교 인구는 총인구의 1퍼센트가 넘지 못하는 수준에 머무르고 있을까 하는 의문이 계속 머릿속에 남는다.

반면 우리나라는 일본보다 몇 십 년 뒤에 기독교가 천주교를 필두로 전파되면서 대한제국시절 수많은 순교자들을 양산해 냈다. 그리고 바로 일제치하에 들어가 황국식민을 강요하던 그들로 인해 그나마 또 박해를 무지무지하게 당했다. 운 좋게도 2차 대전을 겪으면서 연합군의 승리로 해방은 맞았지만 북한은 공산당의 지배로 들어가면서 기독교인들은 또 무수한 희생을 당했다. 그야말로 피의 역사다.

그로부터 전쟁은 그치고 남한정부는 민주주의 정부가 들어서면서부터 기독교는 더 이상의 피의 박해는 사라지고 5천여 년 이어온 민속신앙과의 갈등은 있었지만 50년의 짧은 기간 동안 세계에서도 유례가 없는 기독교인의 증가였다. 총인구의 3분의 1이 기독교인이라 할 수 있는 놀라운 교세의 성장을 이루었다. 한편 기독교사상을 바탕으로 한 여러 가지 사회개혁이 이루어지면서 경제성장 또한 세계에서 보기 드물 정도로 전쟁의 폐허에서 세계 10대 무역국으로 성장했다.

종교적으로 보면 현재 잘살고 있는 나라들은 거의 기독교 국가들이다. 예외적으로 일본만은 1퍼센트 미만이며 부유한 나라로 현재 살고 있다. 이 또한 희한한 일이라 하지 않을 수 없다. 그 이유 중에 하나는 누구도 부인 못하는 것은 기독교 사상을 바탕으로 하는 그들의 정직성과 성실성이다. 예수를 믿지 않으면서도 도덕적으로 정직하게 살아가고 있기 때문에 그것이 사회, 경제에 미치는 보이지 않는 힘이 되고 있다고 생각한다.

사진작가 김보섭

金寫眞作家란 표현보다는 오늘은 보섭이라고 말을 하고 싶다.

그가 사진을 찍을 때는 참으로 진지하다. 그의 사진에는 진실이 내포되어 있다. 사라져가는 건물들에서는 역사가 그대로 배어 있고 인물들 표정에서는 작가와의 心的交感이 그대로 보인다.

그는 늘 말한다. 마음으로 통하기 전에는 절대로 그런 모습을 그려낼 수가 없다고……. 그래서 그는 같은 장소를, 같은 사람들을 자주 찾는가 보다.

보섭이가 우리 곁에 늘 있다는 것도 큰 기쁨이요 幸福이다.

死七臣

지난 주말에 S君댁 혼사가 두 곳에서 있었다.

작은 S군 댁은 노량진에서 오후 2시에, 이어서 큰 S군 댁 혼사는 강남역에서 오후 5시였다. 지하철로 한 시간 거리를 두고 같은 날 혼사가 겹치니 그 비는 시간을 어떻게 보낼까 생각 중에 전부터 둘러보려고 했던 사육신묘가 떠올랐다.

결혼식이 끝나고 친구들은 날씨가 아주 화사하여 마치 봄이 온 것 같은 따스함이 있어 햇볕을 즐기고 있었다. 커피를 마시면서 친교를 나누는 가운데 강남역에서의 큰 S군 댁 혼사에도 참석할 친구를 포섭하여 사육신묘를 찾았다. 마침 큰 S군은 성삼문과 같은 成氏다. 그러던 차에 우리가 미리 그 친구를 대신하여 成氏 조상인 성삼문께 예를 표하고 혼사소식도 告하면 그야말로 일석이조라는 생각에 그리했던 것이다.

노량진역을 나와 한강 인도교 방향으로 조금 걷다보면 바로 좌측에 사육신공원이 나온다. 不事二君 충신답게 그들을 생각하며 不二門을 지나면 사육신의 위패를 모신 義節祠가 있다. 의절사에서 예를 갖추고 우리는 잠시 묵념을 했다. 그리고 방명록에 서명도 했다.

그런데 의절사 안에 7인의 위패가 모셔져 있는 것이 아닌가?
분명히 사육신인데, 왠 일곱 분이……

의절사를 뒤로 돌아 묘지에 올라가 보았다. 제일 처음에 만나는 묘는 두개의 무덤이다. 김문기, 박팽년, 그 아래 옆으로는 하위지, 유응부, 성삼문 그리고 유성원의 묘가 있다.

그런데 이상한 것은 그들의 묘비에 하나같이 朴氏之墓, 成氏之墓……. 모두 다 이렇게 性氏만 새겨져 있다. 왜 이름을 새겨 넣지 않았을까 의문이 생긴다. 그 아래로 잘 단장된 사육신 역사관을 들어가 보았다. 개인 개인의 이력들이 아주 상세히 설명이 되어 있다.

그중에 눈에 띄는 것은 그들이 형벌을 받은 내용들이었다. 거열(車裂, 죄인의 사지와 머리를 말이나 소에 묶고 각 방향으로 달리게 하여 사지를 찢는 형벌), 능지처참(陵遲處斬, 죄인을 머리, 몸뚱이, 팔, 다리를 토막 쳐서 죽이는 극형), 단근질(불에 시뻘겋게 달군 인두로 지지는 형벌) 및 참형(斬刑, 목을 베어 죽임. 또는 그런 형벌)을 받았다는 것이다. 그들은 단종의 복위를 꾀하다가 실패하는 바람에 대역죄로 몰려 위와 같은 참혹한 형벌로 불사이군의 정신을 불살랐던 것이다. 형벌을 다룬 내용에서 우리는 두렵고도 놀라움을 금치 못했다.

사육신 공원을 둘러 본 다음 강남역 큰 S군 댁 혼사로 달려갔다.

반가운 얼굴들을 보았다. 공주에 사는 R군, 청양에 자리 잡은 농부시인 L군 등등……. 식사 후 자리를 옮겼다. 뒤늦게 궁궐박사 H교수가 합류했다. 사육신묘를 얘기하면서 그를 통해 궁금증이 일부 해소 되었다. 당초 우리가 학교시절 배웠을 때는 성삼문을 위시하여 모두 6명으로 알고 있었는데……. 어느 날 갑자기 김문기가 들어가 있다는 것이다.

조선왕조실록과 추강집 등등 사료의 내용들이 서로 달라서 사육신에 대한 논란이 있은 다음에 역사학계에서는 거절을 했지만 1977년 김령김씨 김문기의 18대손인 前 중앙정보부장(지금은 국정원) 김재규가 그 당시의 권력을 이용하여 국회의 동의를 거쳐 국사편찬위원회에서 유응부를 빼고 김문기를 顯彰하고 사육신묘역에 자기네 집안의 선조인 김문기의 가묘를 추가하여 현재 그곳엔 7인의 묘가 있게 되었다는 것이다 했다.

그렇지만 아직도 학계에서는 유응부를 빼니 마니 김문기를 넣니 마니 하면서 결론이 안 나고 있다고 했다. 참 답답하다. 그러면 우리는 전에 배운 대로 사육신으로 해야 하나 아니면 사칠신으로 해야 하나……. 어쨌든 분명한 것은 그 공원의 이름이 아직도 사육신공원이라고 되어 있다는 것이다.

이와 유사한 내용들의 역사와 재미있는 이야기가 있다.

우선 경주에 가면 시내에 커다란 5개의 릉이 있는데 이를 五陵이 부르고 문화재로 관리하고 있다.

삼국사기나 삼국유사에서 약간씩은 다르나 그 기록에 따르면 신라 시조인 박혁거세의 무덤과 2대 3대 5대의 신라초기의 박 씨 임금들의 무덤과 혁거세의 왕후인 알영왕비 무덤이라 되어있다고 한다. 하지만 그 무덤들이 진짜 위의 기록에서 언급한 그 사람들의 무덤인지 아니면 신라 어느 왕들의 무덤인지는 아무도 모른다고 했다. 다만 규모가 아주 크고 한군데 모여 있다 보니 힘이 있던 박 씨 문중에서 그렇게 정하고 제를 지낸다고 했다.

근자에 와서 웃지 못 할 일이 두 번 있었다. 하나는 나주 얘기다. 羅州 하면 전라도라 칭하게 된 근본 이유임에도 십 수 년 전에 그쪽에 국회의원 하던 어느 의원나리 한 분이 본인이 錦城 金氏임으로 원래 그곳의 지명이 금성이었으므로 나주에서 금성으로 바꾸어 버렸다는 것이다.

금성 김 씨는 원래 나주 김 씨에서 분적하여 본관을 따로 정한 것이다. 하지만 수많은 세월을 나주로 알고 또 그리 사용해왔는데 어느 날 갑자기 그곳의 지명을 강제로 금성으로 바꾸었으니 나중에 민원이 발생하는 문제가 심각하여 현재는 다시 그대로 나주로 다시 바꾸어 사용하게 되었다는 것이다.

또 하나는 경북 봉화군 춘양면 얘기다. 억지 춘향이라는 말은 잘못된 말이며 정확히는 "억지 춘양"이라는 말이 옳다는 설도 있다. 춘양은 경상북도 봉화군 춘양면을 말하는 것으로서 영주와 강릉을 잇는 영동선 철도가 만들어질 때 자유당 국회의원 한 명이 본래는 철도가 건설되지 않을 계획이었던 춘양면으로 철도를 휘어져 들어오게 만든 것에서 유래했다고 했다. 영동선이 유독이 춘양면 근처에서 불쑥 튀어나온 것처럼 움직이는 것도 바로 이 때문이라고 한다.

이처럼 지명의 이름도 권세가 있는 사람이 재력으로 또는 권력으로 주도하여 마음대로 바꿀 수가 있는 것이며 역사나 유물도 사료도 개인 집단의 아전인수식으로도 조작될 수도 있다고 생각하니 사실을 사실대로 기록하고 보존하는 일이 얼마나 중요한 것인가를 생각해 본다.

끝으로 사육신 역사관 2층으로 올라가는 계단에 아래와 같은 멋진 漢詩가 있어 소개해 본다.

    桐千年老恒藏曲(동천년노항장곡)
    梅一生寒不賣香(매일생한불매향)
    月到千虧餘本質(월도천휴여본질)
    柳經百別又新枝(유경백별우신지)

    오동나무는 천년을 늙어도 항상 그 가락을 품고
    매화는 한 평생을 춥게 살아도 향기를 팔지 않는다.
    달은 천 번을 이지러져도 그 본바탕은 변하지 않고
    버들가지는 백번을 꺾여도 다시 새 가지가 돋는다.

위의 글은 조선 선조 때 문장가 申 欽의 글로써 속세의 옳지 않은 일에 타협하지 않음으로써 절개와 지조를 지켜 기품을 잃지 않는 오동나무와 매화를 예찬한 것으로서 백범 김구 선생도 이 시를 아주 좋아하셨다고 전해진다.

산을 본다는 것

오늘도 난 어김없이 회사 건물 베란다에서
앞에 보이는 계양산을 바라본다.

울긋불긋한 단풍이 한 폭의 그림을 보는 것 같다. 대우자동차공장 울타리 경계선을 따라 질서정연하게 심겨진 은행나무 가로수들의 노란빛깔도 제법 짙어져 간다. 가을은 이런 아름다운 색깔의 조화로 인해 많은 사람들의 마음을 들뜨게 하기도 하고 차분히 갈아 앉히기도 한다.

가을을 별로 좋아하질 않았으나 산을 찾는 즐거움을 알고 난 이후로 조금씩 내 마음도 변해가는 것을 느낀다. 가을산은 다른 계절의 산이 주지 못하는 특별한 즐거움이 있다. 바로 다양한 색깔의 연출이 주는 눈의 즐거움이요 마음의 행복이다. 우리나라만큼 도심 한가운데서 아주 가깝게 보이는 산이 있는 도시는 극히 드물다. 요새 자주 들르는 중국의 상하이는 마치 김제평야에 와 있는 듯 지평선이 보일 정도이다.

호주 시드니, 브리스베인, 맬버른 어디에서도 산은 보이질 않는다. 두바이, 아부다비, 샤르쟈……. 페르시아만 호르무즈 해협의 도시들도 산을 갖고 있지 않다. 토론토에서도 아틀란타에서도 나는 도무지 산을 보질 못했다. 그러니 특별히 서울에서 만큼은 조금만 시선을 올려보면 아주 가까이에 산이 보인다.

북으론 삼각산, 북한산, 도봉산 남으론 관악산, 청계산, 수리산, 남한산 등등이 줄줄이 이어져 있다. 북한산 비봉을 올랐을 때의 뿌듯함, 도봉산 인수봉을 마주 보았을 때의 설렘, 관악산에 올라 연주대를 바라보던 그 짜릿함, 겨울 청계산 눈밭을 헤치며 이수봉 돌비석을 어루만지며 느꼈던 성취감, 수리산 수암봉 꼭대기에서 새해 첫 일출을 보던 그 감격, 설악산 울산바위 앞에 섰을 때의 그 웅장함…….

이 모두 산이 주는 기쁨이요, 행복이다. 산을 올려다보면 그 산을 따라 마음도 멀리 내닫는다. 이내 산 속 깊숙이 들어간 듯 착각을 하게 한다. 나무를 스쳐지나가는 바람소리, 계곡을 따라 흐르는 물소리, 새들의 지저귐, 흙냄새, 풀냄새가 나를 반기는 듯하다.

산은 이제 그만큼 우리에게 아주 가까이에 있다.
산을 보고 있노라면 금방 행복해진다.
산을 주신 그분께 감사가 절로 나온다.

새해 아침에

창문을 열고
밤새 내린 흰 눈을 바라볼 때의
그 순결한 설렘으로
사랑아,
새해 아침에도
나는 제일 먼저
네가 보고 싶다.

늘 함께 있으면서도
새로이 샘솟는 그리움으로
네가 보고 싶다.

새해에도 너와 함께
긴 여행을 떠나고
가장 정직한 詩를 쓰고
가장 뜨거운 기도를 바치겠다.

내가 어둠이어도
빛으로 오는 사랑아
말은 필요 없어
내 손목을 잡고 가는 눈부신 사랑아
겨울에도 돋아나는
내 가슴속 푸른 잔디 위에

노란 민들레 한 송이로
네가 앉아 웃고 있다.

날마다 나의 깊은 잠을
꿈으로 깨우는 아름다운 사랑아
세상에 너 없이는
희망도 없다 새해도 없다

내 영혼 나비처럼
네 안에서 접힐 때
나의 새해는 비로소
색동의 설빔을 차려 입는다.

내 묵은 날들의 슬픔도
새 연두저고리에
자줏빛 끝동을 단다.
아름다운 사랑아.

　　　- 이해인 詩.

　2013년 새해가 밝았다. 마침 아침부터 하얀 눈이 내렸다. 한마디로 축복의 눈이 내렸으니 길한 징조라 아니 할 수 없다. 故鄕이 그리워졌다. 눈 덮인 고향, 松島의 청량산이 보고 싶어졌다.

　몸은 벌써 그곳으로 향한다. 평상시에도 주말이면 자주 그곳을 찾는다. 주변엔 문학산, 소래산 그리고 계양산도 있지만 나는 송도에 있는 청량산을 주로 찾는다. 청량산 둘레 길을 돌다보면 엄마 품처럼 따뜻하고 포근한 느낌을 받는다. 태어난 곳이고, 살던 집이 내려다보이고, 늘 다니던 길이라서 그런가 보다. 작년 이맘 때 엄마를 여의었다. 그래서 더욱 그곳이 가고 싶어졌는지도 모른다. 위 시인의 마음처럼 흰 눈을 바라볼 때 순결한 설렘으로 엄마가 보고 싶어졌는지도 모른다.

  등산로 입구 護佛寺 주차장엔 인적이 드물다. 아주 오래 전 작고한 先親이 늘 이른 새벽에 약수를 뜨러 다니셨던 호불사 약수, 새해 아침에 마시는 약수는 여느 때와 다르게 이가 시리지 않았다.
  병풍바위를 지나 청능 쪽으로 향한다. 범바위 약수터 갈림길에서 젊은 소나무 숲을 만난다. 푸름을 간직한 소나무들이 하얀 눈꽃송이로 설빔을 곱게 차려 입었다. 인증샷을 했다. 둘레 길은 호젓했다. 눈은 그쳤으나 골짜기를 넘어 온 바람은 얼굴에 차가웠다. 이따금씩 들리는 새들 지저귀는 소리가 정겹다. 겨울 산행이 주는 산뜻함이다.

  정상에 서니 멀리 송도 신도시의 sky line이 대부도와 공제선을 이룬다. 점심을 지난 새해 첫 번째로 떠오른 해는 장엄한 인천대교 위에서 빛나고 있었다. 어제 을왕리 선녀바위에서 맞이했던 지난 해 마지막 일몰의 해가 다시금 그 자리를 향해 서서히 움직이고 있었다.
  새해가 밝았다고 해서 자연 환경이 변한 것은 아무것도 없다. 다만 내가 변해야 한다, 아니 우리가 변해야 한다. 누구든 그 분 안에 있으면 새로운 피조물이라, 보라 옛 것은 지나가고 새것이 되었도다 라고 성경에서는 말하지 않던가?

  올해가 癸巳年 뱀띠 해다. 뱀은 허물을 벗으며 자란다고 한다. 자신의 허물을 벗고 옛사람의 허상 또한 벗어 버리고 새로운 마음가짐으로 새해를 맞이한다.

생활의 발견
- 홍상수 감독

　나는 영화를 좋아하지만 예전처럼 극장에 가서 보는 경우는 극히 드물다. 이따금 회사에서 방과 후 프로그램으로 영화 관람이 선정되면 그 때는 내 취향과 상관없이 직원들과 상의하여 그 당시에 상영되는 것 중에서 다수결로 결정된 영화를 보게 된다. 그러다 보니 특별히 감동을 받거나 기억에 오래 남는 영화는 별로 없었다. 특히 쏠림 현상으로 매스컴에서 선전하는 신작 개봉영화 같은 것에 유혹되지도 않는다.
　좋은 영화라고 생각되면 나중에 비디오로 빌려서 보기도 한다. 그런 비디오도 고장이 난지가 꽤 오래 되어 요즘은 거의 케이블을 통해서 자주 보게 된다.
　그 중에 연극 같은 영화 두 편이 아주 감동적이다.
　속된 말로 재탕을 자주하는 케이블방송 덕에 대사까지 거의 외울 정도로 보고보고 또 봐도 싫증이 안 나는 영화다.

　그 영화가 바로 홍상수 감독의 작품인 "생활의 발견" 그리고 "밤과 낮"이다.

　밤과 낮이란 영화는 대마초를 피우다 들킨 화가가 파리로 도피성 유학을 가서 겪는 일상적인 이야기로 주 무대가 프랑스 파리이다.

파리를 아직 못 가본 사람들은 이 영화를 통해서 파리의 명소들을 어느 정도 구경할 수가 있다.

생활의 발견이란 영화는 파리라는 도시가 주는 이국적인 아름다움보다 아주 소박하고 잔잔한 추억여행으로 나를 안내한다. 이 영화는 춘천과 경주를 배경으로 6박 7일간의 이야기를 다루고 있다. 춘천하면 아직도 우리 7080 세대들한테는 신세계와 같은 묘한 호기심과 낭만 그리고 아름다운 풋사랑의 추억들이 서려있는 곳이며, 경주는 학창시절 사춘기 때 수학여행을 다녀오던 그런 아련한 추억들이 있다.

주인공 경수는 연극배우이다.
연극계에서는 어느 정도 이름이 알려진 배우이지만 영화에 출연했다가 흥행에 실패한다. 그런 가운데 다음 작품에서는 캐스팅도 놓치고 개런티도 거의 받지 못한 경수는 작가인 선배가 있는 춘천으로 내려간다.
선배와 하루를 지내며 서로간의 신세타령을 변두리 요상한 술집에서 한바탕 치룬 경수는 다음 날 선배와 다시 만나 속 풀이를 하고 선배를 따라간 무용 연습실에서 자신의 팬이라는 무용가 명숙을 처음 만난다. 고전무용과 현대무용을 연기하는 예지원의 춤 솜씨가 아주 일품이다.
저녁식사 자리에서 서로 간에 마음이 끌린 경수와 명숙은 선배 차를 타고 가다가 중간에서 내린다. 마음으로의 거짓말은 서로 하지 않기라는 명숙의 유혹성 멘트와 함께 마치 서로가 원한 듯이 모텔로 향한다.

모텔에서 밤을 지새운 두 사람은 다음 날 계면쩍게 선배와 다시 마주친다. 그러나 명숙은 선배가 좋아하던 여자였는데……. 두 사람 사이를 의심하는 선배는 명숙을 더욱 챙기기 시작한다. 그러는 동안 한 낮에 선배와 모텔에 든 명숙은 경수한테 전화를 걸어 이상야릇하고도 황당한 이야기로 횡설수설한다. 명숙의 전화를 받은 경수는 심한 모욕감과 환멸을 느끼며 명숙과의 애정 없는 사랑 놀음의 기억을 뒤로하고 이번에는 고향인 부산으로 가기 위해 무작정 기차를 탔다가 우연히 옆자리에 앉게 된 유부녀 선영에게 마음이 끌린다.

스콧 니어링의 자서전을 펼쳐든 경수는 그 책으로 인해 선영과 대화가 시작된다. 대화의 내용이 싫지 않았던 경수는 경주역에 내리는 선영을 따라서 같이 내린다.
시골 정취가 물씬 풍기는 경주역 광장의 꽃밭에는 가을이 찾아왔고 연홍색 사루비아 꽃잎을 따서 서로 먹여주며 달콤한 맛을 음미하며 두 사람의 애정 행각이 시작된다.

경주시내 어느 재래시장 한복판 식당 안에는 사람들로 꽉차있다. 취기가 얼큰하게 오른 선영은 오래 전 중학교 시절 태릉 수영장에 친구들과 놀러갔다가 끼 있는 남학생들한테 봉변을 당할 뻔 했을 때 구출해준 의리의 남학생 경수를 희미한 기억 속에서 생각해 낸다. 두 사람의 만남이 결코 우연히 아니라는 복선伏線이 깔리는 대목이다.
그 날의 상황을 자세히 설명을 해도 도대체 기억이 안 살아나던 경수. 마침내 선영의 남다른 버릇인 손바닥으로 얼굴을 부채질하는 선영의 모습을 지켜보면서 그 옛날 음식을 먹으며 덥다고 손부채질을 하던 선영을 생각해 내곤 기억이 또렷이 난다며 극적인 두 사람의 조우에 대해 서로 간에 놀라며 둘이서 박장대소한다.

식당을 나온 두 사람은 좁은 시장 골목을 취기어린 발걸음으로 제법 친해진 모습으로 팔짱을 끼며 걷는다.
친근하면서도 포근함이 풍기는 시장풍경, 선영에게 팔을 맡긴 경수는 의미심장한 미소를 지으며 선영을 유혹한다.
깨끗한 여관으로 데려다 줄 것을 택시기사에게 요청하는 경수를 말리며 유명한 호텔로 가달라는 선영, 두 사람은 해가 지지 않은 비교적 밝은 시각에 사랑 놀음을 한다.

대학교수인 신랑 얘기를 하며 육체적인 불만족을 간접적으로 토로하면서도 교수로서의 높은 도덕성과 사회정의를 가르치는 신랑을 자랑스러워하는 선영, 그리고 경수는 또 하나의 복선일지도 모르는 얼마 전 춘천 공지천에서 선배와 타던 오리보트에서 담뱃불을 빌려달라던 어느 남자를 기억해낸다.

어떤 여자와 보트놀이를 즐기던 그 사람이 선영의 남편일 것 같다고 말하는 경수에게 선영의 대답이 걸작이다.

"그 사람은 우리들과는 다른 사람이에요, 결코 그럴리가 없어요" 남편에 대한 무한한 신뢰감이 돋보인다.

그러나 이미 두 사람은 운명적인 만남이 재차 이루어진바 서로의 사랑을 확인하며 계속적으로 만남이 이루어질 것 같은 뉘앙스를 풍기며 막을 내린다. 선영으로 나오는 추상미의 연기력이 돋보이는 영화다.

영화에서 보여주는 춘천과 경주의 모습들 황량한 춘천역 뒷골목 술집 풍경, 공지천, 소양호, 청평사 가는 배, 시외버스 터미널……. 여전히 시골스러운 경주역, 재래시장 골목, 배경처리 되는 상인들의 실상, 왠만한 동네마다 있는 이름 모를 크고 좀 높은 무덤, 개발이 제한되어 옛 모습 그대로 초라하게 남아있는 가옥들, 동네 뒷골목, 빨갛게 열린 감을 기다란 장대로 따는 村老의 모습, 콩코드호텔, 호수 위를 떠다니는 커다란 오리 배……. 소박함과 화려하지 않으면서도 일상에서 충분히 일어날 법한 남녀 간의 사랑이야기, 그들이 나누는 대사들 속의 진실감, 주인공

몇을 제외한 극중 등장인물들의 이웃 같은 친밀감, 여전히 낭만의 도시로 각인된 춘천과 천년 古都 경주라는 단어가 주는 鄕愁감.

　홍상수 감독만의 특유의 터치로 우리들의 실상을 파헤치는 영화 속의 배경과 대사가 영화를 통해서 일상적인 삶 자체를 재 발견해가는 듯한 기분을 갖게 한다.

　이번 겨울엔 눈에 묻힌 춘천을 다시금 가보고 싶다.

서울 京

학창시절에 배운 신라향가인 처용가는 "셔블밝기다래……"로 시작한다. 여기서 셔블은 신라의 옛 이름인 서라벌에서 유래된 이름이기도 하고 신라의 서울이었던 경주를 가리켜 셔블, 즉 서울이라 불렀다고 한다. 어쨌든 서울은 순 우리말이다.

1982년 10월 9일 한국유리 계장으로 근무하던 시절 나는 서울 정동에 있는 이화여고에서 MBC PD 시험에 응시를 했었다. 국어와 영어시험을 마치고 마지막 논문시간에 시험 관독관이 칠판에 논문제목을 써 놓았다.

"서울"에 대해서 논하라~

무엇을 어떻게 써 내려가나 고민을 좀 하다가 태조 이성계가 조선의 서울을 개성에서 한양으로 천도하는 이야기에서부터 술술 써 내려갔던 기억이 있다. 물론 나는 그 시험에서 불합격을 했으며 방송인으로의 꿈도 접었다. 하지만 지금도 서울을 주제로 한 논문과목에서 밀렸다고는 생각하지 않는다.

자료를 보면 京城(漢陽, 漢城)하면 지금 서울의 옛 이름이다. 京城府는 일제강점기 때 존재했던 행정구역의 이름이며 현재의 서울특별시에 해당한다. 조선과 대한제국(소위 구한말)의 수도였던 漢城府는 치욕적인 1910년 한일합병조약이후 식민지배의 중심지로서 경성부로 불리게 되고, 경기도의 도청소재지가 되었다. 1945년 광복 후에는 잠시 동안 경성부로 불리다가 1946년 美軍政에 의해 경기도에서 분리되어 서울특별자유시가 된다. 이후 대한민국 정부가 출범한 후 1949년 8월 15일부터 서울특별시가 되었다.

나는 경인고속도로를 이용하여 출퇴근을 한다.
차를 놓고 다닐 때는 전철 1호선인 경인선을 타고 가다가 인천지하철로 갈아탄다. 서울로 대학을 다닐 때는 경인선 열차를 타고 통학을 했다. 후에 기차에서 전철로 바뀌었지만 여전히 이름은 경인선 전철이다.

차를 이용하여 지방을 여행하다보면 경인고속도로 제2, 제3 경인고속도로 경부고속도로 경강국도 등등 항시 서울 京字가 앞에 붙는다.
이유인즉 서울에서 출발해서 어디어디로 간다는 얘기다. 경부선은 서울에서 부산까지 경인선은 서울에서 인천까지 경강국도는 서울과 강원도의 춘천까지 연결되는 국도를 말한다. 그런데 왜 서울이란 아름다운 우리말을 두고 굳이 한자어로 된 京을 앞에 붙여서 시작을 해야만 했는가? 하는 것이다.
아마도 기차가 우리나라에 처음 놓여진 것이 1899년 9월 18일 서울 노량진역에서 인천 제물포역까지 이었으므로 그 당시 서울인 경성의 京과 인천의 仁을 따서 붙여진 것 같다. 그 후로 경부선도 마찬가지였을 것이다.
그렇다면, 이제 그 치욕의 京城府의 京字를 떼고 서울의 "서"字를 붙여 "서인선", "서부선" 그리고 서강국도 아니면 서춘국도 하면 안 되겠는가?
비근한 예로 10년 전부터 고치는 작업을 시작한 전국의 주소 바꾸기 사업이 이제 옛날 주소와 새로운 주소를 병행해서 사용하다 곧 새 주소로만 사용하는 것으로 되어 있다.
따라서 일본 강점기의 냄새가 나는 그 京字를 떼고 순 우리말인 서울의 "서"字를 앞에 붙여 사용하도록 권하고 싶다.
 처음엔 어색하겠지만 자꾸 사용하다 보면 익숙해지지 않겠는가?

 10년 전에 중국어를 배울 때 서울을 조선시대 표현대로 漢城, 즉 그들의 발음대로 "Han Cheng"으로 해야 한다고 해서 중국어선생님한테 따졌던 기억이 있다.
 그 분 답변이 서울이란 漢字가 중국말에 없어서 할 수 없이 옛 이름인 한성을 발음하다 보니 그렇게 된 것이라고 했다.
 하지만 최근엔 우리 정부의 요청으로 중국정부에서 우리발음과 아주 유사한 단어로 首爾(Shou Ul)이라고 억지로 만들어 사용하게 했다. 그래서 요즘은 그들 발음대로 "한청"이 아니고 "쇼우 울"이라고 중국 사람들은 사용하고 있다. 주안역 플랫폼을 계단으로 내려가다 보면 안내표지판에 중국어로 首爾로 표시되어 있다. 볼 때마다 반갑지가 않을 수 없다.
 서울이란 말은 그들이 볼 때 분명 외래어다. 그래서 중국 사람들은 자주 사용하는 외래어는 그들 편의대로 글자를 만들어 사용한다.
 예를 들면 맥도날드는 麥当勞(마오 땅 라오), 캔터키치킨은 肯德鷄(컨 더 지), 이마트는 易買得(이 마이 데) 등등 이런 식이다. 한청이라 안하고 쇼우 울이라 해주는 그들이 고마울 따름이다.

 내일 퇴근 후에 서울모임이 있어 서울을 가야한다. 인천지하철을 타고 부평역에서 내려서 "서仁線" 전철로 갈아타고 신도림역에 내려서 지하철2호선으로 갈아탈 것이다.
 이번 주말부터 시작되는 여름휴가 때는 이달 말일에 백두산 천지를 가기 전에 워밍업으로 서江국도 또는 서春국도를 달려 강촌에서 야영하고 다음 날 진부령을 넘어 동해 푸른 바다로 내달릴 것이다.
 서인선, 서부선 그리고 서강국도……. 아, 이는 듣기만 해도 가슴이 뛰는 말이다. 막혀있던 숨이 확 트이는 말이다.

엊그제 일본에서 있은 무슨 선거에서 집권 자민당이 승리해서 우경화가 지속될 것이고 무슨 자기네 헌법도 어떻게든 나쁜 쪽으로 고쳐보려고 시도가 될 거라고 우려 섞인 보도를 하는 것을 보았다. 그네들의 하는 짓이 그럴진데 일제의 잔재인 경성에서 시작된 경인선, 경부선. 이런 단어를 고치면 안 될까?

백년이 넘게 써오던 좌측통행도 어느 날 갑자기 우측통행으로 바뀌어 곳곳에서 혼돈이 오는데 왜 바꾸었는지는 정부가 나한텐 아직도 이해를 못 시키고 있다. 하지만 이유가 분명한 서인선, 서부선은 명칭을 바꾸었으면 한다.

5부

바람처럼 재즈처럼

5부

섬마을 콘서트
    - 백건우

뱀처럼 생기고 또 실제로 뱀이 많아서 사량도蛇梁島라 불린다는 통영 앞바다에 있는 서로 마주보는 두 개의 섬으로 이루어진 아름다운 섬, 사량도(윗섬과 아랫섬).

사량도는 지리적으로 남해군 창선도와 통영시 미륵도의 중간쯤에 자리한다. 1.5㎞ 가량의 거리를 두고 이웃한 상도와 하도로 나뉘어 있다.
면적은 아랫섬이 더 크고 인구는 윗섬이 더 많다. 그래서 면사무소가 있는 곳도 윗섬이다. 지금은 두 섬을 잇는 다리공사가 한창이다. 사량도를 찾는 관광객들은 크게 등산객과 낚시꾼의 두 부류로 나뉜다. 최근에 산행을 하는 사람들에 의해서 각광을 받고 있는 지리산(397m)이 솟아 있는 윗섬의 진촌 선착장에는 등산객들이 아랫섬의 읍덕 선착장에서는 낚시꾼들이 많이 내린다고 한다.

이 조용하던 섬에 지난 금요일에 난리가 났다.
세계적인 피아니스트 백건우씨가 섬사람들을 위해 펼치는 섬마을 콘서트를 보기 위해 전국에서 음악 애호가들이 몰려든 것이다.

또한 부인인 영화배우 윤정희씨가 동행하는 찾아가는 섬마을 콘서트는 점점 사람들의 관심사로 자리매김해갔다.

우리나라의 나폴리라 불리는 통영 앞바다가 아름다운 것은 쪽빛 바다에 크고 작은 섬들이 점점이 떠있기 때문이다. 특별히 사량도가 아름다운 것은 옥녀봉에 걸리는 노을빛에 취한 사람들이 살고 있기 때문이며 사람이 아름다운 것은 가슴에 음악을 품고 살기 때문이다. 섬마을 콘서트를 알게 된 것은 지난 해 우연히 TV를 시청하다 연평도에서 피아노를 연주하는 백건우씨를 보았다.

북한군의 포격으로 인한 주민들의 상처가 채 가시지 않은 섬에서 클래식 음악을 접하기 힘든 섬마을 주민을 위한 그의 찾아가는 콘서트는 그 당시 그곳 섬마을 주민들한테는 한없는 마음의 위안을 주었고 음악회를 알고 찾아온 관광객들에게는 진한 감동을 주었다.

피아니스트 백건우, 그의 출생지는 부산이다.
그래서인지 그는 바다를 보면 고향을 찾은 것처럼 마음이 편안하다고 한다. 그런 그가 올 해에도 지난 3일에 울릉도에 이어서 7일에는 통영 사량도에서도 섬마을 콘서트를 연다는 소식을 며칠 전 신문을 통해 알았다. 현충일에 이어 샌드위치 휴가를 얻어 긴 남도여행을 시작했다. 오직 바다밖에 모르고 살아오던 섬사람들 곁으로 음악 나눔을 위해 찾아온다는 것이다. 어쩌면 그도 바다가 주는 情이 그리웠을 것이다.

백건우 선생은 말한다.
"가장 때 묻지 않은 곳이 섬입니다. 참모습이 그대로 남아 있습니다. 그런 섬과의 만남이 그리웠습니다. 섬사람들과 아름다움을 나누고 싶었습니다. 음악으로 순수한 대화를 하고 싶었습니다. 음악이 나의 언어이니까요."

오후 6시 반부터 행사장에 입장할 수가 있었다. 삼천포항에서 배를 놓치고 부리나케 고성 용암포선착장으로 내달아 겨우 막배를 탔다. 40여 분을 달려 사량도 하도(아랫섬)에 도착했다. 선착장에는 미리와 있는 사람들로 북적였으며 이내 통영 가오치항에서 출발한 제법 큰 임시 배가 도착하니 사람들로 인산인해를 이루었다.

사량도에 이만큼 많은 이들이 일시에 모인 적이 없었다고 해삼. 멍게와 생선회를 파는 조그만 식당 아주머니는 말했다.

"아주머니! 장사가 잘 돼서 좋겠습니다." 하니
"아이구, 내는 마, 저 사람보고 장사하는 게 아입니데이 그저 이곳 사람들 상대로 하는 겝니데이"

아무튼 일시적인 대박이 났으니 싫지는 않은 표정이었다.
이곳 섬사람들은 백건우씨가 누군지도 잘 모르는 게 당연할 지도 모른다.
다만 그의 부인인 영화배우 윤정희씨는 잘 알고 있었다.

사실 나도 배우 윤정희씨를 볼 수도 있다는 소박한 희망을 가져보았다. 사량도 아랫섬 덕동에 해가 지는 섬과 바다를 배경으로 마련된 무대.유월의 태양은 한낮을 불사르다 상도(위섬) 지리산 준봉들 뒤로 사라지고 서서히 어둠이 내려앉기 시작했다.

수많은 청중들의 환영을 받으며 그가 피아노 앞에 앉았다. 청중들의 눈과 귀가 한 곳을 집중했다. 그가 잠시 기도하는 듯 머리를 숙였다. 순간 섬은 고요했다. 그 적막을 깬 것은 피아노의 첫 음률이었다. 베토벤 피아노 소나타 제8번 다단조 작품번호 13 "비창"의 1악장이었다.
2천여 명의 청중들은 서로가 말이 없었다. 아니 말을 할 필요조차 못 느끼며 거장이 펼쳐가는 음악 세계 속으로 빨려 들어갔다. 어떤 때는 가냘프게 어떤 때는 피아노를 부스기라도 하듯 강렬하게 건반을 두드렸다. 조금씩 정화와 평화를 실감하다가 어느 순간엔 절정을 맞는다.

클래식을 알든 모르든 칠순에 가까운 세계적인 피아노 거장과 섬마을 사람들 그리고 그의 연주를 감상하러 각처에서 모여든 사람들의 마음이 순간순간 하나가 된다.

이미 어둠이 짙게 깔린 바다엔 불을 밝힌 어선들이 떠있고 조명이 비쳐지는 무대 위엔 검은색 그랜드 피아노 한대만이 더욱 까맣게 선율을 토해낸다.

느리게 빠르게 가냘프게 그리고 어떤 때는 아주 강렬하게······.

베토벤의 비창 중간쯤 2악장 아다지오 칸타빌레의 낯익은 선율이 흐르자 나도 모르게 마음속으로 허밍을 해본다. 그리고 다시 쇼팽의 야상곡이 이어진 리스트의 베네치아와 나폴리에서 곤돌라를 젓는 여인, 칸초네 그리고 마지막 타란텔라의 연주곡을 마치고 그는 두 손을 번쩍 하늘로 치켜든다.

1시간여 동안의 그의 섬마을 콘서트는 이렇게 장엄하게 막을 내렸다. 우뢰와 같은 박수소리와 탄성이 울려 나왔다. 이어서 여기저기에서 앵콜! 앵콜!을 외쳐댔다. 하지만 그는 무대에 다시 올라와 정중히 작별 인사를 하고 어둠속으로 사라졌다. 여운이 짙게 남는다. 사람들은 자리를 뜰 줄 몰랐다. 파란색 서치라이트 불빛만이 요란하게 밤하늘을 향해 춤을 추었다.

2년 전 가을에 억새가 춤추는 경남 울주군 신불산(1,260m) 간월재에서 천재 피아니스트 츔ㅅ 임동창 연주회를 보았던 기억이 났다. 순수음악과 비순수음악의 차이라고나 할까? 확실히 분위기와 느낌이 달랐다.

임시 배가 곧 떠난다고 승선을 재촉하는 안내 방송이 계속 이어졌다. 600명이 한꺼번에 탈 수 있다는 마지막 배. 민박집 주인의 픽업을 기다리며 여객선 터미널에서 그 광경을 지켜보고 있노라니 마치 1.4 후퇴 때 흥남부두를 떠나는 피난민 후송선을 보는 듯했다.

나는 그날 밤 사량도 섬에 남아 있었다. 아시아를 넘는 세계적인 피아니스트 백건우를 보았다.
아니 그의 연주하는 모습을 직접 보았다.
대자연을 무대로 삼기 위해 넘어야할 난관도 많았을 텐데 특별히 파도소리와 바람소리를 극복해야 했을 것이다.
하지만 그는 해냈다. 그가 이겼다. 독일 프랑크푸르트 알게마이네紙가 피력했듯이……. "백건우는 경이로웠다"

송도松島유원지

나의 고향, 송도라는 지명은 부산에도 똑 같은 이름의 송도해수욕장이 있고 이북에는 지금의 개성이라 불리는 다른 한자이름의 松都가 있다.

그래서 정확히 말하자면 인천시 청학동 물푸레골이다.
이름이 물푸레골인 것을 보면
물푸레나무들이 아주 많았었나보다.
거기서 11대를 살아온 오리지널 토박이 송도사람이다.
송도라 함은 동양화학을 지나면서 옥골고개부터 송도유원지 일대를 지나 저 멀리 동막(현재의 동춘동) 그리고 적십자병원이 있는 선학동, 연수동 그리고 문학산 남쪽의 청학동 일대를 일컫는다.

어린 시절 대부분을 지낸 송도는 그 당시엔 인천의 변방이었다.
결핵환자들이 말년을 보내는 적십자요양원(현재의 적십자병원)이 있을 정도로 도심과는 상당히 거리가 있었다는 얘기다.

6·25 직후에 전쟁고아들을 수용한 고아원(현재의 노인요양시설인 영락원 등)이 셋이나 있었으며 우리나라 최후의 협궤열차였던 수인선(수원에서 인천을 오감)이 다녔었고 문학산 정상에는 미군 레이더 기지가 있어서 미군 트럭들이 철길과 논들을 가로지르는 신작로를 지날 때

면 뽀얀 흙먼지를 늘 뒤집어써야만 했다.

그러던 송도가 1963년도에 송도유원지로 명칭을 바꾸어 새로운 국민관광지로 탈바꿈을 하면서 궁핍했던 시절인 1960. 70. 80년대에는 수도권 시민들의 데이트 코스이자 여름철 가족피서지로서 꾸준한 사랑을 받아왔다.

그 덕분에 1964년도엔가 먼지가 휘날리던 신작로에 낯 설은 까만색 아스팔트가 송도역을 경유하여 송도유원지까지 깔려서 깨끗하고 흙먼지가 날리지 않는 그길로 등하교하는 친구들이 무척 부러웠다.
유원지가 새롭게 개장되면서 유원지 주변엔 전기가 들어왔다.
청학동을 포함한 그 외의 지역엔 여전히 대부분 등잔불과 남포불 그리고 촛불정도로 밤을 밝히고 있었다.

송도초등학교 5학년 때인 1966년에 드디어 내가 살던 집을 포함 물푸레골 다섯(晉州 金氏) 가정에 전기불이 들어 온 것이다. 재 너머 송도초등학교로부터 전기를 끌어들인 것이다. 그래서 그 해 6월 25일에 장충체육관에서 벌어졌던 권투시합을 TV 중계로 보았던 기억이 있다.
바로 故 김기수선수가 이태리 벤베누티 선수를 판정으로 물리치고 우리나라 최초로 세계주니어미들급 챔피언이 되는 과정을 안방에서 생중계로 보는 행운이 있었다.

그 이후로 故김일 프로레슬링 경기나 연속극으로 내가 살던 집은 매일 밤늦도록 동네 사람들로 붐볐다.

송도 전 지역에 전기가 들이 온 것은 한참 후인 1971년도 고등학교 1학년 때였다. 그만큼 송도란 지역은 인천에서도 변방이었고 농업, 어업이 주업인 아주 낙후된 지역이었다.

유명한 것이라고는 오로지 송도유원지 뿐이었다. 여름 피서 철에는 라디오, TV 공개방송 덕에 인기 가수 및 연예인들을 먼발치에서 나마 볼 수 있는 행운도 있었다. 桑田壁海라 했나?

서울 강남 영동, 잠실이 오늘에 이른 것과 마찬가지로 현재의 송도가 인천에서도 가장 살기 좋은 그야말로 名勝松島로 탈바꿈 할 줄이야 그 누가 알았겠는가?
송도초교 교가를 보면 "살기 좋은 명승송도 황해물가에 웅장하게 자리 잡은 우리의 낙원"으로 시작을 한다. 가사를 지은 사람은 분명 先覺者이다. 등잔불로 연연하던 캄캄했던 송도가 오늘날 네온사인이 휘황찬란한 명품 국제도시로 변모하게 될 것을 60여 년 전에 이미 내다본 것이다.

그런데 수도권 주민들의 휴식처 및 여름철 피서지로 각광을 받았던 송도유원지가 내일 문을 닫는 다고 한다. 누적적자에 따른 경영난 때문이란다. 그동안 꾸준하게 시설투자를 못한데다가 서울대공원, 에버랜드 등 대형 놀이공원들이 줄을 이어 생겨나면서부터 적자운영을 면치 못한 탓이라 한다.
반면에 기대감은 있다. 시에서는 이참에 송도유원지 일대를 새로운 대규모 관광단지로 개발할 계획을 가지고 있다고 한다. 1차적으로 휴양, 숙박 및 상업시설 등을 지어 2014년 인천아시안게임에 맞춰 경쟁력을 갖춘 21세기형 도심관광단지를 만들 것이라 한다.

송도라는 지명이 최근 일제문화잔재 논란을 빚고 있어서 옛날 이름인 먼우금으로 고쳐서 사용하자는 주장이 제기되기도 한 송도는 내가 태어나 어린 시절을 보낸 곳이고 진주김씨 씨족들이 300여년을 살아온 정 깊은 곳이다. 개발환경에 밀려 20여 가구가 살던 물푸레골 집들도 이제는 다 헐려 흔적도 없이 사라져 도로가 나고 건물이 들어서고 했으나 유독 내가 태어난 기와집은 폐가나 다름없을 정도로 누추해진 채로 낯모르는 사람이 아직도 살고 있다.

　송도유원지가 내일이면 없어진다는 소식을 접하면서 나는 그 옛날 먼지 날리던 신작로 문학산 꼭대기에서 돌아가던 미군 레이더, 지금은 멈춰 선 선학동 채석장에서 이따금 들려오던 다이너마이트에 의한 발파소리, 청능 포방터에서의 군인. 경찰들의 사격훈련소리, 외국인 묘지가 시내 북성동에서 이전해 오면서 이상하게 생긴 石槨들을 보고 무서워했던 일, 청량산 범 바위 골에서 새끼 호랑이 두 마리를 포획해 트럭에 싣고 가는 것을 목격했던 일들, 청학동 물푸레골에서의 추억들과 송도유원지에서 친구들과 어울려 놀았던 시절이 반추되면서 이제 수명을 다한 송도유원지 자리에 자칭 송도국제신도시에 걸맞은 아름다운 관광명소가 다시 태어나기를 기대해 본다.

守靜軒

수정헌은 강원도 정선의 가리왕산 자락에 위치한 작은 민박집이다. 주인장 권혜경님은 말한다. 수정헌이란 말뜻은 마음의 안정과 평화 그리고 삶에 있어서 진정한 휴식을 말하는 것으로 老子의 글 중에서 가져온 것이라 했다. 실제로 그랬다.

그녀는 여성 산악인으로 한 때는 산악잡지의 기자로 활동을 했다.

근무를 해 오던 중 어느 날 난치병을 얻어 쇠약해진 몸을 추스르고자 잡지사에 사표를 내고 여러 해 전에 정선 가리왕산 자락에 들어와 광산의 독신자 숙소를 얻어 개조를 해서 민박을 운영하고 있는 것이다.

이제는 마음의 안정을 얻고 진정한 휴식을 취하는 가운데 건강을 완전히 되찾았고 나름 글쓰기 와 산악회관련 일을 물심양면으로 돕고 있다. 그 중 하나로 지난 2월 서울 종로구 한국불교역사문화기념관에서 자선 나눔 신년음악회 "山, 희망을 노래하다"가 한국여성산악회(회장 오은선) 주최로 개최되었다.

수익금 전액은 산악사고로 생활이 어려운 산악인들을 돕는 복지후원금으로 쓰여 졌다는데 이 음악회를 개최하는 데는 쥔장(수정헌 카페에서 통하는 말)이 많이 애를 쓴 모양이다.

쥔장을 알게 된 것은 칠팔년 전 자주 듣는 KBS 라디오 한민족방송의 심야프로그램인 "나의 삶 나의 보람"을 통해서다. 여성 산악인, 난치병,

산골생활, 민박, 약초, 들꽃, 맑은 공기, 물소리, 바람…….
그녀의 진솔한 이야기가 이틀간 이어져 갔다.

중간에 그녀가 신청한 노래가 흘러 나왔다. 조영남의 "모란동백"이었다. 이 노래를 듣는 순간 가슴에 큰 전율이 일었다. 그날 밤에 그 감동으로 인해 거의 잠을 이룰 수가 없을 정도였다. 그날 이후로 이 노래는 나의 애창곡이 되었다.

이렇게 緣을 맺은 수정헌, 모란동백은 비로서 이번 주말에 극적인 만남을 가졌다.
가리왕산 초입 높지막한 산자락에 자리한 수정헌은 그야말로 하늘 아래 첫 집이었다. "고요함을 지키는 집"이란 말 그대로 발 아래로 회동리 마을 풍경이 고요하고 평화롭기가 이를 데 없다.
가뜩이나 여려진 가을 햇빛은 여기저기서 피어오르는 마을의 저녁연기를 피해 일찌감치 가리왕산을 넘어갔다. 산골의 밤은 의외로 빨리 찾아왔다. 칠흑 같은 밤이란 말이 딱 어울리는 수정헌의 늦가을 밤. 아니 이곳 정선은 이미 겨울이다. 방바닥은 따뜻한데 방 안 공기는 아직도 차갑다.

문을 열고 밖을 나와 보았다. 마을의 불빛은 서너 군데서 희미하게 졸고 있고 멀리 개 짖는 소리만 이따금씩 실없이 정적을 깬다.

하늘에선 별들이 잔치를 벌이고 있다. 은하수가 주단을 깔아 놓은 듯 길게 동서로 늘어져있다. 그 양쪽으로 별들이 수(數)싸움을 한다.
북쪽이 이기는 듯 별들이 아래 쪽 보다 더 많다. 늘 그랬듯이 아는 것이라곤 북두칠성 그리고 북극성뿐이니 자연스레 북두칠성을 먼저 찾아보았다. 아무리 찾아보아도 보이질 않는다. 북극성도 안 보였다. 별이 많아 못 찾은 것인지 아니면 높은 산이 가로막아 보이질 않는 것인지 구별이 안 갔다. 비록 북두칠성과 북극성을 못 보았지만 별을 이렇게 많이 볼 수 있었던 것은 행운이었다. 정선의 밤하늘은 참 아름답다. 유난히 눈부신 아름다움은 밤에 더 빛난다고 했던가?

윤동주님의 "별 헤는 밤"을 기억하며 별을 헤어 보았다.

> 계절이 지나가는 하늘에는
> 가을로 가득 차 있습니다.
> 나는 아무 걱정도 없이
> 가을 속의 별들을 다 헤일 듯합니다.
>
> 가슴 속에 하나 둘 새겨지는 별을
> 이제 다 못 헤는 것은
> 쉬이 아침이 오는 까닭이요
> 내일 밤이 남은 까닭이요
> 아직 나의 청춘이 다하지 않은 까닭입니다.

별들로 가득찬 수정헌의 가을 밤하늘도 이제 쉬이 아침이 오면 겨울로 이어질 것이다. 저 만치 아래쪽에서 달려 온 바람이 내 얼굴을 차갑게 스치며 수정헌 기와지붕 용마루를 한 바퀴 돌아 하늘로 높이 올라간다. 방으로 들어와 휴대폰으로 유튜브 영상과 함께 노래를 들어 본다. 이 용의 "잊혀진 계절", 김동규. 조수미의 "시월의 어느 멋진 날에"는 정말로 아름다운 노래들이다.

나지막이 모란동백을 불러본다.

"동백은 벌써 지고 없는데 들녘에 눈 이 내리면

이 밤에 눈이라도 내렸으면……."

불을 끄고 잠을 청해 본다.
세상이 조용하다.
여기는 가리왕산 산자락에 있는 고요의 바다다.
아폴로호가 착륙한 달 표면에 있는 달의 바다. 암스트롱과 올드린이 느꼈을 그 고요함의 적막을 나도 느껴보았다.

지구로부터 약 38만㎞ 떨어져 있는 저 달에 있는 고요의 바다와 하늘 아래 첫 동네 가리왕산 자락의 수정헌의 고요의 바다가 43년의 시차를 두고 조우한 것이다. 방도 깜깜하고 밖도 캄캄하고 오직 두 개의 고요의 바다만이 서로 교통하는 시간이었다.

쥔장의 생각대로 고요함을 지키는 집, 수정헌에서 모처럼만에 마음의 안정과 평화 그리고 진정한 휴식을 취해보았다.

數學

우리는 초등학교 시절부터 산수라는 과목을 공부했다.

수를 배우기 시작하고 4학년 때는 구구단을 외우고 산수시험에서 한 두 개만 틀릴 정도로 재미는 없었지만 싫지 않은 과목이었다.

중학교에 들어가서는 집합을 필두로 방정식, 미분 그리고 적분……. 나날이 어려움 속으로 나를 끌고 들어갔다.

급기야 과외를 시작했다. 일주일에 3번씩 선생님한테 과외수업을 받으며 반복학습을 통해서 그런대로 버틸 수가 있었다. 하지만 고등학교에 들어와서는 문과반인데도 불구하고 그 수학이라는 학문이 나를 끝까지 괴롭혔다.

대학입시를 얼마 앞두고 수학이 선택과목인 J대학 상대를 목표로 상업과목을 선택하여 방과 후에 상고생들이 다니는 부기학원을 다니면서까지 죽어라 공부를 했다. 하지만 막상 대학입학 원서를 쓰는 과정에서 담임선생님의 권유와 친구들의 사탕발림으로 K대학을 지원했다. 1차 시험에서 떨어짐이 당연했다. 그야말로 명불허전이다.

재수하기가 싫어 후기대학인 D대 상대를 들어갔다. 거기서도 교양과목으로 수학이 있었다. 다행히 1974년 그 당시는 민주화를 위한 데모가 절정으로 치닫던 때라 대부분의 학교가 개학과 동시에 얼마 안돼 휴교령이 내려 학교를 가고 싶어도 교문에서 전경들이 막고 있어서 자유롭게 드나들지를 못할 때였다. 중간고사, 기말시험들이 대부분 레포트로 대신하여서 나한테 큰 행운이었다.

  졸업을 앞두고 취직시험이 또 나를 가로막았다. 1978년 10월 한국유리 입사시험을 치루는데 수학과목이 있었다. 우여곡절 끝에 당당히 합격하여 그 어려운 선을 넘었다.

  이제 육순을 코앞에 두고서 절대로 수학시험을 볼 필요도 이유도 없어져서 참으로 다행이 아닐 수가 없다.

  고등학교 때 배운 민태원님의 청춘예찬이란 수필을 보면
"청춘! 이는 듣기만 하여도 가슴이 설레는 말이다."라고 했지만 나한테 수학은 듣기만 해도 자다가 벌떡 일어날 정도로 간이 떨리는 말이다.
  도대체 이 수학이란 무엇을 말하는가, 궁금하여 사전을 찾아보았다.
  "수와 양 및 공간의 성질에 관하여 연구하는 학문"이라고 적혀있다. 이 말도 무슨 말인지를 모르겠다.
  영어로는 mathematics라고 한다. 어원을 들여다보았다.
  "배우는 모든 것"이라는 뜻의 그리스어 mathemata에서 유래되었다고 나와 있다. 다방면에 박학다식한 사람을 polymath 라 하는데 이것 역시 그리스어로 일반적인 학문이나 지식과 연관되어 있다는 것이 드러난다. 지금의 한국, 중국, 일본 등에서 쓰는 mathematics에 대응하는 한자어 數學은 19세기에 만들어졌다고 한다. 수학이라는 서양학문이 유입되면서 우리나라 전통 학문이 단절되는 한 단면을 엿볼 수 있다.

  한 달 여 전에 광명에서 치과병원을 하는 K원장이 전화를 걸어왔다. 팔당 예봉산 자락에 있는 고3 때 담임선생님 산소엘 가자는 것이었다. 물론 산소에 찾아뵙고 이어서 예봉산 산행을 하고 점심을 본인이 스폰

하겠다는 제안이었다.

그 고3 담임선생님이 바로 수학선생님이셨고 대학입시 작전이 실패함으로써 어떻게 보면 나의 인생이 바뀌게 된 장본인이시기도 했다.

개인적으론 수학성적이 늘 안 좋았고 그로인해 전체적인 성적도 만족스럽지 못하다 보니 선생님으로부터 특별한 사랑을 받은 기억이 별로 없다. 우리가 고등학교를 졸업하고 얼마 안 있어 선생님께서는 그 유명한 종로학원으로 스카우트되셔서 거기서 오래 계시다가 10여 년 전에 돌아가셨다고 들었다.

지난 토요일은 전에 夏至를 보낸 한 낮의 기온은 대단했다. 장마철이 긴 하지만 비가 안 오는 마른장마가 연일 지속되고 있었다.

남양주시 조안면 능내리 초입 "시골밥상" 식당 주차장에 차를 세우고 우리는 천주교. 기독교공원묘지 입구에서부터 30여분을 가파르게 올라갔다. 공원묘지 상단에 양수리가 내려다보이는 자락에 선생님 묘소가 있다.

맞은편 검단산과 좌측 멀리 新양수대교가 한 눈에 들어왔다.

팔당호 좌측으로 다산유적지가 물안개에 가물거린다.

선생님 묘소에 예를 갖추고 인사를 올렸다. 자리를 깔고 그늘에서 짐을 풀었다. K원장이 선생님의 기억을 떠올렸다.

"참 인격적이셨다", 우리를 부를 때 함부로 부르지 않고 꼭 "김 박사, 요새 공부가 잘 되나?" "허 박사, 힘내!" "최 박사, 조금만 더 열심히 하지,"

그런 친구들이 대부분 선생님 말씀대로 정말로 박사도 되었고 말 그대로 박사에 준하는 대목들이 되었다. 일종의 피그말리온 효과를 몸소 실천하셨던 것이다. 그 선생님이 1999년 4월 1일 소천하셨다. 연세로 보면 지금의 나보다 적은 연세에 召天을 하신 것이다. 召天! 선생님께선 하늘의 부르심을 받으신 것이다. 묘비에 "인천이공 요셉병훈의묘" 이렇게 적혀있다. 영세명이 요셉이셨나 보다. 내 先親의 領洗名도 똑같은 요셉이셨다.

  선생님의 생전 모습이 떠올랐다.
  갸름하신 모습에 목소리는 카랑카랑하셨고 情이 많으셨으나 나하고는 이렇다 할 추억이 그리 많지 않다. 다만 수학이라는 단어만 나오면 선생님이 생각이 난다. 친구들이 절을 올릴 때 나는 서서 기도를 드렸다.
  "선생님, 편히 계세요."
  사랑을 많이 받았던 K원장은 헤어지는 자리가 못내 아쉬웠던지 "선생님, 잘 계세요 다시 또 올게요." 하면서 자꾸 뒤를 돌아다보곤 했다. 더운 날씨 관계로 우리는 예빈산을 정점으로 하산을 했다. 시골밥상 식당에는 올만한 사람들로 문전성시를 이루었다. 정갈한 시골비빔밥 정식을 민속주를 곁들여 K원장 덕에 포만감 있게 즐겼다. 주차장 위 커피숍 계단 울타리 쪽으로 하얀 찔레꽃 무리들이 더위에 지친 듯 午睡에 졸고 있다.

    꿈결처럼
    초록이 흐르는 이 계절에
    그리운 가슴 가만히 열어
    한그루 찔레로 서있고 싶다.

    사랑하던 그 사람
    조금만 더 다가서면
    서로가 꽃이 되었을 이름.

    오늘은
    송이송이 흰 찔레꽃으로 피워놓고

먼 여행에서 돌아와
이슬을 털듯 추억을 털며
초록 속에 가득히 서 있고 싶다.

그대 사랑하는 동안
내겐 우는 날이 많았었다.

아픔이 출렁거려 늘 말을 잃어갔다.

오늘은 그 아픔조차
예쁘고 뾰족한 가시로
꽃 속에 매달고

슬퍼하지 말고 꿈결처럼
초록이 흐르는 이 계절에
무성한 사랑으로 서 있고 싶다.

- 문정희 詩 「찔레」

    내가 좋아하는 문정희님의 "찔레"라는 詩를 선생님한테 바치고 싶다. 그야말로 예봉산 자락은 꿈결처럼 초록이 흐르고 있었다.
    고3 시절엔 선생님의 사랑을 느껴볼 겨를도 없이 새벽부터 밤늦게까지 되지도 않는 공부 때문에 그렇게 1년이 지나갔었다. 이제 세월이 40년이 흘러 初老의 얼굴로 선생님 산소 앞에 섰을 때 인생의 긴 여행에서 돌아와 송이송이 하얀 찔레꽃으로 선생님 옆에 서 있고 싶었다.
    시인의 표현대로 이슬을 털 듯 선생님과의 희미한 기억을 털어서라도 꿈결처럼 초록이 흐르는 이 계절에 무성한 사랑으로 선생님 곁에 서 있고 싶었다.

스탠딩 폴리스 Standing Police

 단어적인 표현을 빌자면 말 그대로 서있는 경찰이란 뜻이다.
 사거리나 또는 운전자들이 교통신호 위반을 자주하는 거리에서 교통법규 위반차량을 적발 및 단속하는 경찰을 말한다. 우리나라에서는 단속경찰이 잘 보이지 않는 사각지대에 숨어서 마치 어부가 그물을 쳐놓고 고기를 낚아채듯 교통법규 위반 차량들을 적발해 내는 경우가 아직도 많이 있다.

 스탠딩 폴리스란 말을 처음 듣게 된 기억은 2000년 7월 호주 시드니에 처음으로 출장을 갔을 때 그곳 택시 운전수로부터 들은 얘기다. 거리에 아무리 다녀도 교통경찰을 좀처럼 보기 드물었다. 물론 시드니뿐만 아니라 자주 출장을 다녔던 아래 동네 멜버른이나 골드코스트 위쪽의 브리스배인에서도 교통경찰을 본 적이 없기는 마찬가지였다.
 그때만 해도 거리에 깔려있는 교통경찰이 많던 우리나라와는 너무나 달라서 운전수에게 그 이유를 물어 보았다.
 그 친구 대답이 "스탠딩 폴리스는 거의 없고 무빙 폴리스가 있다"고 했다. 한자리에 서서 교통법규 위반을 적발하는 것이 아니라 차를 타고 이동하면서 단속한다는 것이었다. 그런데 호주 사람들은 생각했던 것보다 교통법규를 썩 잘 지키는 편은 아니란 생각이 들었다. 신호등의 색깔과 관계없이 사람들이나 차들이 슬쩍슬쩍 움직였다. 물론 택시운전수들의 복장도 자유로웠고 그나마 제복을 입은 운전수들이 거의 없었다는 얘기다.

이태리 밀라노 역시 크게 실망한 도시 중 하나다. 거리에는 아주 작은 승용차들이 대부분이었으나 교통법규를 안 지키는 문화는 호주보다도 훨씬 심했다.

아무튼 여기서 얘기를 하고자 하는 것은 우리나라 예를 들어 보자는 것이다. 요사이는 CCTV 카메라가 너무나 많이 보급되어서 그나마 거리에 교통경찰들이 예전에 비해 눈에 띄게 많이 줄어들은 것이 사실이다.
교통법규를 잘 지키는 시민의식의 성숙함에 있는 것이 아니라 곳곳에 설치되어 있는 감시카메라 덕인 것 같다는 생각이 든다. 카메라가 설치되어 있는 곳에선 울며 겨자 먹기 식으로라도 지켜지고 있는 것이라 할 수 있다.
운전을 하다 보면 신호등이 있는 사거리에서 교통경찰이나 모범택시 운전자들이 아침 출근길에 거의 매일 호각을 불어대며 차량과 통행인들을 유도한다. 안전을 위해서 그리고 rush hour에 원활한 교통 흐름을 위해서 나름대로 일종의 봉사와 수고를 하고 있는 것이다. 그렇지만 나는 그러한 일련의 행동들이 못마땅하다. 왜냐하면 신호등이 있는 사거리에서 굳이 날마다 아침부터 나와서 시끄럽게 호루라기를 불어대며 그리 불필요한 행위를 할 필요가 있겠느냐 하는 것이다.
사거리의 상황을 보면 신호등, 횡단보도, 차선, 정지선 등등 누구나 다 알고 있는 교통관련 시설물 및 표시들이 있다. 그러면, 그 신호에 따라서 멈추고 운행하면 되는 것 아닌가?
가만히 보고 있노라면 그 사람들이 정지선 앞에 잘 서 있는 차량들을 수신호로 자꾸 앞으로 더 나오라고 호각을 불어댄다. 그러면 운전자들은 싫든 좋든 앞으로 조금씩 조금씩 전진을 한다. 정지선을 지키라는 평상시의 홍보와는 맞지 않는 우스꽝스러운 상황이 매일 아침 전국 어디서나 일어나는 것이다.

비상상황이나 특수상황에서는 수신호가 우선이라고 하지만 아무리 출근길이 복잡하다고 해서 거의 매일 꼭 그렇게까지 해야만 하는 것일까? 그럼 언제까지 그래야 하는 것인지 매일 반복되는 정지선 앞에서의 그러한 예외 행동은 평상시에 잘 지키고자 하던 운전자들의 마음을 무너뜨리는 행위라고 생각한다.

선진국을 출장 다녀보면 교통질서 하나만큼은 확실히 우리보다 한 수 위다. 그냥 신호등 색깔대로 정해진 차선에서 그대로 따라서 운행을 하고 있는 것을 볼 수가 있다. 아무리 러쉬아워라 한들 Horning(경적)을 한다든지 특별히 교통경찰 등등이 나서서 시끄럽게 호각을 불어대며 요란을 떨지 않고도 자연스레 질서 있게 운행한다.

중국 등등 아시아 나라들을 다녀 보면 그래도 우리가 그 나라들 보다는 좀 낫다는 것을 피부로 느낄 수가 있다. 특별히 중국의 경우 제1의 상업도시 상하이에서 마저도 교통이 엉망이다. 역주행이나 끼어들기, 경적 울리기 등등 볼성사나운 일들이 수시로 빈번하게 일어난다. 그래도 신기한 것은 교통사고 건수가 생각보다 없다는 것과 우리처럼 도로 한복판에 차를 세워놓고 멱살 잡고 다투는 광경도 볼 수가 없다는 것이다. 나름대로 서로들 소리소리 지르며 씩씩대다가도 마치 아무 일도 없었다는 듯 살아가고 있으니 정말 신기한 일이다.

그러나 일본에서만큼은 절대로 있을 수 없는 일이다. 교통하나만 놓고 봐도 일본은 아시아에서 일등국이다.

서방 선진국에 비해서도 절대로 뒤지지 않는 교통문화를 가지고 있다. 그런 면에서 우리는 일본의 좋은 교통문화를 본받아야 한다. 오래 전에 어느 TV에서 일본 현지에 가서 교통관련 프로그램을 오랫동안 방영하며 상대적으로 우리의 현실을 견주어 보도하면서 정지선을 지킨 운전자들에게 세탁기 등을 주어가면서 국민 계몽 운동을 한 적이 있었다. 그 결과 지금은 정지선을 안 지키면 과태료를 부과한다. 끊임없는 홍보, 계몽 그리고 단속이 효과를 보고를 있다. 최근엔 안전띠 착용이 거의 100% 지켜지고 있다고 해도 과언이 아니다. 그만큼 홍보 및 단속 효과가 크다고 본다.

하나 더, 아직도 우리는 신호등에 파란불이 들어오면 앞뒤 상황 관계없이 꼬리를 물고 늘어진다. 이래서 경찰이 호각을 불며 가까스로 저지시키고 다음 차량들을 통행시킨다.

서울에서는 궁여지책으로 이런 상황에 꼬리를 무는 차량에 대해서는 과태료 스티커를 발부하고 있는 모양이다.

요즘처럼 신호등 사거리에서 호각을 불어대며 일일이 수신호로 교통정리를 도와주는 불필요한 물적 및 시간 낭비를 더 이상 안 했으면 좋겠다. 아침마다 아파트 단지 입구에서 들려오는 호루라기소리도 우리에겐 또 하나의 소음일 수밖에 없다.

예전에 읽었던 동기 KBS 이광출기자 쓴 『Global Korea』란 책에서도 호각소리에 대해서 피력을 했다.
미국에서는 호루라기를 위험을 알릴 때 신변의 위협을 느꼈을 때 위급한 상황을 남들에게 알려서 협조를 구할 때나 사용한다는 것이다. 그래서 우리나라에서도 요즘엔 여성들, 어린이들이 호신용으로 가지고 다니는 경우가 많이 있다. 그만큼 호루라기는 위급상황에서 사용하는 것이지 쓸데없이 교통정리를 한답시고 아무 때나 지금처럼 마구 불어대서는 안 될 것이다.

　10여 년 전에 어떤 사람한테 들은 얘기가 생각이 난다. 역시 교통경찰에 관해서 얘기를 하다가 나왔던 얘기다.

　자기가 선진 외국을 여행하다 보면 거리에 도로에 경찰들이 거의 없다는 것이다. CCTV가 보급되어 굳이 길거리에서 교통결찰들이 일일이 적발 할 필요가 없어져서 그렇다는 것이다. 그러므로 우리나라에서도 이제 곧 그렇게 될 것이라고 그는 단언적으로 얘기를 했었던 기억이 난다.

　지금에 와서 보면 우리나라만큼 도로는 물론이고 여기저기 CCTV가 많이 설치되어 있는 나라도 드물 것이다. 그 덕에 Standing Police는 상당히 많이 줄어들었다. 아마도 CCTV 카메라 사업하는 사람들은 돈 좀 벌었을 것이다. 실제로 우리나라가 CCTV 카메라 수출로 외화를 많이 벌어들이고 있는 것도 사실이다.

　CCTV 카메라도 좋으니 제발 아침마다 신호등 사거리에서 벌어지는 후진국 형 교통문화는 하루속히 사라졌으면 하는 바람이다.

쓰나미 유감
- 지진성해일, 지진해일

　요즘 온 세상이 일본에 몰아닥치고 있는 지진과 지진해일로 인한 일본의 인적 물적 피해와 원자력발전소의 폭발로 인한 방사능 누출 때문에 그에 따른 걱정과 안타까움을 말로 표현하기가 어려울 지경이다.
　지난 2004년에 인도네시아 수마트라섬에 지진성해일(쓰나미)이 갑자기 몰려와 28만 여명이 순식간에 목숨을 잃었다. 그 이전에는 쓰나미란 단어를 좀처럼 듣기가 어려웠다. 그런데 인도네시아에서 발생한 지진성해일을 보도하면서 너도 나도 그리고 방송매체에서도 쓰나미 쓰나미 한다. 늘 그 쓰나미란 단어를 들을 때마다 마음이 편치 않았다. 지진성해일 또는 지진해일이란 단어를 놔두고 굳이 쓰나미란 일본말을 쓰는지 도무지 이해가 안 갔다. 최근 일본의 대지진을 보도하면서 온 방송매체에서 쓰나미 쓰나미 외쳐댄다. 이참에 쓰나미란 단어가 우리국민들한테 인식이 되어 버렸다. 어느 누구도 나무라는 사람이 없다. 그래서 나는 감히 쓰나미란 단어에 유감을 표한다.
　여기서 유감遺憾이란 두 가지 의미를 말하고 싶다.

　첫째 유감은 일본이 대지진을 만나 많은 사람들이 죽고 다치고 가족 친지를 잃고 하는 모습에서 매우 유감이란 표현을 쓰고 싶다. 일본인들에 대한 기본적인 감정이야 차제하더라도 이번 일로만 놓고 봤을 때 정말 걱정스럽고 아주 안타깝다. 특히 일본에 거래처를 많이 두고 있어 교류하는 사람들이 적지 않다보니 당연히 그럴 수밖에. 더군다나 친구 재훈이가 거기 살고 있다. 더욱 걱정이 되는 것은 엊그제 불어 닥친 일련의 대지진으로 상황이 종료되는 것도 아니고 계속해서 큰 지진이 예고되고 있는 터라 더욱 그렇다. 더 이상 큰 재앙이 오질 않고 하루빨리 모든 것이 정상으로 복구되길 바랄 뿐이다.

둘째 유감은 바로 쓰나미란 단어를 사용하는데 있다. 쓰나미[津波]는 어엿한 일본말이다. 지진성 해일을 두고 그들은 이렇게 쓰고 표현한다. CNN, BBC 등을 들어 봐도 그들 역시 Tsunami란 단어를 사용하고 있다. 엄연한 Seismic Wave(해저 지진에 의해서 발생하는 갑작스런 해일파)란 말이 있는데도 그 아나운서들도 굳이 Tsunamai란 단어를 쓴다. 지진이 워낙 많고 잦은 일본이라서 어느새 국제적 용어가 된 모양이다.

중국은 海嘯[hǎi xiào, 하아이 씨아오] 海震[hǎi zhèn, 하아이 쩐]이라고 쓰고 말한다. 지금은 국제화 시대이고 우리나라도 이젠 다문화 가정이 늘고 있는데 굳이 왜 쓰나미란 말에 민감하냐고 오히려 되묻는다면 그래도 나는 굳이 그 말을 안 쓰고 지진해일이라 말하고 싶고 실제 말하고 있다.

"화이팅"이란 말에 노이로제가 걸려 있는 터라 지금의 일본상황에 유감이긴 하지만 더 이상 쓰나미란 말을 안 들었으면 좋겠다.
지진성해일, 지진해일아 제발 우리나라엔 오지 마라라!

아르페지오네 소나타

어제 잠깐 햇빛이 나더니 오늘 또 비가 내린다.
장마철은 장마철인가 보다. 서울, 경기지방에 엿새 동안이나 비가 계속해서 내리기는 아주 드문 일이라고들 한다.

눈보다는 비를 좋아하는 나로서는 연이어 내리는 비가 그리 싫지만은 않지만 프로야구 경기를 못 보게 되니 아쉽고 더 나아가 산을 찾지 못하게 됨이 더욱 안타깝다.
성경에는 때를 따라 내리는 이른 비와 늦은 비 얘기도 있다. 그만큼 비는 우리에게 있어서 그때그때 꼭 필요한 물질이다. 우리나라에는 위치상 여름철에 집중적으로 비가 많이 내린다. 그래서 농번기에 물이 모자라 벼농사를 망치지 않으려고 댐을 많이 만들어 발전도 하고 필요에 따라 관개灌漑농사에도 사용한다.

최근엔 지구온난화 영향으로 우리나라도 물 부족국가로 분류되었다. 그래서 현 정부에서는 이를 탈피할 목적으로 4대강 사업을 펼치고 있는 중이다. 여기저기서 환경운동가나 각종 시민사회단체 및 이해득실과 연관된 사람들의 반대 및 저지 운동도 만만치가 않다. 부작용도 조금씩 들어나고 있는 모양이다. 어차피 개발 뒤에는 얻는 것도 있고 반대로 잃는 것도 있게 마련이다. 그러나 어느 쪽이 더 많고 더 크냐에 따라서 그 개발에 다른 성패가 갈린다.

과유불급過猶不及이라 했나, 한 철에 너무 많이 내리니 예부터 물 정책을 잘 펼친 임금이 추앙推仰받는 예가 많이 있다. 두고 볼일이다.

사무실 창밖으론 비가 세차게 내린다.
小月도 나처럼 비를 좋아했나 보다
그의 詩 "왕십리"에서

    비가 온다
    오누나
    오는 비는 올지라도 한 닷새 왔으면 좋지

    - 중략 -

    가도 가도 往十里

成浩친구가 젊어서 자주 외고 다니던 시다. 비와 詩 그리고 음악은 아주 잘 어울리는 한 식구다. 비가 주는 외로움과 기대감 그리고 시원함 시가 주는 憧憬, 애틋함, 그리움, 음악이 가져다주는 평온함, 희열, 기쁨, 행복……. 이를 잘 조합한 시와 음악이 있다.

비가 내리는 날이면 창밖을 내다보며 조병철님의 아르페지오네 소나타라는 시를 음미하며 슈베르트의 아르페지오네 첼로 소나타 음악을 듣는다.

첼로와 기타를 합쳐놓은 듯한 현악기였으나 지금은 거의 연주하지를 않는다. 그래서 요즘은 첼로로 이 음악을 연주 한다고 한다.

아르페지오네 소나타

- 조병철

슈베르트의 아르페지오네 소나타에 젖는 밤은
어김없이 비가 내린다.
떠나간 나의 날개들이
하나 둘 하늘에서 돌아오고

내 마음속에 비가 내리는 밤은 어김없이
아르페지오네 소나타에 젖는다.
바람에 끌려간 나의 소리들이
비에 젖은 얼굴로 돌아온다.

이제는 바람에 끌려가지 말아야지
이제는 누구에게도 그 누구에게도
끌려가지 말아야지
바람에 날려 흔적도 없어진 나의 분신들이
살아서 돌아온다.
아르페지오네 소나타에 젖는 이 밤은.

　이제 서서히 하늘에서 어둠이 몰려온다. 아르페지오 旋律에 맞추어 떠나갔던 마음들이 바람에 끌려간 소리들이 젖은 모습으로 하나 둘씩 돌아온다. 지금은 흔적도 없이 사라진 아르페지오지만 오늘처럼 비가 내리는 날이면 오랜 추억 속에 아쉬운 기억 속에 살아서 돌아온다. 어차피 비가 개이고 나면 다시 바람에 끌려갈지라도…….

어떤 음악회

 지난 월요일에 또 행운을 얻어 이화여고 '류관순기념관'으로 음악회를 다녀왔다.
 Mary Fletcher Scranton 여사 서거 100주기 기념음악회다.
 서양음악이 우리나라에 전래된 것은 대략 대한제국시절, 즉 외국 선교사들을 통해서 신식교육에 눈을 뜨게 되면서부터가 아닌가 싶다.
 1885년 미국 감리교 여성선교부가 파견한 선교사로 우리나라에 와서 그 다음해 5월에 최초의 여성교육기관인 이화학당을 세웠다고 한다. 그때 나이가 54세였고 우리들과 비슷한 결코 적지 않은 나이로 깜깜한 나라 한국을 찾아 복음을 전하고 선진 문화를 보급시키려 했던 그 정신과 믿음에 경외감을 다시 한 번 느끼게 되었다.

 올해로 123세가 된 이화여고는 서울의 명문으로 나오는 이화여고와 몇 번의 인연이 있다. 1978년 10월 9일 당시는 국경일이었고 그날 첫 직장이었던 한국유리 입사시험을 거기서 치렀다. 그리고 계장시절이던 81년10월 어느 일요일엔가 MBC PD시험을 역시 이화여고에서 치렀다.
 그날은 필리핀 마닐라에서 최충일 선수가 세계페더급타이틀 도전이 있었던 날이었다.
 물론 나도 낙방하였고 그도 실패를 했었지만 그렇지 않았다면 나는 지금쯤 KBS 예능국장 영선이 만큼 되어있겠지?

아무튼 그 후에 어느 가을 무렵에 집사람이랑 음악회엘 한 번 더 갔던 기억이 있다. 네 번째 그 교정을 밟았다. 위에 언급했던 그 시절의 추억들이 똘망똘망 떠올랐다. 세월은 벌써 30년을 지나가려 한다.

바람은 세게 불었고 날씨는 몹시 추웠지만 이화여고 동문들로 이루어진 음악회는 내 마음을 부자로 만들었다.

마지막 프로그램인 할렐루야가 퍼지기 전에 영상으로 보여 지는 Scranton 여사의 헌신이 가슴을 뭉클하게 했고 한없이 고마웠다. 그녀가 남긴 말이 더욱 나를 감동시켰다.

"우리의 목표는 한국 소녀들로 하여금 우리 외국인들의 생활양식, 의복 및 환경에 맞추어 바꾸어지기를 바라는 데 있지 않다. 우리는 다만 한국인을 보다 나은 한국인이 되게 하는 것으로 만족한다. 우리는 한국적인 것에 긍지를 갖는 한국인이 되기를 희망한다. 나아가서 그리스도와 그의 교훈을 통하여 완전한 한국인이 될 것을 바란다"였다.

이틀이 지난 지금도 이 말이 어찌나 나를 울먹이게 하는지……. 어쨌든, 우리는 그러한 선교사들의 헌신을 통해서 세계 유래가 없는 짧은 기간 동안에 복음이 널리 전파되었고 삶의 질 또한 급격히 향상되었다. 다양한 음악 프로그램을 통해서도 기쁨과 만족감을 얻었지만, 스크랜튼 여사의 獻身이 썩는 밀알이 되어 오늘의 이런 행복이 있게 된 것에 더욱 고맙고 조만간 양화진에 한번 들러 봐야겠다는 마음이 생겼다.

어린이와 사회적 책임

어린이란 말을 처음 만들어 낸 사람은 소파 방정환 선생이다.

1923년에 발행한 아동잡지 『어린이』에서 처음으로 사용하기 시작한 말이다. 어린이날도 그해 5월에 방정환선생이 주축을 이룬 색동회에서 제정을 했다. 그전에는 어린이란 말이 없었으며 다만 兒童 또는 少年이라 일컬어져 왔다.

육당 최남선선생도 1908년에 우리나라 최초의 월간잡지를 내면서 표제를 少年이라 했다.

이처럼 아동이나 소년이란 말보다는 어린이란 말이 얼마나 정겹고 사랑스러운가. 어린이 헌장을 보면 주된 내용이 "어린이들도 어른과 마찬가지로 하나의 인격체로서 권리와 복지를 사회 전체가 보장해 줄 것을 서약 한다"는 내용으로 되어 있다.

그만큼 어린이들은 어른으로 성장해 가는 과정에서 보호받을 권리가 있으며 그들의 좋은 건강과 윤택한 생활, 안락한 환경들이 어우러진 행복을 사회전체가 보장을 해주어야만 하는 것이다.

낭만주의를 일으킨 영국의 계관시인 워즈워드는 그의 詩 「무지개」에서 "어린이는 어른의 아버지"란 표현을 했다.

이 구절은 그 詩에서 가장 뛰어난 구절로 평가받고 있다. 어린이의 영혼은 천진난만하고 개방적이고 감수성이 강하기 때문에 어린 시절의 대자연에 대한 정서적 감응력은 그들의 정신과 마음속에 간직되어 어른이 된 후에는 회상력을 통하여 재생된다고 하는 것을 내포한다고 어느 평론가는 말을 했다.

이상에서 보는 바와 같이 어린이들은 어떠한 경우에 있어서도 가정으로부터 보호받고 사회로부터도 권리와 행복을 보장받아야 하는 것이다. 그런데 불행하게도 우리는 지난 6·25를 겪으면서 엄청난 피해를 입은 가운데서도 가장 안타까웠던 것은 그로인한 수많은 전쟁고아들이 졸지에 생겨났다는 것이다. 어린나이에 사랑받아야 할 부모를 잃고 가족과 헤어지면서 말로 다 못할 정신적 질고를 짊어졌던 것이다. 그로 인해 전국에 전쟁고아원이 생겨나고 미국으로부터 원조를 받아 어려운 가운데서도 그나마 그들을 보살필 수가 있었다.

실제로 내가 초등학교 다녔을 때 인천 송도에는 전쟁 고아원이 세 군데나 있었다. 한 학년에 세반이었던 학교에 한 학급에 보통 10여 명의 고아들이 있었다. 전체 학생 수에 20% 정도에 해당하는 숫자다.

이제는 그들도 환갑에 가까운 나이들이 다 되었을 것이다. 그만큼 그들은 말로 다 할 수 없는 최악의 어려운 환경 속에서 나름대로 버텨가며 자신과의 싸움에서 이겨내며 살아왔을 것이다. 그러나 지금은 그러한 전쟁고아들은 없다. 그렇지만 아직도 이 사회 구석구석에는 미혼모로부터 버려지는 아이들, 부모의 이혼으로 인해 어린 나이에 여러 가지 어려움을 겪고 있는 아이들이 생각보다 훨씬 많다는 것이다.

고도의 경제성장으로 인해 물질이 풍부한 세상이 되었지만 그 내면을 들여다보면 이같이 어두운 면이 공존해가고 있는 현실이다. 물론 교회나 성당 기타 종교기관이나 각종 사회단체에서 그들을 나름대로 돕고 보살피고는 있습니다만 아직도 현실적으로 부족한 부분이 많은 것도 사실이다.

어제는 퇴근 후에 초록우산 어린이재단 인천본부에서 시행하는 "희망을 나누는 하루" 라는 모금행사장에 후배하고 들렀다. 재즈음악으로 알게 된 知人을 통해 행사내용을 들었고 티켓을 미리 구입해서 찾아보았던 것이다. 행사장에는 많은 사람들로 북적였으며 재단회장인 탤런트 최불암씨도 참석을 했다.

인천지역본부에서도 매년 각계각층에서 보내지는 후원금으로 아동들의 필요영역에 따라서 다양한 후원프로그램을 시행중이라 한다.

예를 들면 결식지원, 아동학습지원, 특기적성지원, 환자어린이지원, 해외 및 북한 어린이지원 등, KBS 사랑의 리퀘스트 프로그램에서 지원받는 금액을 포함하여 후원금액이 매년 증가하여 올 예상지원 금액이 17억여 원이라 한다.

이런 후원금을 근간으로 인천지역 내의 빈곤결식아동과 조손가정, 한부모가정 등 도움이 필요한 어린이들에게 사회복지 서비스를 제공하고 있는 모습을 영상을 통해서 잠시 감상한 내용 중에서 마음에 와 닿는 문구가 있었다.

"얘야, 네 잘못이 아니란다."

그렇다, 절대로 어린이 그들의 잘못은 아닌 것이다.

예쁜 小金山

정말 어린 신부처럼 작고 예쁘고 깨끗했다.
경관이 아름다운 작은 금강산이라 하여 소금산이라고 했다지?

이조 중기의 시인이자 문신인 송강 정철이 강원도 관찰사로 있으면서 한양과 원주를 오갈 때 이곳 간현리 섬강 나루터를 건너며 소금산 일대의 수려한 경관을 떠올리며 관동별곡에서 예찬하기를 "漢水를 돌아드니 섬강이 어디 메뇨, 치악은 여기로다." 했다더니 봄철임에도 불구하고 기운차게 흘러내려가는 섬강의 푸른 강물과 넓은 모래사장 그리고 기암준봉이 병풍처럼 이어져 있어 가히 송강의 詩心이 틀리지 않았음을 알 수가 있었다.

그때하고 지금의 변한 것이 있다면 단지 강물 위에 놓여있는 철로 위를 기차들이 지나간다는 것이다. 섬강을 오가던 나루터의 배와 달리던 말 대신에 이제는 鐵馬가 그 구실을 대신하고 있는 것이다.

주말에 제주도를 포함한 전국적으로 비예보가 있어 마라도, 한라산 탐방을 다시 다음 달로 연기한 나로서는 혹시나 하는 심정으로 소금산 산행에 동참하기로 했다. 아니나 다를까 토요일에 제주도엔 돌풍을 동반한 폭우주의보가 내려질 정도로 비가 억수로 내렸고 중부지방엔 봄비치고는 많은 량의 비가 내렸다. 제일 마음고생을 한 사람은 이번 총동문산행을 준비하는 집행부의 長이었을 것이다.

첫째는 참가인원수에 대한 조바심이었을 것이요 두 번째로는 행사 당일의 날씨였을 것이다. 그런데 참가 인원은 비가 오락가락하는 날씨임에도 불구하고 가족포함 300여 명이 참석해 주었고 날씨도 주말과는 아주 다르게 비가 거의 그친 상태에서 산행을 했으며 산행 후에는 약간의 이슬비 정도가 내렸을 뿐 모든 행사를 무사히 마칠 수가 있었다.

행사 首長인 吳隊長의 말을 빌면 전날 밤에 한숨도 못자고 밤새 기도를 했다고 했다. 아마도 그 기도가 그 분께 전달이 된 것 같다.

날씨관계로 행락객이 줄어들어 예정시간보다 일찍 간현역 근처 주차장에 11대의 전세버스들이 속속들이 도착을 했다. 줄을 이어 꼬리를 물고 산행은 시작되었다.

중앙선이 지나는 간현역이 복선전철화사업으로 인해 지난해 말에 폐쇄되었다는 소식을 접하고 보니 더욱 한적하고 고즈넉했다. 오랜 시간 동안 젊은이들의 MT장소로 추억과 애환이 함께했던 유명한 간현역은 이제 잔잔한 추억으로만 남게 되었다.

섬강지류를 휘돌아 남한강 두물머리로 힘차게 내려가는 맑은 물소리와 일행들의 재잘거리는 소리만이 정적을 깨우고 있었다. 어제 내린 비로 인해 산행 길은 촉촉이 젖어 먼지하나 없어 아주 산뜻한 발걸음을 옮길 수가 있었다. 곧바로 간현대교를 건너고 침수교를 지나는데 마치 물 빠진 잠수교를 찰랑찰랑 건너는 기분이었다.

흘러내려가는 물소리가 아주 가까이 귓전을 울렸다.
봄을 가장 잘 표현했다는 하이든의 종달새들의 지저귐 같았다.
물소리의 현란함이 우리를 앞서 건너편 산등성이를 넘나든다.
등산로 초입에서 H형과 전혀 뜻밖의 遭遇를 했다. 이렇게 반갑고 좋을 수가, 건강회복에 산행만큼 더 좋은 것이 있을 수 있겠는가……. 더욱이 예쁘고 깨끗하고 아름다운 소금산이 아니겠는가?

겨우내 침묵을 지키던 나무들이 앞을 다투어 초록색 손가락을 내민다. 성질이 급한 나무들은 꽃잎부터 내밀고 다시 찾아 온 봄을 마음껏 즐긴다. 이윽고 무채색이던 산 빛깔은 연한 초록빛 바탕에 연분홍빛, 노란빛, 보랏빛 등등의 무늬를 색칠하기 시작했다. 절개가 뚜렷한 소나무들만이 본래의 짙은 초록에 비에 젖은 기둥만이 물기를 잔뜩 먹어 검은 주조를 이룬다.

안개마저 간간이 나무들 사이를 어루만지며 숨바꼭질을 하는 바람에 봄을 맞은 소금산은 대형화폭의 수채화가 된다. 산이 그리 높지 않아 솔개미 둥지 터를 지나 금세 능선에 오를 수가 있었다.

땀방울이 맺힌 얼굴로 반가운 봄바람이 지나간다.
얼마 전까지 불어오던 차가운 겨울바람은 이제 아니다.
결코 싫지 않은 사랑의 바람이다.
능선을 따라 걷다보면 밑으로 섬강지류가 S자로 휘감아 돈다.

홍천의 팔봉산에 와 있다는 착각이 들 정도로 분위기와 감흥이 비슷하다. 초록색 봄단장을 시작한 봉우리들로 인해 강물은 더욱 초록빛을 띤다. 그 맑은 강물 위로 봉우리와 봉우리 사이를 연결하는 기찻길이 서너 개 내려다보인다.

때마침 기다렸다는 듯이 기차가 바퀴소리를 하늘로 올리며 황급히 지나간다. 영화 박하사탕에서 설경구가 달려오는 기차를 향해 "나 돌아 갈래 " 길게 외치던 장면을 촬영했다는 그 철교도 보인다.

343m의 소금산 정상은 도착인들의 인증샷으로 북적거린다. 자리를 편 한 켠에서 정상주로 목을 축인다.

잔에 가득한 혼탁한 막걸리위로 비를 머금은 하늘이 잠긴다.
덩달아 안개도 내려앉는다.
계곡을 넘나드는 봄바람도 잠시 쉬었다 간다.
잔을 속히 비우라는 친구의 재촉에 잔에 담긴 봄을 마신다.
이제야 내 마음속엔 봄이 자리를 했다.

얼마 전 청량산에서 만난 연분홍 진달래도, 노란 생강나무 꽃도 월미산 잔디밭에서 만난 보랏빛 제비꽃도 자유공원 연오정 앞에 핀 샛노란 산수유도 차이나타운 울타리에 도열해 있는 개나리꽃들도 모교 교정에 핀 목련도 내겐 봄이 아니었다. 내 마음 속의 진정한 봄은 소금산에서 찾을 수가 있었다.

내가 비로소 다시 찾은 봄을 시샘하듯 가늘게 내리기 시작하는 이슬비가 어서 내려가라고 떠밀기 싫은 등을 자꾸 밀어댄다. 비에 젖어 미끄러울 철계단 코스를 포기하고 올라 온 길로 다시 내려간다.

청소년 수련원에 마련된 점심식사를 하려고 들어서려는데 입구에 책이 쌓여져 있었다.
작년에 작고한 前총동문산우회장 김광수의 유고시집인 "산이 그에게 뭐라 했나"였다.
"오직 산을 사랑했고 자연의 섭리를 동문들에게 깊이 새겨주셨던 당신, 시인이셨기에 또 다른 아름다움을 가지셨던 당신, 아름다운 산행이란 무엇인지 장애우와 함께 산행하며 깨우쳐주셨던 당신이라고 어느 후배는 댓글을 올렸다.

선배님의 詩, 대청봉 중에서

밤마다
천불동 옥수에 목간을 하고
중청의 철쭉과
질탕하게 노닐다가
화냥기 많은 양폭의 바람
물내 꽃내
흠씬 뿌리고 다니는
원시의 바람은
잠든 영혼을 흔드는
새벽 종소리가 되어
간밤까지도
신포동 뒷골목
밑도 끝도 보이지 않는
누락의 전봇대 위에서
"까욱, 까욱……."
지 설움에 자지러지다가
막소주 한 잔에
신명을 죽이고
비적비적 한계령 찾아 든
갈가마귀 한 마리를
대청봉에 세운다.
　　　　　- 이상.

식사 후 시집을 훑어보니 마음에 와 닿은 詩다. 詩題는 "산이 그에게 뭐라 했나"지만 나는 천불동에서 놀던 양폭산장의 원시 바람이 잠든 시인의 영혼을 흔들어 대청봉 꼭대기에 安住시켜 주겠노라고 약속했을 것이라고 믿고 싶다.

詩集 뒤편에 씌여진 둘째 딸의 편지가 내 마음을 울린다.

이슬비에서 가랑비로 바뀌어 내리니 마음이 더욱 무거워졌다. 빗방울이 조금씩 굵어지기 시작했다. 서둘러 야외행사를 마무리했다.

동문 300여명이 가족과 함께 했던 봄 산행은 가을을 기약하며 아름답게 마무리 되어졌다.

집으로 향하는 버스 안에서 작고한 선배시인의 山에 대한 사랑과 자연의 攝理에 순응하려는 마음, 그리고 몸소 실천하려고 했던 아름다운 산행을 생각해 보았다.

이번 소금산 산행은 나한텐 그렇게 예쁘고 아름답게 각인되어졌다.

오월, 첫날

언제부터인가 매년 오월이 되면 Bee Gees의 First of May란 노래가 흥얼거려진다.
라디오에선 어김없이 이 노래가 아침부터 울려 퍼진다.
시월 말일에 가수 이용의 노래가 라디오를 독차지하듯, 오월의 첫날이라고 알려진 이 노래는 사실은 영국식 영어로 어린나이의 첫사랑, 즉 "풋사랑"이란 뜻이라고 한다. 노래 가사도 참 아름답고 순수하다.
크리스마스 추리와 사과나무를 바라보며 풋사랑을 키워가는 영화 "Melody"처럼 황순원의 "소나기"처럼 그리고 이스라엘영화 "Growing Up"처럼 오월이 또 그렇게 찾아온 것이다.

오월이 되면 이제는 더 이상 봄을 이야기하지 않는다. 이번 주에 고려산 진달래가 만개를 한다고 해도 부드럽게 간질거리던 설렘이 옅어진지 오래다. 봄이 그만큼 짧아진 것이다. 마치 키 작고 잊혀지기 쉬운 女子처럼 봄은 금세 왔다 간다. 그래서 책장을 한 장씩 넘기는 속도로 볼 것을 보고 느낄 것을 느끼고 즐길 것을 즐기고 누릴 것을 누려야 이 짧은 봄을 만끽할 수가 있다.

가는 봄이 아쉬워 어제 소래산을 올랐다. 앞쪽은 '인천광역시'지만 뒤쪽은 '경기도시흥시'다. 마치 사월 말일과 오월 첫날의 차이와 같은 셈이다.

  소나무 숲을 지나며 산 벚나무를 만났다. 어느새 꽃잎들 사이사이로 연두 빛 새순이 많이 돋아나 있다. 외곽순환도로를 넘어온 바람이 황급히 꽃잎들을 훑고 지나간다. 순간 꽃비가 내린다. 마치 떠나가는 봄에 내리는 축복의 눈처럼 말이다. 진달래도 불타는 정열을 잃어버린 체 연두 빛 이파리들에 묻혀 붉은 화장발이 약해져 갔다. 이처럼 계절은 어느새 여름으로 넘어가며 주인공이 바뀌어 가고 있다.

  오월은 그 새로운 주인공이 뛰어 노는 놀이터다. 라일락, 찔레, 모란, 작약 등등이 그 주인공들이다. 삼사월에 형님뻘 되는 봄꽃들이 하나같이 무리를 지어 논다면 이들은 거의 혼자서 논다. 덩달아서 떼를 지어 몰려다니던 관광객들의 발길도 뚝 끊긴다. 물론 예외는 있다. 언제나 늦깎이 철쭉이다.

  철쭉은 화려함은 있지만 진달래처럼 설렘은 없다. 그래서 봄꽃 무리에서 이탈하여 여름꽃으로 슬쩍 이사를 간 모양이다.

  또한 오월은 피천득과 노천명의 달이다.
  서영이를 무지 좋아했던 琴兒선생은 거문고를 타고 노는 아이라는 雅號답게 순수하고 맑은 영혼을 가지고 살다가 얼마 전에 아이들 같은 마음이 없으면 못 간다는 천국으로 가셨다.

  그가 남긴 오월이란 詩에서,

    오월은
    금방 찬물로 세수를 한
    스물한 살 청신한 얼굴이다.

하얀 손가락에 끼여 있는 비취가락지다.
오월은 앵두와 어린 딸기의 달이요
오월은 모란의 달이다.

또한 시인 노천명은 "푸른 오월"이란 詩에서

청자 빛 하늘이
육모정 탑 위에 그린 듯이 곱고
연못 창포 잎에
여인네 맵시 위에
감미로운 첫 여름이 흐른다.
라일락 숲에
내 젊은 꿈이 나비처럼 앉은 정오
계절의 女王 오월의 푸른 여신 앞에
내가 웬일로 무색하고 외롭구나.

그렇다, 수필에 대한 정의 내려준 피천득 선생님과 계절의 여왕이라는 아름다운 詩語를 만들어 준 노천명 시인이 고맙고 감사하다.

이른 봄 삼월에 남녘에서 불어오는 바람은 사랑의 바람이요, 사월에 땅 위에서 부는 바람은 생명의 바람 그리고 오월에 우리들 가슴속에서 부는 바람은 감사의 바람이다. 감사의 달 오월을 맞으며 감사할 대목들을 찾아보는 한 달이 되었으면 한다.

올림픽과 나

어제 입추立秋가 지나고 이번 주말이면 말복末伏에 이어서 곧 처서處暑가 돌아온다. 시기적으로는 여름의 막바지이긴 하나 계절적으론 가을 냄새가 나기 시작할 때이다. 모기입이 삐뚤어지든 말든 여름은 자연적으로 가게 되어 있지만 이번 여름은 유난히도 비가 많이 내렸다. 장마가 지났는데도 국지성 호우가 지속적으로 내려 모기들의 개체수가 줄어 모기로 인한 괴로움은 예년에 비해 거의 없었던 것이 그나마 다행이다.

오늘이 8월 9일, 우리한테는 아주 역사적인 큰 기억이 있다.
1936년 8월 9일, 故손기정 선수가 베를린 올림픽 마라톤에서 금메달을 목에 건 대한민국 최초의 운동선수가 된 날이다.

3위는 남승룡선수가 차지했다.
그러나 거론하기조차 싫은 일제강점기 시절이라서 남의 나라 국기를 달고 남의 나라 국가를 들어야 했다. 국가가 연주되는 동안 가장 슬픈 얼굴로 머리를 떨구고 있던 두 대한남아의 사진은 세계 체육사에 남을 아픈 추억의 사건이다. 광복이후 경제가 급성장한 우리는 1988년 올림픽을 당당하게 유치해서 큰 성공을 거둔 대회로 인정받았다. 남의 나라 국기를 달고 남의 나라 국가를 들어야 했던 손기정 선수는 서울올림픽에서 성화 주자가 되어 태극기를 단 운동복을 입고 메인 스타디움을 돌

앉다.
 매스컴의 표현을 빌자면 그가 스타디움을 돌때 마치 어린아이처럼 껑충껑충 뛰었다고 했다.

 그로부터 4년 뒤 1992년 스페인 바르셀로나 올림픽 마라톤에서 몬주익의 영웅 황영조 선수가 선두그룹에서 같이 달리던 일본 선수를 마지막 난코스인 몬주익 언덕에서 멀리 뿌리치고 폐막식을 기다리던 수많은 관중들이 지켜보는 가운데 메인 스타디움에 1등으로 골인하였다.
 골인 직후에 그는 그라운드에 그대로 쓰러졌다.

 그의 말대로 "멈추기 위해 달린다."라는 말이 실천된 셈이다.
 풀코스를 달리던 그의 뇌리 속에는 베를린대회 때부터의 56년간의 恨, 대한민국의 恨, 故손기정 선수의 恨을 한방에 날려버리기 위해서 달리고 또 달렸을 것이다.
 폐막식이 진행되는 수만 관중이 운집한 스타디움 한 가운데 있는 시상대의 제일 높은 자리에 태극기를 가슴에 단 황영조 선수가 서 있었고 그 아래 일본선수가 이어서 태극기가 게양되면서 애국가가 울려 퍼졌다. 이 사건은 단순한 한 대회의 우승, 그 의미만은 아닌 것이었다. 적어도 마라톤에 관한한 우리들한테는 베를린과 바르셀로나 손기정과 황영조라는 단어는 아마도 영원히 기억 속에 남아있을 것이다.

 얼마 전에 남아공 더반에서는 또 하나의 낭보가 전해져 왔다. 2018년 하계 올림픽 개최지로 강원도 평창이 확정된 것이었다. 더반이라는 도시는 그래서 우리한테는 희망의 도시인가 보다.

 1974년 홍수환선수가 1966년 김기수선수 이후 두 번째로 세계 권투 챔피언이 된 곳도 더반이었으며 그 당시 인터뷰에서 "엄마, 나 챔피언

먹었어!" 했던 소리가 아직도 회자되고 있다. 그리고 지난 해 남아공월 드컵에서 처음으로 원정에서 16강에 진입한 곳도 그것 더반이었다.

평생을 살면서 올림픽을 개최하는 것을 두 번이나 볼 수 있다는 것 또한 나한테도 커다란 행복이다. 그런 면에서 일본이란 나라는 우리와는 선천적으로 경쟁해야 하는 나라인가 보다. 1964년 도쿄 하계올림픽 개최에 이어 1998년 나가노 동계올림픽을 개최했다. 2020년 올림픽 개최 신청을 해 놓은 일본으로서는 우리의 평창올림픽 개최지 확정이 노골적으로 달갑지 않다는 반응을 보였다.

실제로 평창이 개최지로 확정된 다음 날 일본거래처에서 손님이 와서 공항으로 픽업을 나간 적이 있다. 초면이라서 피켓을 들고 있었는데 만나자 마자 그가 올림픽 이야기를 먼저 꺼냈다. 그는 영어를 거의 못하는 기술자였다. 간단히 인사를 나누고 주차장으로 오는 과정에 일본어로 올림픽에 대한 뉴스를 계속 이야기했다. 다 알아듣지는 못했지만 우리 때문에 자기네 유치가 어려움이 있을 수 있다는 식으로 푸념적인 말을 해대는 것이었다. 나는 내심 통쾌하면서도 아무튼 일본이 유치했으면 좋겠다는 상투적인 말로 대화를 끊어버렸다.

도쿄올림픽에 대한 기억은 어렴풋이 있다.
그러니까 초등학교 4학년 때 일본에서 올림픽이 어쩌고저쩌고하는 소리를 들었던 기억이 있다. 그리고 5학년 때 동아마라톤으로 기억하는데 이디오피아 아베베선수가 인천역에서 서울운동장까지 달리는 동아마라톤대회에서 맨발로 뛰어 일등을 하는 중계방송을 듣던 기억도 있다. 그는 1960년 로마올림픽 마라톤에서 맨발로 뛰어 금메달을 차지해서 조국 이디오피아는 물론 아프리카 대륙에서 올림픽 금메달을 딴 최초의 흑인선수가 되었다.

4년 뒤 1964년 도쿄올림픽에선 개막일 몇 개월 전에 맹장수술을 한 그는 연습기간도 짧았음에도 불구하고 운동화를 신고 뛰어 세계최고기록으로 우승을 했으며 최초로 올림픽 마라톤 2연패한 선수가 되었다. 1968년 멕시코 올림픽에선 컨디션 실패로 중도에 기권함으로써 3연패 신화를 접어야만 했다.

　나는 유난히 올림픽에 관심이 많다.
　내가 정식으로 올림픽이란 내용을 알고 중계방송을 듣기 시작한 때는 바로 이 멕시코 올림픽 때부터였다. 중1이었던 나는 멀리 멕시코에서 전해오는 올림픽 경기 결과 소식에 귀를 기울였다. 개인종목, 단체종목, 구기 종목 등등 여러 종목에 출전을 했지만 결국 권투에서 지용주선수가 아깝게 은메달을 목에 걸었던 것이 고작이었고 줄줄이 예선 탈락 등등 역부족이었다.

　매 경기 중계 말미에는 아나운서나 해설자의 말들이 늘 한결 같았다. "연습조건을 개선해야 한다. 경기장을 잘 지어야 한다. 지도자를 육성해야 한다." 등, 1972년 올림픽 사상 초유의 사건(검은 구월단)이 벌어졌던 독일 뮌헨올림픽에선 유도에서 재일동포 오승립 선수가 겨우 은메달 1개였다. 바야흐로 1976년 캐나다 몬트리올올림픽에서 드디어 레슬링 양정모 선수가 해방이후 올림픽에서 금메달을 단 최초의 선수가 되었다.
　그날은 방위복무 중 특별휴가를 얻어 친구들과 대천해수욕장에서 피서를 즐기고 있던 때였다. 거기에서 그 역사적인 애국가가 울려 퍼지는 장면을 TV를 통해 목격하며 감격해 하던 추억이 있다.

　1980년 소련 모스크바올림픽은 정치적인 이유(소련의 아프간 침공)로 서방민주주의국가들이 보이콧을 해서 공산국가들로만 치러진 최초의 반쪽 올림픽대회가 되었다. 마찬가지로 1984년 미국 L.A. 올림픽은 전대회의 복수전처럼 치러진 또 하나의 반쪽 올림픽이었다.

그야말로 공산국가들이 보복차원에서 참가를 안 했다. 덕분에 우리는 레슬링에서 김원기 선수의 금메달을 포함한 많은 메달로 종합 10위를 거두었다. 기억으로는 회사 경리부에 근무할 때 거래은행인 한국산업은행에 외출해있을 때였는데 그곳 행원들과 TV를 켜놓고 다함께 김원기 선수의 금메달 소식을 접했었다.

그로부터 4년 뒤, 드디어 우리나라 서울에서 제24회 하계올림픽이 개최되었다. 1988년 9월 17일부터 10월 2일까지 대회가 열려 금메달 12개를 비롯한 수많은 메달로 종합4위를 거두는 쾌거를 이룩하며 명실공이 성공적인 대회를 이끌어냈다. 그때까지 역대 하계올림픽은 7, 8월 여름철에 개최되었다. 그런데 우리는 장마철, 태풍 등을 고려하여 여름을 피해서 가을을 선택하여 대회를 치루었다.

기적적인 것은 대회를 치루는 보름동안 비가 한 방울도 안 왔다는 것이다. 물론 그 날짜를 잡는 과정에서 지난 50년 동안 평균적으로 비가 가장 적게 내린 기간을 택했다는 것인데 말 그대로 딱 맞아 떨어진 것이다.

또 하나 서울에서 보기 힘든 무지개가 그것도 쌍무지개가 대회 개막 하루 전인 9월 16일(금요일) 오후에 거센 한줄기 소나기가 퍼붓고 나서 다시 개였는데 서울 시청광장 뒤쪽 하늘 위로 쌍무지개가 뜬 것이었다.

이어서 그리스 아테네에서 채화된 올림픽 성화가 서울 시청 앞에 도착했고 갑자기 내린 소나기로 물이 흥건한 상태에서 성화맞이 축하행사가 진행되었다. 당시 여의도에서 근무하던 나는 퇴근을 서둘러 인천으로 내려오는 도중에서 무지개를 볼 수가 있었다. 믿는 분이었던 故 박아무개 조직위원장의 말대로 하늘이 도왔던 것이다. 전날의 쌍무지개 행운과 개막식을 기억하는 사람들이라면 아마도 한 치의 오차도 없이 진행된 개막식 행사는 오래도록 아름답게 기억될 것이다.

서울 올림픽 이후로 1992년 스페인 바르셀로나 올림픽에서의 마라톤 황영조 선수의 쾌거 외 금 12개로 종합 7위, 1996년 미국 애틀란타 올림픽에서의 배드민턴 방수현선수의 금메달 외 종합 10위, 2000년 호주 시드니올림픽에서는 양궁의 윤미진 선수가 금메달을 차지하는 등 종합 12위로 대회를 마쳤다.

그 당시 시드니, 멜버른에 출장을 가 있었던 나는 남들이 부러워했던 올림픽 경기관람은커녕 공항 출입국에서부터 극심한 검색으로 불편을 겪기도 했으며 시드니 시내에서 호텔잡기가 하늘의 별 따기였다. 각종 경기에 대한 소식도 궁금한데 그곳 TV에서는 자국의 경기 위주로 중계를 하는 바람에 좀처럼 우리나라 경기 결과를 알 수가 없었다. 지금처럼 인터넷, 스마트폰이 보편화되지 않은 당시여서 가끔씩 집으로 회사로 전화 통화할 때 조금씩 소식을 접하곤 했었다.

멜버른에서 귀국길에 다시 시드니로 왔으나 방이 남아있는 호텔이 없었다. 시드니에 일찍이 이민을 와 살고 있는 친구 김용대에게 부탁을 했는데 시드니 중심 반경 200㎞ 이내에 호텔, 모텔, 민박 아무것도 없다고 했다. 결국 시드니 국제선 공항청사에서 방을 못 구한 다른 외국 여행객들과 새우잠을 청했던 기억이 있다. 다행히 그날 밤이 그리 지루하지 않았던 것은 옆자리의 네덜란드 사람과의 밤샘 축구 이야기 덕이었다.
축구광인 그는 허정무 선수 이야기를 많이 했다.
지금 생각해보면 그 친구 연락처를 못 알아 둔 것이 무척 아쉽다. 왜냐하면 2년 뒤 우리는 2002년 코리아월드컵을 통해 그 나라 출신 히딩크 감독 덕에 4강 신화도 이루었고 박지성, 이영표 선수를 자기 고향인 PSV 아인트호반 팀으로 불러들여 세계적인 선수로 성장시켰으니 나로서도 그한테 할 말이 많은데…….
2004년 그리스 아테네올림픽에서 태권도 문대성 금메달 외 종합 9위, 2008년 중국 베이징 올림픽에서 야구대표의 금메달 외 종합 7위.

올림픽에서의 메달 획득 숫자는 그 나라의 경제수준과 결코 무관하지 않음을 알 수가 있다. 10대 시절부터 기억을 더듬어 보면 경제적으로 약소 국가였던 시기에 권투, 레슬링 같은 격투기 종목에 의존해서 메달을 획득했고 경제가 성장해가면서 메달 획득 종목도 다양해지고 단체종목에서도 메달을 획득하는 것을 볼 수가 있다. 특별히 금메달의 숫자가 기본이 10여 개라는 것이다. 그만큼 이제 우리나라도 스포츠 강국이 되었다는 뜻이다.

최근에 이르러 전혀 불모지였던 수영에서의 박태환, 피겨스케이팅의 김연아, 스피드스케이팅에서의 이승훈, 이상화 모태범, 리듬체조의 기대주인 손연재 등 금메달리스트들의 종목의 다양화가 이루어지고 있는 것은 고무적인 일이다. 아쉬움이 있다면 육상, 수영 종목에는 20개 이상의 금메달종목이 있지만 우리는 아직까지 다양한 선수층이 없어 기대감이 그리 크지가 않다는 것이다. 그리고 역대 강국을 자랑하는 양궁 및 태권도부분에서는 세계적인 견제추이가 많아 오히려 메달 수를 줄여가는 추세이다. 스포츠외교의 강화가 필요한 부분이다.

매년 8월 9일이 되면 올림픽이 생각나고 베를린에서의 쓰라린 추억, 바르셀로나에서의 통쾌한 쾌거의 잔상이 머리에 스친다. 그만큼 올림픽 경기는 올림픽을 유치하는 것만이 아니고 스포츠라는 것이 국민들에게 희망을 주고 행복감을 안겨다 준다.

올림픽에 버금가는 세계육상선수권대회가 이달부터 대구에서 펼쳐진다. 그리고 2014년엔 내 고장 인천에서 아시안게임이 2018년엔 평창에서 동계올림픽이 열릴 것이다.

바라기는 이들 대회를 통해서 우리가 좋은 성적을 내고 세계 신기록이 많이 나오고 아무런 사고 없는 성공적인 대회가 치러져서 우리나라의 위상이 한층 더 높여지는 기회가 되기를 기도해 본다.

와세다 대학 출장과 양주동박사

지난 8월 21일부터 24일까지 일본와세다대학에서 Thermal Manikin (열 마네킹) 관련 9I3M Conference가 있었다.

열 마네킹 관련 제품은 우리 회사가 취급하고 있는 제품 중에서 인체 의류환경 분야에 속한다.

열 마네킹이라 함은 실제 어른 크기의 마네킹 내부에 미세한 튜브들이 내장되어 있어서 물을 순환하게 한 다음 열을 가하면 마네킹 외부에 뚫려 있는 작은 구멍들을 통하여 땀을 흘리게 되고 입힌 의류를 적시게 하여 발한량, 쾌적성 등 의상시스템, 환경 조건을 실험하는 것이다.

매 2년 마다 대륙을 돌면서 개최하는 마네킹 콘퍼런스는 이번에 일본 도쿄에 있는 와세다 대학에서 열린 것이다. 우리의 수입원인 미국 시애틀 MTNW(Measurement Technology NorthWest)사와 함께 참가한 이번 세미나에서는 일본의 열 마네킹 권위자 타무라 테루코 교수(田村 照子, 문화학원 대학교) 등 유수한 석학들이 관련 논문을 발표했다. 덕분에 타무라 교수 연구소를 직접 방문하여 그녀가 개발한 각종 열 마네킹들에 대한 설명을 들을 수가 있었다.

사실 나는 이번 출장에서 다른 목적이 있었다. 자칭 인간국보 1호라 칭하던 무애无涯 양주동박사가 유학했던 곳이 와세다 대학이었으므로 이번 세미나 장소가 정해지고 나서 얼마나 기쁘고 한편으로 더디게 기다려졌었는지 모른다. 와세다 대학은 일본의 손꼽히는 명문사립으로 120년의 역사를 가진 학교답게 캠퍼스도 고풍스러웠다.

영문과를 졸업한 양주동 박사는 시 창작과 외국 시 번역, 문학비평, 고전문학 연구 등에 걸쳐 폭넓게 활동했다. 해방 후에는 동국대, 연세대에서 교수로 지냈고 1977년 작고할 때까지 대한민국 예술원 회원으로 있었다. 특별히 그는 통일신라시대 설총의 이두문자를 최초로 해석한 유일한 사람이었다. 향가를 연구한 "조선고가연구"와 고려가요를 연구한 "여요전주"는 그가 성취해낸 학문을 대표하는 결과물이라 하겠다.

1970년대에 동아 방송 인기 라디오 프로인 "유쾌한 응접실"의 단골 명사로 출연하여 박식한 입담으로 많은 사람들로부터 사랑을 받았다.
그가 한번 마이크를 잡으면 제한시간을 늘 넘기기 때문에 진행자는 매번 애를 먹었다.

실제로 대학 1학년 시절 그 학교를 다닌 행운으로 매주 월요일 9시에 강당에서 양주동박사의 교양과목을 들었다. 한번은 강의시간에 한 학생이 손을 들어 질문을 했다.
"교수님, 그 내용은 지난번에 말씀하신 것인데요."
그러자 양주동 박사가 껄껄 웃으면서 하는 대답은
"학생, 소 뼈다귀도 몇 번씩 우려먹는데 내 얘기는 두 번 우려먹었다고 무슨 문제가 되나?"
과연 박사님다운 답변이었다.

그의 저서 "면학의 書"는 면학의 즐거움에 대하여 쓴 수필이다. 지은이의 호방한 성격과 탁월한 문장력이 잘 드러나 있다. 마지막 부분에는 이런 글귀도 있다. 영어를 독학한 그는 영어를 공부하는 즐거움이 마치 카알라일의 새로운 하늘과 땅이라 했다.

그런데 그 독학서의 문법 설명에 삼인칭 단수란 말의 뜻을 몰라 몇날 며칠을 고민하던 중 어느 신임선생님한테서 겨우 그 말뜻을 듣고서 그 기쁨을 이렇게 적고 있다.

"내가 일인칭, 너는 이인칭, 너와 나 외엔 우수마발이 다 삼인칭이야."

마네킹 세미나 중간 중간에 그가 걸었을 캠퍼스를 돌아보면서 일제강점기 시절 이곳 와세다 대학으로 유학을 와서 공부하면서 조국을 생각하며 얼마나 많은 한탄과 절망을 했을까 하는 생각에 연일 35도를 오르내리는 도쿄의 늦더위에도 불구하고 숙연해지기 까지 했다. 마침 이대통령의 독도방문, 런던올림픽 축구경기에서의 독도세리머니 때문에 일본 TV에서는 날마다 독도관련 뉴스를 내보내는 바람에 일본거래처 사람들과의 식사자리 등등이 매우 조심스럽고 불편하기도 했다.

하네다공항을 이륙한 비행기는 도쿄만을 선회하여 후지산을 좌측으로 끼고 김포공항으로 향하고 있었다. 마침 창가에 자리한 행운으로 구름위로 우뚝 솟은 후지산을 20여분 지켜 볼 수가 있었다. 그날따라 고깔에 타이어를 씌어놓은 것처럼 구름 위로 시커먼 색 후지산 원뿔이 그들의 변함없는 흑심을 들어낸 듯 하여 섬뜩하기까지 했다.

밑에서 올려다보았다면 흰 구름에 가려 그 검은 흑심이 안 보였을 텐데……. 다행히 연일 퍼부어대는 독도망언의 허구가 그들의 심장인 후지산보다 높이 올라가 보니 적나라하게 들어나 보였다. 점점 멀어지는 후지산을 바라보며 4일간의 다소 지루한 이번 출장이 양주동박사님의 족적을 느끼고 왔다는 기쁨에 눈을 감아 잠시 잠을 청해 본다.

비행기는 어느새 동해 상공을 날고 있었다.

웅산

웅산은 재즈보컬리스트이다.

우리나라를 대표하는 3대 여성 재즈보컬리스트는 '웅산'을 비롯하여 '말로' 그리고 '나윤선'이다. 웅산을 처음 알게 된 것은 2010년 3월 한국일보에서 그녀의 세종문화회관 공연 소식을 접하고부터다. 그녀의 사진과 함께 프로필이 자세히 설명되어 있었다. 호기심에 웅사모(웅산을 사랑하는 모임)카페에 들어가 보았다. 그녀에 대한 모든 것이 다 들어 있었다.

2집 The Blues의 타이틀곡인 Call Me가 나를 사로잡았다. 그때부터 그녀는 나를 놓질 않는다.

공식 홈피에 소개된 그녀의 프로필은 대략 이러하다.

"한국을 대표하는 최고의 재즈보컬리스트로서 일본과 한국을 중심으로 활발한 활동을 하고 있는 웅산은 수려한 외모와 중저음의 농염한 보이스로 객석을 압도하는 최고의 보컬리스트이다. 경북 문경이 고향인 그녀는 열여덟 나이에 비구니가 되고자 단양 구인사에서 구도의 길을 걷기 시작한다. 2년여의 수행 기간 중에 주지스님으로부터 웅산이라는 법명을 얻게 된다. 그렇지만 천직이 노래임을 깨닫고 하산 후에 대학에 들어가서 록 음악을 시작하게 된다.

전설적인 빌리 홀리데이와의 운명적인 만남이 거기에서 시작된다.
이후 오랫동안 한국과 일본을 오가며 다져진 숙련된 테크닉과 공연 등을 통해 재즈 마니아들뿐만 아니라 대중들을 사로잡아온 웅산은 뛰어난 곡 해석력으로 섬세한 발라드에서부터 강한 비트의 노래까지 거의 모든 장르(블루스, 펑키, 라틴)를 자신이 가진 특유의 감성으로 노래 안에 불어 넣어 따뜻한 음색과 혼이 담긴 독특한 목소리로 노래를 하고 있다.

특히 Jazz Spirits과 타고난 그루브(Groove)감과 블루스적인 해석은 그녀의 최고 장점이자 무기이다. 2003년 한일 동시 발매로 화재가 되었던 첫 앨범 Love Letters에서는 세계적인 뮤지션들과 어깨를 나란히 하고 멋진 앙상블을 만들어 내며 다시금 그녀의 가능성을 확인 했으며 2006년 2집 The Blues, 3집 Yesterday 그리고 네 번째 앨범 Fall in Love, 5집 Close Your Eyes 그리고 최근의 6집 Tomorrow를 냄으로써 새로운 시도를 두려워하지 않고 끊임없이 변화하고 도전하는 성실한 그녀에게서 우리는 행복한 비상을 꿈꾼다.

특별히 6집을 내면서 조선일보와의 인터뷰에서 그녀는 이렇게 말하고 있다.

"나는 누구와도 잘 어울리는 바람 같은 음악을 하고 있지요. 음악은 제게 修行과도 같은 것이니까요."

웅산은 우울한 듯 슬픔이 묻어나는 재즈 본연의 색깔을 잘 유지하면서도 모든 것을 감싸 안는 듯한 治癒的 사운드를 담고 있다. 수행이란 말이 자연스러운 것은 자신이 불자 가수라는 독특한 이력 때문일 것이다. 실제로 그녀는 무대에 올라서면 늘 불교식으로 합장하며 청중들한테 인사를 한다.

재즈란 음악의 장르가 언제부터 시작되었는지는 정확히 알 수는 없지만 말의 억양을 모방했고 블루스의 영향을 크게 받은 것으로 유럽음악의 화성구조와 아프리카 음악의 복잡한 리듬이 합쳐져 만들어진 미국의 음악양식이며 흑인들에게서 비롯되었으며 즉흥성이 아주 강한 것이 큰 특징이라 할 수 있다.

최초의 재즈 밴드 양식은 오랜 문화적 전통과 여러 인종이 혼합되어 살고 있는 도시인 미국 뉴올리언스에서 발전했다. 1975년 대학 2학년 때 숙명여대 연극부 학생들이 공연한 테네시 윌리암스의 명작 "욕망이라는 이름의 전차"를 본 적이 있다.
극중 무대는 재즈의 본 고장인 미국 남부 루지애나주의 뉴올리온스다. 극중 인물들이 라운드 테이블에 둘러 앉아 술을 마시며 담배를 피워가며 포커 게임에 열중한다. 떠드는 소리가 요란한 가운데 배경음악으로 재즈가 흘러나와 극중 분위기가 한층 고조된다. 아마도 재즈음악을 처음 대한 것이 이 연극을 통해서였을 것이다. 지금도 재즈하면 나는 그 연극을 떠올린다.

20세기 초 즉흥 솔로 연주로 유명한 트럼펫의 루이 암스트롱, 곧 이어서 재즈 역사상 최고의 가수로 알려진 빌리 홀리데이의 출현으로 그 절정을 이루었다. 그 후로 재즈의 연주 양식은 계속 발전해 갔으며 1970년대의 경향으로는 음악적 장치, 특히 록 음악에서 빌려 온 리듬장치의 사용을 들 수가 있다. 이에 따라 전자악기로 실험하는 재즈 음악가들이 등장하여 성공을 거두었다.
위에서 언급한 바와 같이 웅산의 프로필과 재즈의 간단한 역사를 얘기했지만 사실 웅산을 알기 전에는 막연하게 재즈재즈 했던 것도 사실이다.

  루이 암스트롱의 트럼펫 연주가 재즈라는 정도와 음악카페에 들르면 어쩌다 들려오는 재즈풍의 음악을 들으며 멋모르고 흥얼대던 기억이 있다. 그런데 웅산을 알게 된 이후로는 더욱 관심을 쏟으며 재즈와 친해지려고 노력하고 있다. 그녀의 콘서트에도 시간이 되면 찾아가는 편이다. 이제는 외롭지 않다. 웅사모 카페회원들이 있기 때문이다. M/T에도 참가하여 밤늦도록 재즈에 흠뻑 젖어 보기도 한다.

  나는 왜 그녀를 좋아할까? 스스로 반문해 보기도 한다. 물론 그녀의 또 다른 장점은 뛰어난 비주얼에 있다. 그렇지만 이 계절에 어울리는 파스텔 톤의 따뜻한 음색과 재즈 혼이 담긴 독특한 목소리가 나를 계속 그녀 곁에 붙잡아 놓고 있는 것이다. 특히 2집에 수록되어 있는 "Call Me"를 자주 듣는다.

> Call me
> When you feel so blue
> Call me
> when you feel so sad
>
> - 중략 -
>
> Don't leave me
> If you still need me
>
> - 중략 -
>
> Cause I am……. I'm still loving you

오늘도 그녀는 나를 향하여 자기를 부르라 속삭인다. 지난 주말엔 신촌에 있는 라이브카페 "Basic On Stage"에서 웅사모 송년회를 했다. 그녀가 갑작스런 일정으로 상하이로 날라 가는 바람에 그녀를 볼 기회를 놓쳤다. 그렇지만 오늘도 그녀는 나를 부른다.

Now I feel so blue, so I call you Woongsan~

이등병의 便紙

이등병의 편지란 노래를 예전엔 잘 몰랐다.
가수 김광석한테도 별로 관심이 없었다.

그런데 한참 전에 그가 죽었다고 젊은이들이 입에서 입으로 아쉬움과 추모의 정을 나누며 그를 그리워하던 모습을 곁에서만 보아 왔었다. 그러던 어느 아주 추웠던 겨울날, 눈이 살살 내리던 밤 나는 택시를 타고 남촌동쪽으로 가는 도중에 라디오에서 흘러나오는 이 노래를 들으며 굉장한 전율을 느꼈다.

왜 그랬는지는 시간이 좀 지난 후에야 깨달을 수가 있었다.
나도 이등병 출신이라서가 아니다. 내가 76년도에 방위훈련소에서 훈련받던 일들이 생각나서도 물론 아니었다. 곧 군대 가야할 아들 녀석 생각이 나서 그랬다.

그 녀석은 어렸을 때 군대얘기만 나오면 무섭다고 했다.
"네가 이다음에 커서 그 나이가 되면 아마 이 나라가 통일이 되어 군대는 가고 싶은 사람만 가게 될 것이다"라고 얘기해 주었던 일이 생각이 났다.
그 때 그 노래를 들은 뒤부터 나는 그 노래를 자꾸 기억해 내며 자주 불렀다.

　드디어 아들이 군대를 가야하는 날이 왔다. 논산훈련소로 보내던 날 저녁에 식구들이 모여서 식사를 하는데 자꾸 마음이 이상해져 왔다. 마음속으로 혼자 추스르며 태연한 척 했지만, 다들 가는 것 이라고 나 스스로 마음을 달래 보았지만, 자꾸 가슴이 저려왔다. 그 당시의 내 환경이 더더욱 나를 그렇게 만들었을 것이다.

　그가 훈련소에 있을 동안 저절로 기도도 하게 되었다. 노래방에만 가면 늘 이 노래를 먼저 부르며 아들 생각을 했다. 그저 건강하게 훈련 잘 받고 근무 잘해서 무사히 제대만 해달라고 기도를 했다.

　2년여 동안 의경 생활을 하면서 중간 중간에 어려움도 있었지만 아들은 엊그제 제대를 하고 집으로 돌아왔다. 나는 감사기도를 했다. 노래 가사 말 그대로 그래, 이제 시작이다. 인생의 정식 출발! 모든 부모들이 다 마찬가지일 것이라고 생각이 된다. 아무튼 군에 가는 젊은이나 아들을 군에 보낸 부모나 그저 기도할 수밖에 없다는 생각이 든다.

　요즘 군복 입은 젊은이들을 보면 다 내 아들 같다.

인생은 바람

장마는 시작이 되었다는데 비는 안 내린다.
습기를 머문 바람만 간혹 목덜미를 괴롭힌다.

일요일 오후에 집사람이랑 요양병원에 가서 엄마를 보고 왔는데도
마음이 편치가 않다. 먼 변산 여행길에서 엊그제 돌아왔는데도 마음이
썩 후련치가 않다.
날씨 탓일까? 아니면 아직도 무엇인가 갈급함이 남았단 말인가,
친구 전화를 기다리며 김민기의 매혹적인 노래를 듣는다.

그의 목소리에선 막걸리 냄새가 난다.
그 텁텁함이 좋다. 내 젊은 시절을 생각나게 한다.
오늘은 이 노래가 나를 위로 한다 그리고 나를 적신다.

"끝없는 바람, 아, 자유의 바람 저 언덕 넘어 물결같이 춤추던 님~
물결 건너편에 황혼에 젖은 산 끝보다도 아름다운~ 인생은 바람."

임진강에 서다

엊그제 추석을 지냈다. 연휴로 인해 무슨 요일인지도 모르고 많은 날을 놀았다.

미어지는 차량행렬들로 인해 이번엔 마니산을 중도에 포기했다. 그래서 가까운 산들을 오르락내리락 했다. 추석이 되면 많은 사람들은 고향을 찾아간다. 보도에 따르면 이번 추석에 약 3,500만 명이 이동을 했다고 한다. 그 중에 오롯이 추석명절을 지낸 인파가 과연 얼마나 될까? 모르긴 해도 추석명절을 핑계로 유명 관광지로 연휴를 즐기려고 떠났던 사람들이 훨씬 많았을 것이다.

북한에서는 추석을 쇠지 않았으나 1980년대 후반부터 공휴일로 정해서 나름대로 명절을 즐긴다고 한다. 하지만 이북 失鄕民들의 사정은 남달랐을 것이다. 북한이 건네다 보이는 통일전망대(오두산, 도라산, 고성)라든지 김포 애기봉에선 그들의 눈물이 또 하늘을 적셨을 것이다. 무르익어가던 '남북이산가족만남' 행사도 정치적인 이유로 또 무산되었다. 장소야 어디가 되던 어느 쪽의 잘잘못을 떠나 인륜을 저버리는 행위가 되풀이 돼서는 결단코 안 되며 하루 속히 그들의 만남은 지속되어야 할 것이다.

추석 명절을 앞두고 고교동기 역사기행은 분단의 상징이 되어버린 또한 남과 북을 가르는 경계선으로 인식되고 있는 임진강 유역을 둘러보기로 했다.

공부하면서 노는 것이 역사기행이라고 힘주어 말하는 궁궐박사 홍순민교수를 따라 그 분단의 역사 현장을 놀러 간 것이다. 임진강臨津江, 단어가 주는 의미가 왠지 무겁고 낯설다.

그만큼 임진강은 우리한테 마음에서 아주 멀리 있는 강이었고 감히 건널 수가 없는 강이기에 잊혀져 있는지도 모른다. 이름도 낯선 함경도 마식령산맥에서 발원하여 경기도 파주에 와서야 한강으로 유입되어 황해로 흘러드는 강이다. 한강의 입장에서 보면 제일 큰 지류인 셈이다.

"山分水合, 즉 산줄기는 갈라지고 물줄기는 합쳐진다. 산줄기는 사람을 가르고 물줄기는 합쳐준다. 임진강가에도 이쪽저쪽에 사람들이 많이 모여 살았다.

그런데 일세치하를 거치면서 국제정세로 3·8선이 그어지고 급기야 6·25전쟁을 치른 후 거기에 휴전선이 그어졌다. 그 3·8선과 휴전선이 임진강을 넘나들게 되었고 그 결과 임진강은 남북 분단의 상징처럼 되어버린 것이다. 인간들의 짓이지 강이 국토를, 사람을 나눈 것이 결코 아니다."라고 이상은 홍교수가 한 말이다.

자유로를 달려 온 버스는 당동IC를 빠져나와 백학 남면으로 나가는 곳으로 나오면서 임진강에 걸친 다리를 건넜다.

혹시나 이 다리를 다시 못 건너오는 것 아닐까? 하는 생각에 잔뜩 찌푸린 날씨만큼이나 마음이 숙연해 졌다. 차에서 내리니 비가 조금씩 흩뿌렸다. 풀섶을 헤치며 조심스레 임진강 물가로 내려갔다. 홍교수와 함께하는 우리의 임진강 놀이 답사는 이렇게 시작되었다.

내가 처음 만난 임진강은 역시나 슬펐다. 파랗게 높아만 가야 할 임진강의 가을하늘이 그날따라 온통 검은 구름으로 뒤덮였다. 홍교수의 설명이 이어지는 순간에도 나는 힐끗힐끗 북녘 하늘과 잔잔하게 흘러내려가는 임진강물을 바라다보았다.

예로부터 고구려, 백제, 신라 삼국시대의 국경이 되어 끊임없이 역사의 격전지가 되었던 임진강 유역은 고구려 광개토왕이 백제군을 대파시켰다는 것과 신라 진흥왕은 이 강의 남쪽을 점령하여 고구려와 경계를 이룬 적도 있었으며 羅唐 연합군이 고구려를 정복했을 때도 파주시 적성면에 있는 七重城 부근에서 이 임진강을 건너 평양으로 진격했었다고 역사는 전한다. 先史시대의 이야기는 문자가 없어 기록으로 남아있지 않기 때문에 이 임진강 유역에서 我와 彼我의 전투가 얼마나 많이 이루어졌었는지는 모르겠지만 우리시대에 와서도 6·25전쟁을 겪으면서 막바지 한 치의 땅이라도 더 차지하려했던 남과 북의 치열한 역사(신채호선생은 역사란 곧 아와 피아의 투쟁의 기록이다)의 아픔을 지금은 잠잠히 흐르는 저 임진강은 알 것이다.

때마침 L君이 인터넷에서 임진강에 대한 노래를 다운받아 내게 들려주었다. 바로 월북시인 박세영의 가사에 곡을 부친 노래다.

임진강

임진강 맑은 물은 흘러 흘러내리고
물새들 자유로이 넘나들며 날건만

내 고향 남쪽 땅 보고파도 못 가니
임진강 흐름아, 원한 싣고 흐르느냐

강 건너 갈밭에선 갈새만 슬피 울고
메마른 들판에서 풀뿌리를 캐건만

협동벌 이삭바다 물결 우에 춤추니
임진강 흐름을 가르지는 못하리라

노래를 들어보면 멜로디가 애절하면서도 구슬픈데 "내 고향 남쪽 땅 보고 파도 못 간다."는 구절에서는 이산가족들의 찢어질 듯 아픔이 홍수로 떠내려가 간신히 교각만 몇 개 남아있는 저 허물어진 다리만큼이나 애처롭다.

어찌할 것인가? 이 기구한 운명을……. 숙명이라 하기엔 너무도 모질다. 임진강을 사이에 두고 남과 북은 몸뚱이 뿐만 아니라 땅도 찢겨 나갔다. 民族相殘의 業이 서려서인가? 그 아픔의 트라우마는 아직도 가시질 않는다. 과연 저 임진강은 우리민족에겐 희망의 강인가 아니면 아직도 저주의 강인가? 그 아픔을 아는지 모르는지 그저 저 임진강물은 그 날도 소리 없이 속절없이 흘러만 갔다.

우리는 그 임진강 중류의 옛 유적들을 더듬으며 임진강과 휴전선이 만나는 지점까지 가 보았다. 그의 말대로 눈에 확 띄는 굉장한 볼거리는 없었다. 다만 유심히 보아야 하는 것들이 있었을 뿐이다.

그것은 연천군 학곡리에 있는 청동기 시대의 고인돌과 초기 백제 때의 것으로 추정되는 적석총이었으며 아미리에 있는 고려시대의 왕들과 공신들의 위폐를 모신 崇義殿 당포성 그리고 태풍전망대 등이다. 단지 작은 것들에서 큰 것을 볼 수 있는 눈이 밝은 눈이라고 해서 열심히 눈을 크게 뜨고 온종일 그를 따라다니면서 같이 놀았다.

그 놀음은 거기서 그치지를 않고 홍 교수 와이프 세밀화가인 김혜경 화백의 "자연그림터 꽃나루 갤러리"가 있는 연천군 군남면 남계리로 몰려갔다. 자연과 어우러져 아름답게 지어진 2층 목조건물은 아래층에 상설 전시관 그리고 2층엔 탐나는 서재와 예쁜 휴식처로 꾸며져 있다. 베란다로 나오면 탁 트인 시야에 산이 바라다 보이고 그 아래로 작은 강물이 평화롭게 흐른다.

눈이라도 내리기라도 하면 조영남의 "모란동백" 노래가 절로 나오는 자연 풍광이다. 주인장이 내온 오디주에 취해 우리 모두는 모처럼 행복한 시간을 함께 보냈다. 그야말로 공부하면서 놀고 놀면서 공부하다보니 웃터골에서 함께한 시간들이 참으로 고맙고 소중하다는 생각이 들었다.

친구들과 함께 한 임진강으로의 가을 소풍은 슬픈 역사의 현장에 스스로 서보며 어려운 환경에서도 지혜롭게 적응하며 살아가는 물풀들을 그림으로 보면서 결코 사라져가서는 안 될 또 하나의 아름다운 역사의 현장으로 임진강이 거듭나기를 기원해 본다.

6부

바람처럼 재즈처럼

6부

진눈깨비, 내리던 날

　어제 밤에는 서울, 경기 일원에 진눈깨비가 종일 내렸다.
　그야말로 비가 섞여 내리는 눈이 온 것이다. 차라리 눈이 비와 함께 섞여서 내리는 것이라 말하고 싶다. 왜냐하면 시기적으론 벌써 봄이어야 하기 때문이다. 봄에 눈을 본다는 것은 여간 쉬운 일이 아니다. 간혹 가다가 이른 봄철에 나타나는 일기현상이기 때문일 것이다. 삼월도 하순인데 비에 눈이 섞이든 눈에 비가 섞여오던 그건 상관할 바가 아니다. 단지 마지막인 줄 알았던 지난겨울 눈의 殘滓가 俗世에 미련이 있어 다 털고 가려는 모양이다.

　겨울보다는 여름과 봄을 좋아하는 나는 그나마 겨울엔 눈을 본다는 즐거움으로 그 혹독한 추위와 칼바람을 이겨낸다. 따지고 보면 눈을 볼 수 있는 겨울이란 계절이 앞으로 몇 번이나 나에게 허락될 수가 있겠는가. 그래서 잃어버린 줄 알았던 눈과의 遭遇가 그리 싫지만은 않은 것이다.
　인터넷으로 보는 청와대 뒷산인 白岳의 雪景이 장관이다. 내일 선배네 혼사가 있어 서울을 가려는데 마침 강남에서 오후 6시 예식이라 길상사로해서 성북동쪽으로 둘레 길을 따라 걸어 볼 셈이다. 그때까지 그 눈이 녹지 말아야 할 텐데…….

한정원 시인은 진눈깨비가 내리는 날을 詩集에서 이렇게 노래했다.

바람이 불었지요
그대 만나고 헤어져 오는 날은
뼛속까지 감옥이었지요
전신주에 기대어 울던 밤이
공중전화 수화기를 감싸쥐던 취기가
아, 이젠 안 돼, 관절마다 얼어붙던
꿈이. 서늘하게 굳어 버리던 모호한 날의
기록이 결빙하는 밤길을 맴돌았지요.
세상은 진눈깨비처럼
아프게 여린 살을 때리고 갔고요
상처뿐이었고요, 후드득 놀라움이었고요
녹아서 스며드는 물기는 처연히
묵정밭 가운데로 고일뿐이었지요
대답할 수 있는 것은 없고
그대를 찾아 미끄러운 길을 서성이다가
아픔만 쫓아다니다가
어느 불빛 밝은 처마 밑에 다다랐지요.
그래도 바람은 어둡게 불었고요
기다림은 얼음장처럼 차가웠고요
봄이 왔지요
그리고 여름이
메밀꽃 밭을 걸으며 웃다보니
축축한 풀밭 위에서 젖은 발등을 내려다보니
세상은 진눈깨비가 아니더군요.
봄날, 보슬비 같은 거였어요.

- 한정원 詩「진눈깨비」

잊지 못할 연말연시

연말연시가 순식간에 지나갔다. 구랍 30일에 모친이 김天하셨다. 1월 2일에 장례를 모시는 내내 함께 살아 온 57년여의 세월이 scanning 되면서 모친을 여의는 슬픔과 잘 해드리지 못한 아쉬움이 교차했다. 많은 사람들의 도움으로 장례를 무사히 마쳤다. 말 그대로 2년 동안 장례를 치룬 격이 되었다.

三虞祭도 참석을 못하고 회사에서 예정된 신년 워크셥을 중국 상하이, 항조우, 쑤쪼우를 4박 5일 다녀왔다.

자주 출장 다니는 상하이에서는 여행의 새로운 맛을 못 느꼈으나 황푸강에서 배를 타고 즐기는 푸동지역의 야경은 정말 볼만했다. 비록 홍콩 지오우롱(구룡반도)에서 바라다보던 홍콩 섬의 마천루 야경에는 조금 못 미치지만……. 2006년 배낭여행으로 가보았던 항조우[杭州]는 그 당시와 변함없이 깨끗하고 정돈이 잘 되어 있는 도시로 다시 한 번 재인식이 되었으며 특별히 송성가무쇼 무대는 南宋시대 首都로서의 옛 모습을 재현해 놓은 거리에서 "宋나라 千年의 情"을 주제로 한 중국인다운 웅장하면서도 섬세한 그들 특유의 공연을 인상 깊게 보았다.

처음 가본 쑤쪼우[蘇州]는 한산사, 졸정원 및 虎邱山만을 구경했지만 기대했던 만큼, 도시로서의 수려함이나 역대 유명한 문필가들이 노닐면서 자연경관에 감탄했다는 말이 도저히 실감이 나질 않을 정도로 생각밖에 초라했다. 단지 공자가 살았던 시대 즈음의 吳나라 수도여서 가는 곳마다 오나라 왕 부차와 월나라 왕 구천의 이야기만 가득했다. 호구산에 있는 호구탑이 마치 이태리에 있는 피사의 사탑처럼 비스듬히 기울어져 있는 모습이 이채롭고 흥미로웠다.

閏 3월이 있는 해라서 설날이 1월에 있게 되었다. 용띠해인 올 壬辰年이 黑龍의 해라고들 야단법석이다. 얼마 전에 백호랑이 띠의 해라고 해서 신생아 출산을 두고서 난리를 쳤었던 기억이 있다. 까만 용이든 하얀 호랑이든 저 출산이 심각하게 우려되고 있는 우리나라 현실로 볼 때에 그저 따지지 말고 많이들 생산해주길 바랄 뿐이다.

모친상을 치루고 얼마 안 되어 맞게 된 설날은 예년과 사뭇 다르게 허전함을 느꼈다. 교통대란을 피해 설날 새벽에 용인에 있는 부모님 합장묘를 둘러보았다. 겨울철이라 봉분에 떼를 입히지 못해 임시로 비닐로 덮어 놓았다. 비닐 속에 눈이 그대로 남아있어 두 분이 함께 하얀 모자를 쓴 것 같았다. 겨울이 지나 새 봄이 오면 푸른 잔디로 모자를 바꾸어 쓰시겠지…….

하루를 더 쉬는 관계로 연휴기간 내내 가까운 청량산, 월미산, 계양산 등을 찾아 산행을 했다. 지난 토요일엔 광식군과의 약속을 지키기 위해 수락산역으로 발길을 옮겼다. 처음 가보는 산이지만 인터넷으로 사전 정보를 입수하여 산행코스와 산행시간, 위험요소 등을 숙지했다. 대학도 同門인 그와 몇 년 만의 해후였다. 의정부가 고향이고 수락산을 자주 올랐다는 그를 따라 산행을 시작했다. 서로의 근황을 묻고 친구들의 소식도 전하며 이런저런 얘기를 나누느라 동행한 일행과는 거의 대화를 나눌 여유도 없었다. 계곡을 따라 걸으면서 돌을 디디며 오르는 산행 길은 구기터널에서 사모바위 쪽으로 오르는 북한산과 거의 비슷했다. 8부 능선의 갈림길에서부터는 밧줄을 붙잡고 오르는 바위능선으로 이어졌다.

날씨는 바람 한 점 없이 따뜻하여 쏟아지는 햇살을 마음껏 받아 들였다. 배낭바위 아래에선 자연이 빚어놓은 아름다움과 힘의 균형을 맞춘 바위들의 경이로움에 감탄사가 절로 나왔다. 집채만 한 거대한 배낭바위를 밑에 있는 아주 작은 바위 돌 하나가 뚝심으로 버티고 있는 모양이 보는 이들로 하여금 탄성을 자아내게 했다. 그 사이로 토끼 굴처럼 뚫린 구멍을 통하여 멀리 의정부 시내가 내려다 보였다.

637m의 수락산 주봉엔 태극기가 펄럭이고 있었다.

일행 중엔 석바위에서 음악카페 "로망"을 운영하는 멤버도 있었는데 그의 샵에도 진열된 수많은 LP판 위로 태극기가 의미심장하게 걸려 있어 수락산 주봉과 그날로 즉석에서 자매결연을 맺어 주었다. 인증 샷을 하고 양지바른 쪽에 자리를 폈다. 각자 챙겨 온 먹거리를 꺼내놓고 장수막걸리로 CoolMc을 외치며 목을 축였다. 지난 해 광복절에 삼성산 국기봉 밑에서 쿨맥과 함께 외쳐본 이후로 로열티(?)없이 가슴 후련하게 외쳐댔다.

임진년 들어 산다운 산을 오른 첫 산행은 이렇게 클라이맥스에 도달해 있었다. 건너편에 보이는 북한산 인수봉과 도봉산 칼바위 능선들이 공제선을 이루며 겨울하늘과 맞닿아 있다. 간혹 가다 들려오는 까마귀 소리가 능선을 넘나들며 가까운 듯 멀다.

텍사스 알링턴 표 샌드위치를 자기 집에 점심으로 준비해 놓았다는 광식군의 재촉에 하산을 서둘렀다. 미국생활을 오래한 그가 미국 여러 도시를 돌며 몸소 체험하고 느낀 점을 카페에 연재중이다. 그 중에 자랑거리 하나가 그가 직접 만드는 샌드위치다. 와이프랑 큰 아들을 미국 L.A. 오렌지카운티에 남겨두고 작은아들의 대학교 재수를 뒷바라지하며 수락산 밑의 아파트에 살고 있는 그는 산행과 다이어트식 생활 개선을 통해 당뇨, 비만, 혈압 등을 조절해서 나름 성공적인 몸을 만들어가며 생활하고 있는 셈이다. 당뇨에 무관하지 않는 나로서도 벤치마킹을

해 볼 필요가 있는 대목이다. 따지고 보면 육순을 바라보는 우리나이에 산만큼 건강유지 회복에 좋은 친구는 없다. 따뜻한 햇빛과 맑은 공기, 바람소리, 새소리, 계곡 물소리, 나무향기가 가득한 산은 인류에겐 없어서는 안 될 건강의 寶庫이다.

식빵기계에서 직접 식빵을 만들어 양상추, 토마토, meat 등이 들어간 샌드위치는 아주 훌륭한 점심식사였다. 특별히 그가 만든 식빵이 더욱 맛이 있었다. 멀리 인천에서 올라 왔다고 인근에 사는 이성호, 진용환, 박종렬이 달려 나왔다. 그들과는 엊그제 설날 이브 날에 인천에서 함께 뭉친 바 있다. 족발과 파전을 안주로 우리 일행과 대작을 하며 정치계나 교육계 등을 걱정하며 차츰 목소리를 높여갔다. 그러나 늘 결론은 없다, 그것은 언제나 정치하는 그들만의 몫이기 때문이다.

돌아갈 길이 먼 우리 일행은 먼저 자리를 떴다. 로망카페에 도착한 우리는 음악을 들으며 지친 몸을 달래 본다.

나는 옛 기억을 더듬으며 Stylistics의 음악을 청해 듣는다.

>My love,
>I'll never find the words, my love
>To tell you how I feel, my love
>Mere words could not explain.......
>…….
>For God bless me with you
>You make me feel brand new.

자작나무

청소년기에 읽었던 헤르만 헷세 작품들을 보면 자작나무 얘기가 많이 나온다. 읽을 때마다 늘 궁금했던 자작나무의 실체는 커서도 본적이 없어 그 나무에 대한 확신이 없었다.

가을만 되면 생각나는 전혜린의 "그리고 아무 말도 하지 않았다."라는 불멸의 에세이집에도 자작나무에 대한 표현이 적잖이 나온다. 그 당시만 해도 유학을 떠난다는 것이 그리 쉽지가 않았음에도 그녀는 일찍이 독일로 유학을 떠나 뮌헨 슈바빙에서 줄 곧 유학생활을 했다. 독일에는 자작나무가 많았었나 보다. 그래서 그런가 자작나무라는 단어가 주는 느낌은 어딘가 애잔하면서도 쓸쓸함이 묻어 있다. 북위 45도 이상의 툰드라 기후에서만 자생한다는 자작나무. 그러다 보니 특이한 기후체질 때문에 우리나라에서는 자생하는 자작나무는 원래 없었으며 옛날 어느 시대에서 부터인가 의식적으로 造林을 하기 시작하여 간간히 눈에 띄는 나무이기도 하다.

여름이건 겨울이건 눈처럼 하얀 껍질이 신비감을 주는 키가 20에서 30미터나 자라나는 참나무 목에 속하는 우리나라에선 그리 흔치 않은 아주 귀한 나무이다.

나무를 유별나게 사랑했던 소설가 故 이윤기 님도 작업실 주변에 여러 종류의 나무들을 많이 심었는데 유독 자작나무를 심었다는 얘기는 없다. 자작나무는 하늘을 향해 시원스레 뻗은 인상적이고도 향기로운 박하 향을 뿜어내는 아주 잘 생긴 나무이다.

빨간 머리 앤이 친구인 다이애나와 같이 뛰어 놀던 곳이나 헨델과 그레텔이 길을 잃고 헤매던 숲이 바로 자작나무 숲이다. 조지 윈스턴의 음반 DECEMBER 표지에도 雪原을 배경으로 평화롭게 자작나무 몇 그루가 서있는 모습이 그가 들려주는 피아노 선율만큼이나 아주 신선하다. 기억을 더듬어 보면 영화 닥터 지바고에서 누구나가 다 황홀경에 빠져들었던 시베리아 설원 속의 순백의 자작나무 숲, 그리고 시베리아 횡단열차 뒤로 끝없이 펼쳐지던 명장면도 바로 그 자작나무 숲이다. 그래서 오늘처럼 눈이 내릴 것 같은 이러한 야시꾸리한 날씨 탓에 괜스레 자작나무를 생각해 보았다.

고속도로를 달리다 가끔 시선을 차창 밖으로 두면 멀리 산에 군데군데 희끗희끗한 나무행렬이 이어지다 말다 하는 적이 있다. 그 하얀 나무들이 바로 자작나무인 것이다. 그 나무들을 지나치노라면 헷세가 생각이 나고 전혜린이 생각이 난다.

왜 그들은 자작나무를 특별히 사랑했던 것인가?

緯度가 우리나라보다 높은 독일이다 보니 자작나무가 흔해서 그랬는지는 몰라도 거무틱틱한 다른 나무들과는 다르게 눈에 띄게 하얀색으로 반듯하게 자라나는 나무라서 그랬나 보다.

우리나라는 백두산의 위도가 고작 북위 42도 정도라서 최북단 지역이라 해도 자작나무가 자생할 정도의 시베리아 기후가 아닌 탓에 인위적으로 조림을 해 놓은 자작나무 숲이 더러 있다. 북한의 함경도, 개마고원 쪽은 잘 모르겠으나 백두산에는 방대한 자작나무 숲이 조정되어 있다고 들었으며 이쪽 남한은 강원도 인제군과 태백에 있는 매봉산 정도가 그런대로 삼림욕을 할 수 있는 자작나무 숲이라 해서 최근에는 펜션들이 많이 들어서서 혈액순환에 좋고 피부병에 효과가 있다하여 자연휴양림으로도 유명세를 타고 있다고 한다.

스웨덴, 핀란드, 러시아 등에서는 자작나무가 아주 중요한 임산자원으로 활용이 된다고 한다. 한편, 합천 해인사 팔만대장경도 대부분 박달나무로 제작을 했다는데 일부는 자작나무로도 만들어졌다고 전해진다.

겨울만 되면 즐겨 부르는 동요가 있다.

겨울나무

나무야 나무야 겨울나무야
눈 쌓인 응달에 외로이 서서
아무도 찾지 않는 추운 겨울을
바람 따라 휘파람만 불고 있구나.

자작나무는 겨울나무다. 색깔이 눈처럼 하얀색이니 겨울나무가 맞다. 전깃줄에 나란히 앉아 있는 참새처럼, 어깨를 맞닿은 채 손님을 기다리는 붕어빵처럼 일정한 간격으로 다른 나무들 틈에 끼어 간간히 서 있는 자작나무는 겨울에 불어오는 차가운 골바람이 아파서 휘파람을 불지언정 자기 이름을 알아주는 우리들이 있어 이번 겨울은 결코 외롭지 않을 것이다.

이번 주말엔 시베리아 횡단열차를 타고 광활한 러시아 대륙을 달리지는 못할지언정 나의 노란색 작은 愛馬를 몰고 강원도 인제군에 있는 자연휴양림으로 자작나무숲을 맞으러 가고 싶다.

작은 동산에서 만난 진달래

　진달래는 앙상한 가지에 꽃이 먼저 피고 꽃이 지면서 잎이 나온다.
　삼사월 경에 피고 독성이 없기 때문에 먹을 수가 있어서 참꽃이라 했다. 그런데 철쭉은 잎이 먼저 나오고 꽃이 피거나 꽃과 잎이 같이 피기도 한다. 진달래보다는 조금 늦게 오월에 피기 시작하며 독성이 있어서 먹지를 못하니 개꽃이라 했다. 아마도 먹거리가 부족했던 시절에 꽃은 예쁘나 먹지를 못하니 화도 나고 한편 흔하고 천하다는 뜻으로 개에다 비유해서 그렇게 불렸는지도 모른다.

　이와 비슷한 꽃이 하나 더 있다. 바로 연산홍이다. 진달래과에 속하며 철쭉과 같은 시기인 오월 경에 피는데 일본에서 개량한 種이라서 왜철쭉 이라고도 한다. 아무튼 새 봄이 왔음을 알리는 꽃이 개나리라면 봄이 완연하다고 느낄 때면 진달래가 滿山이다. 진달래가 피면 비로소 봄이라고 말들을 한다.

　지난 5월 11일, 토요일에 고교동기들과 봄 산행을 제천에 있는 작은 동산으로 갔다. 제천시 금성면과 청풍면 사이에 걸쳐있는 산으로서 높이는 해발 574m 밖에 안 되지만 형님격인 동산은 896m로 初老의 우리들이 올라가기는 제법 높은 편이다. 애초에 작은 동산으로 가기로 하였으므로 동산은 관심도 없었다. 그나마도 주차장 도착시간이 예상보다 1

시간 이상이 늦어져 작은 동산마저도 선택의 여지가 없이 A코스로만 산행하는 것으로 정해져 출발을 했다. 교리마을에서 개울을 따라 오월의 눈부신 태양아래 발걸음을 내딛는다.

풀밭을 지나며 진한 풀냄새가 코를 자극한다. 순간 나도 모르게 "맞아, 고향의 맛이야"라고 말을 했다.

전날 비가 와서 그런지 더욱 공기가 산뜻하고 물소리도 시원했다. 마을을 멀리하고 다리를 지나 산길로 접어들었다. 이내 돌길로 이어지며 보폭이 들쭉날쭉해진다. 일행들은 간격이 점점 멀어지면서 서너 명 단위로 쪼개진다. 등에선 땀이 나기 시작하고 숨소리도 점점 가빠진다. 그래도 간간이 들려오는 산새들의 노랫소리에 귀 기울이며 불어오는 바람을 가슴으로 맞으며 피로를 달래 본다. 한참을 오르니 모래재가 나온다. 동산에서 가지 친 능선이 잠시 가라앉은 곳이 모래재이며 동산과 작은 동산의 경계를 이루고 있다. 모래재 안내판 내용이 흥미롭다.

"모래고개는 청풍면 학현리와 교리의 경계시역으로 학현리 사기점 골에서 陶器와 靑磁를 제조할 때 사용되는 모래를 채취하였다하여 모래고개로 불려지고 있다고 추측된다."라고 쓰여 있다. 도기나 청자에 모래가 들어간다는 것을 처음 알게 되었다. 단순히 고령토 같은 것만 있으면 되는 줄로 알았었다.

이 모래재에서 남쪽으로 이어지는 능선에 솟아오른 봉우리를 이곳 주민들은 작은 동산이라 부른다고 했다. 이곳에서 우회전을 해서 작은 동산 정상을 향해 다시 시동을 건다. 봄을 일치감치 보내고 초여름을 맞고 있는 산은 연둣빛에서 점점 푸름을 더해간다.

봄꽃들이 충천연색 화려한 잔치를 끝낸 초여름의 산은 오직 초록빛세상이다. 초록은 同色이란 말이 실감이 난다. 소나무의 짙은 초록에 각종 수목들이 연두와 초록사이를 오간다. 가끔씩 눈에 띄는 진달래가 末年

을 맞고 있는 모습이 너무도 초라하다. 이젠 더 이상 반겨주는 이도 없다. 관심을 가져주는 이 조차 없는 듯하다. 花無十日紅이란 말이 맞는 모양이다.

　일찍이 중국 宋나라때 시인 楊萬里가 月桂꽃을 보고 쓴 詩에서 유래했듯이 열흘 붉은 꽃이 없다는 뜻이다. 우리의 노래 가락 차차차에도 "화무는 십일홍이요, 달도 차면 기우나니" 란 노래도 있으며 서양에도 비슷한 관습이 속담에 "All good things must come to an end" 아무리 좋은 것도 반드시 끝은 있다. 라고 하니 말이다.

　쪼그라든 진달래꽃을 보면서 아쉬움을 달래며 산행을 하는데 눈이 갑자기 커지는 내 자신을 발견했다. 바로 이웃집 진달래꽃을 만난 것이다. 우리들이 흔히 보는 짙은 분홍빛 또는 연한 분홍빛 진달래가 아니라 이파리도 있으면서 꽃이 흰색에 가까우리만치 아주 연한 진달래꽃이다. 꽃잎은 유난히 크고 색상이 연하다. 그래서 더욱 반갑고 애착이 간다. 강촌 삼악산 8부 능선과 소요산 능선에서 만나본 이웃집 진달래꽃이다.

　이 꽃을 만난 기쁨이 그렇게 클 수가 없다. 한동안 말을 잃고 쳐다보고 만져보고 그랬다. 인증 샷도 했다. 친구는 말한다, "왜 진달래꽃을 잡아당기고 그래? 꽃이 아프다고 하잖아?" 순간 찌릿했지만 이내 나는 대답한다. "하긴 그래! 하지만 애들도 내가 만져주고 반가워하는 것을 아주 좋아할걸?"

　그렇다, 항상 늦깎이로 피며 또 산 높은 곳에서 흔치 않게 피면서 사람들이 진달래꽃을 잊을만한 시기에 피는 관계로 사람들의 시선에서 마음에서 멀어진 꽃이므로 인기가 없을 수도 있다. 하지만 적어도 내 눈에는 그렇게 반갑고 소중할 수가 없다. 프랑스 영화 이웃집 여인(The woman next door)에 나오는 여주인공처럼 예쁘고 아름답게 피어나 어느 날 갑자기 내 앞에 나타나 내 영혼을 맨 붕으로 만들기 때문에 나는 이 꽃을 이웃집 진달래라고 부르고 싶다. 그 순간 91년도 4월 하순에 미국 조지아 주 애틀랜타로 출장 갔을 때 거래처 회사 화단에 곱게 피어있던 진달래꽃을 보고 아주 기뻐했던 생각이 났다.

그들은 이 azalea(진달래)를 보고 왜 그리 기뻐하냐고 물었었다.

그렇지만 그 깊은 뜻을 다 설명할 수가 없었다.

그냥 우리나라에서도 봄에 만나는 꽃이라서 반가운 것이라고 말했던 기억이 있다.

아무튼 진달래는 추운 겨울을 지내고 따뜻한 봄에 다시 만나는 꽃이라서 좋다. 봄철이면 어느 산이든 지천에 널려있어 쉽게 만날 수 있어 좋고 철쭉처럼 모습이 화려하지도 않고 소박한 아름다움이 있어서 좋다.

小月이 그토록 사랑했던 晋州 妓女 채란을 그의 고향 평북 영변에서 떠나보내며 슬픈 마음을 영변에 약산 진달래꽃으로 대변했으리만치 처절한 아픔이 있어 오히려 아름답고 1910년 3월 26일 중국 뤼쑨旅順감옥에서 숨져간 안義士의 그 숭고한 넋이 진달래꽃에 담겨있어서 나는 이 진달래꽃을 특별히 좋아한다.

진달래와의 이별이 아쉬워 발걸음도 더뎌지고 작은 동산 정상 반대편 길로의 하산 길은 더 아름답다고 권유하던 산행 길에서 만난 두 명의 제천 댁들의 강력한 권고에도 시간이 없어서 갔던 길로 되돌아올 수밖에 없었다. 비록 그녀들이 추천한 너럭바위, 만물상, 남근석 발 아래로 펼쳐지는 청풍호의 아름다움 등등을 보지는 못했지만 하산 길에 그 이웃집 진달래를 다시 만날 수 있어서 참 좋았다.

올라갈 때는 거리가 얼마 안 되었던 같은데 하산 길은 아주 길게 느껴졌다. 점심때가 훨씬 지난 시간이어서도 그랬고 중간에 回軍을 한 많은 친구들이 벌써 식사를 하고 있을 생각을 하니 마음만 급했다. 엎친 데 덮친 격으로 교리 마을에 다 내려와서 길을 잘못 들어 처음에 올라왔던 개울길이 아니고 동네 마을길로 접어들게 되었다. 몸이 좀 지친가운데 마을길을 돌아 주차장으로 내려가다가 파밭을 지나가게 되었다. 파 대롱 끝에 매달려있는 흰 파꽃들이 말미잘 촉수같이 둥글게 아름답고 예뻐서 발을 멈췄다. 한참을 들여다보면서 언젠가 읽은 문정희 시인의 "파꽃길"이 떠올랐다.

시인도 나처럼 여름과 꽃을 좋아하셨나 보다. 파꽃길 말고도 내가 애송하는 그녀의 詩 가운데는 "찔레"라는 아름다운 시도 있다.

파꽃길

> 흰 파꽃이 피는 여름이 되면
> 바닷가 명교리에 가보리라
> 조금만 스치어도
> 슬픔처럼 코끝을 건드리는
> 파꽃 냄새를 따라가면
> 이 세상 끝에 닿는다는 명교리에 가서
> 내 이름 부르는 바다를 만나리라
>
> (이하 생략)

시인은 여름이 되면 왜 고향 바닷가를 생각해 낼까? 명교리라는 동네 바닷가 이름이 낯설긴 하지만 흰 파꽃이 피는 시절쯤 되면 시인은 물 빠진 바닷가 모래사장을 거닐며 동네 가까이에서 바닷바람에 실려 오는 파꽃 향기에 취하던 젊은 날의 추억이 떠올라서일까?

명교리라는 지명을 찾아보니 경남 하동에도 있고 전남 보성에도 있다.

시인의 고향이 전남 보성인 것을 보면 아마도 거기에 있는 명교리일 게다. 나도 어려서 살던 송도에서 학교가 파하면 방과 후에 재너머를 넘게 된다. 재너머를 넘으면 큰아저씨네 파밭을 지나게 된다.
 뻐꾸기가 우는 늦 봄철이면 크고 작은 굵은 파 대롱 끝에 달린 흰 파꽃 송이들이 무리를 지어 피어있는 모습이 아주 장관이었다. 하도 오랜만에 보는 모습이라 사진도 찍어 보았다.

 이번 산행에서 얻은 값진 수확이 있다면 이웃집 진달래와 파꽃과의 만남이었다. 오랜 만에 만나 산행을 같이 한 친구들의 모습도 위에 언급한 자연의 두 친구들만큼이나 소중한 나의 재산이다.
 이 모두 눈부시게 아름다운 오월 어느 날의 추억으로 길이 간직될 것이다.

나들이
– 평창 영월 단양

영월하면 왠지 단어가 주는 느낌이 깊은 산속일 것 같은 연상을 하게 된다.

어려서 보았던 TV 사극 드라마에서 부모님의 원수를 갚으려 전국에 흩어져 숨어 살던 원수를 찾아 첫 번째로 나선 땅이 강원도 깊은 산 속 영월 땅이다. 평창에서도 42번 지방 국도를 따라 30여 분을 달려야 닿는 곳이 영월이다. 아직도 깊은 산 속에서 숨을 쉬고 꿈을 꾸는 작은 시골 도시이다.

지난 금요일에 조퇴를 하고 영월, 단양을 가는 길에 찾아 간 곳이 평창 방림면에 있는 수가솔방(솔잎찜질방)이다. 주인장이 무슨 암을 이겨 낸 곳이라고 소문이 나서 전국에서 모여든다고 한다.

편백나무와 소나무가 **빽빽**한 산 속에 예쁘게 자리한 수가솔방은 특별히 생소나무의 가지를 쳐서 솔잎가지를 두텁게 깔아 놓고 그 위에 흰 광목을 덮어서 푹신푹신한 찜질방은 찜질浴을 한 후에도 한 시간 넘게 계속해서 땀이 나는 아주 색다른 경험을 할 수 있는 곳이다.

8월 초에 H형 일행들과 경포에서 대관령을 넘어 처음 들렀던 곳인데 주위의 자연경관이 수려하고 찜질 효과가 무척 좋아서 다시 찾은 것이다. 소나무 목재로 만든 파빌리온 마룻바닥에 누워 여름 밤 하늘의 아름다운 별들을 감상하는 멋이란 도심에선 거의 불가능한 귀한 추억거리이다. 가슴 가득히 쏟아져 내리는 별들, 바람을 타고 코를 스치는 향긋한 소나무香, 규칙적으로 울어대는 풀벌레들 소리와 이따금씩 들려오는 소쩍새 울음소리만이 산 속의 적막을 더욱 깊게 만든다. 까만 하늘이 내려앉아 나무들과 맞닿은 수가솔방의 밤은 그렇게 깊어 갔다.

멀리 런던에서 날아 온 한일전 축구 승리 소식은 밤을 설쳤음에도 불구하고 솔향기만큼이나 산뜻하고 시원했다. 힘차게 돌아가는 물레방아에서 떨어지는 물소리와 에둘러 울어대는 매미소리는 데시벨은 높았지만 결코 소란스럽지가 않다.

방림삼거리에서 우회전을 하면 영월로 이어지는 길이다. 신호등 하나 없는 조용한 시골길은 드라이브하기엔 아주 안성맞춤이다. 옥수수 밭도 지나고 콩밭도 지나며 나무들로 울창한 산을 끼고 愛馬는 지칠 줄 모르고 내닫는다.
가깝고 먼 산들이 색깔로 濃淡을 나타낸다.
산과 산이 만나고 산이 산을 업고 있는 평창은 2018년 동계올림픽을 개최하게 되는 영광의 도시가 되었다. 제천 방향 표지판을 만나 좌회전해서 소나무가 울창한 고갯길을 넘으면 곧장 영월읍으로 들어간다.
왼쪽 산자락에 장릉이 보인다. 더위가 한창인데도 많은 관광객들로 붐볐다. 悲運의 왕릉을 찾아 준 그들이 내심 고맙고 반가웠다.

장릉은 조선시대 제6대 임금인 단종의 무덤이다. 세종대왕의 손자로 12세의 어린 나이로 즉위를 하였으나 계유정난을 통하여 숙부인 수양대군에게 3년 만에 왕위를 물려주고 복위 운동에 휘말려 노산군으로 강등되어 영월 청령포로 유배되었다. 그 해 여름에 홍수가 나서 물에 잠기게 되자 영월 읍내에 있는 광풍헌으로 자리를 옮겼으나 얼마 뒤 그곳에서 사약을 받고 숨을 거둔 뒤 동강에 버려진 시신을 당시 영월호장이던 엄흥도가 수습해 암장한 것을 200여 년이 지난 뒤 숙종 때 드디어 능호를 장릉이라 칭하였다.

강렬한 여름 햇볕이 내리쬐는 단종의 능 둘레에 능을 호위하듯이 둘러 있는 오래 된 소나무들도 더위에 지친 듯 참았던 울분이 섞인 열기를 토해낸다. 멀리 내려다보이는 청령포에서의 비운의 청년 단종의 비참한 질곡의 짧은 생활을 목격했기 때문일 것이다.

연려실기술에 의하면 어린 단종은 子規詩를 통해 열일곱 소년의 절절한 마음을 이렇게 남겼다.

"원통한 새 한 마리가 궁중을 나오니
외로운 몸 그림자마저 짝을 잃고 푸른 산을 헤매누나
밤은 오는데 잠들 수가 없고
해가 바뀌어도 한은 끝없어서라
새벽 산에 울음소리 끊어지고 달이 흰 빛을 잃어 가면
피 흐르는 봄 골짜기에 떨어진 꽃만 붉겠구나.
하늘은 귀먹어 하소연을 듣지 못하는데
서러운 이 몸의 귀만 어찌 이리 밝아지는가"

그 당시 단종은 살아서 영월을 벗어나지 못할 것이라고 이미 체념했을지도 모른다는 것이 이 시를 통해서 짐작할 수가 있다.
모차르트의 미사곡 레퀴엠이라도 들려주어 그의 영혼을 달래 주고 싶었다.

장릉의 능침공간에 있는 건축물과 조형물 가운데 좌우에 키다리 망주석이 서있다. 보통은 동물의 형상을 갖추게 되는 것이 정상인데 이상하게 조선왕릉 중에서 장릉에만 유일하게 細虎가 없다고 한다.

  또 하나의 독특한 것이 있다. 바로 "ㄱ"자로 꺾여 있는 參道이다. 장릉은 애초부터 왕릉으로 택지된 곳에 조성된 능이 아니었기 때문에 여느 조선 왕릉의 구조와 다른 점이 많은데 홍살문에서 정자각으로 이어지는 참도는 일반적으로 일자형인데 반해 영월 장릉은 "ㄱ"자로 꺾여 있는 것이다. 여기서 '참도'란 왼쪽은 神의 길인 神道이며 오른쪽의 낮은 길은 임금이 다니는 御道를 말한다. 능에서 내려오는 길은 오르는 길에 비해 갈 之字 모양으로 구불구불하게 되어 있다. 소나무들도 더러는 비스듬히 간신히 버티고 있는 것들도 있었다.

  단종을 알현하고 돌아가는 참배객들의 뒷모습이 못내 아쉬워 천천히 내려가라고 배려를 한 것 같다. 약관에 꽃을 피우지도 못하고 험한 바람에 꺾여버린 꽃망울처럼 그렇게 단종은 쓸쓸한 죽음을 맞이했을 것이다.
  그의 나이 불과 열일곱이었으니 말이다.

  장릉 덕에 나발을 부는 집은 따로 있다. 바로 그 옆에서 盛業을 하고 있는 장릉보리밥집이다. 20여년전만해도 그저 그런 집이었다. 그런데 관광객이 늘고 보리밥에 대한 인식이 달라지면서부터 행락 철에는 그야말로 인산인해다. 거의 한 시간가량을 기다려야 한다는 식당직원의 말을 듣고 그냥 돌아서야 했다.

  영월 읍내를 벗어나 강을 끼고 휘돌아 나가는 드라이브 코스는 로렐라이언덕이 부럽지 않다. 평소보다 水量이 그리 많지 않아 조금은 실망을 했지만 강위로 펼쳐지는 바위 절벽과 산들은 石林을 보는 듯, 桂林을 보는 듯 없어졌다 나타나고 나타났다 없어지고를 반복하는 사이에 영춘

교를 지나 온달산성 아랫길을 달린다. 지금은 온달산성을 보수해서 어엿한 관광지로 자리 잡아 그곳을 찾는 사람들이 부쩍 늘었다고 한다.

입구의 온달동굴에서 흘러나오는 물은 아직도 한 여름에 손이 시릴 정도로 차갑다. 좌측으로 남천계곡을 끼고 천태종 본산인 求仁寺를 지나면서 구불구불 오르막길을 말티고개 넘듯이 가파르게 넘으면 단양으로 이어진다. 아름다운 고수교를 지나 오른쪽으로 십 여분을 달리면 도담삼봉이 시야에 들어온다.

丹陽 島潭三峰은 절경이 특이하고 아름다워 단양팔경 중 으뜸으로 손꼽히며 단양군수를 지낸 퇴계 이황을 비롯하여 추사 김정희, 단원 김홍도 등이 많은 시와 그림을 남긴 곳이다.
조선시대 개국공신인 정도전이 자신을 삼봉이라 자호할 정도로 이곳을 사랑했다고 전한다.
도담삼봉은 석회암 카르스트 지형이 만들어낸 원추 모양의 봉우리로 남한강이 휘돌아 이룬 깊은 못에 크고 높은 장군봉을 중심으로 세 개의 봉우리가 우뚝 솟아 그 형상이 기이하고 아름다우며 남한강과 어우러져 뛰어난 절경을 보여주고 있다. 가운데 장군봉에는 아름다운 정자가 세워져 있는데 그곳에 누워 하늘을 벗한다면 그곳이 바로 천국이 아닐까 하는 생각이 들게 한다.

여행이라는 것은 만남과 이별의 연속이라고 오소희 작가는 그녀의 저서 『사랑바보』란 책에서 말했다.

여행이란 늘 즐거운 것, 낯선 사람들과의 만남과 이별 그리고 시대를 초월하는 영혼과의 만남 그리고 헤어짐…….
여행은 어디로 갈까를 망설이는 것이 아니라 그냥 떠나는 것이라고들 말한다. 어디로든 떠나야만 만날 수 있는 사람들 그리고 시간 속에 묻혀 있는 것들과의 소중한 만남을 통해서 여행의 진정한 기쁨과 즐거움을 얻을 수 있는 것이다.

재즈앙상블 공연을 보고

어제 저녁 중국문화원에서 공연하는 인천재즈앙상블을 관람했다.

재즈(JAZZ)는 유럽음악과 아프리카의 리듬이 조화를 이룬 클래식과 행진곡 등이 섞여서 발달한 대중음악으로서 100여 년 전에 미국 뉴올리언스지방에서부터 시작된 음악이다. 색소폰, 트럼펫, 트럼본, 드럼 등으로 이루어진 앙상블은 악기 구성만으로도 청중을 압도했다.

지난봄, 같은 장소에서 관람했던 인천 클래식 기타 앙상블의 조용하고 섬세한 현악기의 공연과는 달리 관악기에서 울려 나오는 데시벨이 아주 높은 소리로 인해 공연 분위기에서부터 현격한 차이가 있었다. 음악에 문외한이라도 다른 데에 신경을 쓸 상황을 만들어 주질 않았다. 빠른 템포의 리듬과 우렁찬 악기음이 가슴속까지 파고들었다.

프로그램 진행 중간 중간에 사회자의 감칠맛 나는 멘트는 청중들의 자세를 가다듬게 했고 자연스레 다음 곡을 준비하는 연주자들의 애드리브를 도왔다.

Harlem Nocturne이란 곡이 연주될 동안에는 짙은 색소폰 소리와 고음의 트럼펫이 주는 귀의 울림이 정말 흑인들의 영혼을 부르는 소리 같았다.

그러면서 테네시 윌리암스의 소설『욕망이라는 이름의 전차 A Streetcar named Desire』라는 연극을 보았던 생각을 했다. 이 소설을 읽었거나 연극을 본 사람들이라면 누구나 다 알 듯이 뉴올리언스를 연상해 낼 것이다. 그만큼 재즈의 본고장이며 소설 내내 깔리는 음악이 바로 이 재즈다.

  1977년 가을에 숙명여대에서 연극반 학생들이 무대에 올린 그 연극을 보았다. 밤안개가 자욱한 재즈음악이 시끄러운 1층 로비에서는 스탠리 친구들의 포커판이 한창인데 가까이 기차 지나가는 소리가 들리더니 얼마 후에 전직교사였던 여주인공 블랑쉬가 동생 스텔라네 집으로 여행을 오면서 이야기는 시작되는 소설로 무더운 미국의 남부 뉴올리언스 지방의 끈적끈적하고 말초적인 분위기가 풍부하게 배어있는 꿈과 현실, 이성과 욕망사이를 줄타기 하는 나약한 인간들의 심리를 묘사한 작품이다.

  몇 년 전에 이 뉴올리언스 지방이 허리케인으로 인해 많은 피해를 입었다. 그중에도 특별히 재즈와 역사가 깊은 유명한 다수의 명소들이 파괴되고 훼손이 되었다는 얘기를 들었을 때는 남의 나라 이야기지만 정말 내 것이 없어진 양 아주 아까웠다.
  음악을 좋아하는 나로서는 정말 한번 가보고픈 도시이자 체험하고픈 재즈문화이다.
  루이지애나 주 근처까지 가보았으나 막상 그 재즈의 도시를 못 가본 것이 못내 아쉬웠다.
  뮤지컬로 된 All that Jazz가 있으며 수많은 재즈카페들이 이 간판을 내걸고 있다.
  담배연기 자욱한 어둠 컴컴한 공간에서 흘러나오는 재즈 음악에 몸으로 리듬을 맞춰가며 술을 마시면서 시끌벅적한 얘기가 오가는 그런 정경을 그려볼 수가 있다.

  이는 재즈음악이 가져다주는 부산물이요 그로인한 즐거움이 아닐 수 없다. 경쾌한 리듬의 행진곡 형태의 재즈음악은 삶의 고달픔을 위로해 주고 짙게 깔리는 숨 깊은 색소폰의 느린 음색은 마음속의 울음을 달래준다.

Vocal Solo로 찬조 출연한 함지민 양은 영 파워를 과시하며 자신감 있는 노래실력으로 새로운 디바의 출현을 예시했다.

관람을 마치고 공연장을 나오면서 꽉 들어찬 청중과 세련된 관중매너는 아직도 문화적인 면에서 타 도시에 비하면 낙후되어 있기는 하지만 한 발짝 성숙한 인천문화의 작은 걸음을 본 것 같다.

7080 라이브 카페로 향하는 도중 머릿속엔 내내 스텔라가 떠올랐다. 그녀는 지금 뉴올리언스가 아닌 L.A.에서 친정 나들이 중이다.

칠포해변과 재즈 Festival

지난 8월 10일 토요일 새벽 웅사모(웅산을 사랑하는 모임) 인천 팀은 마이크로 버스를 타고 포항 칠포해변으로 달렸다.

여름 휴가철이라 고속도로가 막힐 것을 대비하여 새벽 미명을 택한 것인데 신갈인터체인지 부근부터 차들이 서행을 하기 시작했다. 엎치고 덮친 격으로 소나기가 한차례 거세게 지나갔다. 차들이 bumper to bumper 를 하는 가운데 우리 차는 다인승이라서 전용차선을 이용할 수가 있었다. 그렇게 신이 날 수가 없었다.

신탄진 부근을 지나니 비는 그치고 칸나꽃처럼 붉은 8월의 태양이 아스팔트를 녹일 정도로 내리 쬔다. 민생고도 해결할 겸 우리는 금강휴게소에서 더위에 지친 엔진을 식혀주었다. 금강휴게소의 풍광은 우리나라 고속도로 휴게소 중에서 으뜸이다. 옥색을 무디게 할 만큼 짙푸른 금강물이 洑를 넘어 한곳으로 흘러내렸다.

우리 일행은 보의 둑을 따라 강을 건너 강기슭에 자리를 잡았다. 물에 발도 담그고 도리뱅뱅이를 안주로 간단한 요기를 했다.

금강휴게소 산자락은 봄이나 여름은 물론 사계절이 다 운치가 있다.

자주 들르는 상주를 갈 때도 일부러 이곳 금강휴게소의 아름다운 경치에 인사를 하고 김천분기점을 거쳐서 가곤 한다. 멀리 돌아가는 길이긴 해도 자연풍광이 주는 그 기쁨을 잠시라도 맛보고 싶은 일념에서다.

일행은 대구와 칠곡 영천을 거쳐 포항 죽도시장에 도착해서 동해안 최대의 어시장을 구경했다. 소문과 같이 문어, 고래 고기 등이 눈에 많이 띄었다. 시원한 물회로 점심을 하는 것으로 번잡한 죽도시장과 이별을 했다.

영일만을 우측으로 그 유명한 7번 국도로 접어들었다. 동해 특유의 푸른 바다 멀리 구룡반도가 한 눈에 들어 왔다. 홍콩의 구룡반도 보다 훨씬 아름답다. 왜놈들은 토끼꼬리라고 폄하했었지만 늠름한 모양의 호랑이꼬리이다. 오래 전에 영덕에서 바라보던 구룡포는 아주 멀리 까맣게 보였었는데 이번에 칠포 가는 길에 영일만에서 보이는 구룡반도는 친구를 만난 듯 아주 반갑게 가까이 내게 다가왔다.

칠포해변은 서울사람들에겐 좀 생소하다.
경포대, 낙산, 망상 등등 동해안의 유명한 해변은 익히 잘 알려져 있지만 여기 칠포해변은 포항에서 북쪽으로 조금만 올라가면 나오는 아주 조용하게 들어앉은 곳이다. 하지만 하루 10만 명을 수용할 수 있다는 동해안 최대의 여름해변이다. 이 조용한 해변에서 벌써 일곱 번째나 맞이하는 '칠포국제재즈훼스티발'이 열리고 있는 것이다.

副題는 "재즈, 여름 바다가 되다"이다. 지난 8월 8일부터 11일까지 4일간 세계도처에서 내로라하는 재즈 음악가들이 총 출연을 하는 음악축제인 것이다.

첫날은 나가수로 유명해진 선홍빛 매력의 적우, 폭발적 열정의 소유자 힙합계의 음유시인 MC스나이퍼(6인조), 일본의 작은 거인으로 불리는 재즈 피아니스트 치에 아야도 등이 출연을 했고, 둘째 날은 jay-Vee,

독도지킴이로 포항과 경북의 주민들에게 각별한 지지를 얻고 있는 라이브의 황제 김장훈, 풍부한 음성과 우아한 비브라토의 싱가폴 출신 재즈 보컬리스트인 자신타 그리고 강렬함과 섬세함으로 객석을 압도하는 화려한 스캣의 소유자 말로가 친숙하고 다양한 재즈 빛깔로 칠포의 밤을 수놓았다.

우리가 도착한 날인 셋째 날에는 탱고-재즈 밴드의 농염한 음악성의 라벤타나가 특별히 탱고 무용가와의 협연을 통해 탱고무용의 화려함과 현란함으로 청중들을 매료시켰고 이어서 재즈기타리스트 찰리정과 재즈피아노 오르간의 주자 성기문이 주축이 된 블루스프로젝트는 블루스, 소울, 펑크가 지닌 그루비한 리듬과 짜릿한 앙상블로 칠포의 끈적끈적한 밤 무더위를 시원하게 해소해 준 무대였다. 이어서 미모와 재능을 겸비한 호주 출신 재즈디바 브리아나 콜리쇼 그리고 강산에의 무대가 이어졌다.

자리를 옮겨 우리 웅사모 일행은 숙소이자 엠티장소인 파인비치호텔 야외 파티장인 Club Pine에서 합류를 했다. 1부 행사가 진행이 되고 엠티분위기가 서서히 달아오르는데 웅산님이 찰리 정 밴드들과 파티장에 나타났다. 특별히 마련된 무대에서 웅산님의 멘트와 소개 그리고 선물교환 등등 전국에서 30여명이 모인 2013년 웅사모 여름엠티는 그렇게 시작을 알렸고 웅산님과 만남의 밤을 테이블과 테이블로 기쁘게 즐겁게 반가움으로 이어나갔다.

내일의 무대를 위해 웅산님은 숙소로 가시고 일행은 제2의 장소인 방갈로로 이동을 했다. 방갈로 두 棟에서는 회원들 각자의 소개와 재담 그리고 웃음꽃으로 시간가는 줄 모르고 칠포해변의 밤은 점점 깊어만 갔지만 우리들은 밤이 늦도록 친목을 다졌다.

새로운 아침을 맞은 칠포해변은 어제 밤의 화려함과는 아주 대조적으로 차분하고 조용했다.

광활한 모래사장과 푸른 동해바다 그리고 끝없는 수평선만이 하늘과 바다와 땅의 경계를 긋는다. 칠포의 태양은 오늘도 맹렬히 내리쬔다. 오전부터 시작한 물놀이는 오후 내내 이어졌다. 몇 주째 계속 이어지는 뜨거운 날씨 탓에 바닷물은 그리 차갑지가 않아서 긴 시간의 물놀이에도 지치지를 않았다.

드디어 마지막 날을 장식할 가수들의 리허설 소리가 들려왔다. 운영진에서 마련해 준 단체티셔츠를 갈아입은 우리 웅사모 일행은 맨 앞의 지정석 두 줄을 일사분란하게 차지했다. 마지막 날 무대의 첫 주자는 달콤 쌉싸름한 재즈의 맛을 Hot Pepper Pasta 5인조 밴드가 다양한 음율을 에피타이저로 시식하게 만들어 주었다.

이어서 이번 제7회 '칠포국제재즈훼스티발'의 휘날레는 한국 재즈의 자존심, 매력적인 보이스와 열정적인 창법으로 재즈 팬들의 뜨거운 사랑을 받고 있는 웅산밴드의 무대로 이어졌다.

재즈와 블루스, 펑크, 소울 등 웅산만의 드넓은 음악적 폭과 열정은 깊어가는 칠포의 아름다운 여름밤하늘을 40여 분간 아름답게 수놓았다.

파인비치 호텔 뒷산 위로 수줍게 고개를 내민 초승달도 칠포해변의 재즈리듬에 취해 지그시 눈을 감고 있었다.

앵콜 곡으로 부른 "Yesterday"는 칠포해변 모래사장에 설치된 특별무대를 가득 메운 5천여 청중들의 가슴 속을 파고들며 아름다운 재즈 향기에 흠뻑 젖어들게 했다.

Yesterday I lost my lover, never had it so good.
어제 사랑하는 사람을 잃었기에 너무나 슬퍼
Now you've gone and left me
I've been alone all night long
네가 떠났기에 나는 이 긴 밤을 혼자 지내야 해

- 중략 -

Baby I lobe you, don't say good-bye
사랑해, 안녕이란 말을 하지 말아줘

What you've given me, I'm gonna give back to you....
나에게 주었던 사랑을 너에게 돌려 주고 싶어....

  재즈의 자유로움과 가장 격조 있게 어울리는 해변, 푸른 파도와 드넓은 모래사장의 정취가 아름다운 칠포바다에서는 다시 한 번 재즈와 바다가 하나가 되는 음악축제의 장이 펼쳐졌으며 이곳을 찾은 수많은 재즈 마니아들을 흥분시키기에 충분했으며 국내외 정상급 재즈 뮤지션들과 대중음악 뮤지션들의 참여로 뜨거운 음악향연의 한마당이 되었다.
  칠포해변에서 펼쳐졌던 국제재즈훼스티발은 내년을 기약하며 이렇게 아쉽게 막을 내렸다. 웅산님을 보내 드리고 웅사모 회원들과 아쉬운 작별을 하며 인천 팀은 마이크로버스에 다시 몸을 실었다. 재즈 음악이 아쉬워 웅사모의 젊은 피, 웅사모의 희망인 봉달이(ID)가 날로 늘어가는 기타 솜씨로 인천으로 돌아오는 5시간 내내 우리 모두를 즐겁게 해 주었다.
  덕분에 지루하지 않게 인천에 도착하니 월요일 새벽 4시가 다 되었다. 순대국으로 해장을 하며 길고 긴 여름재즈여행을 가슴 뿌듯함으로 마무리 지었다.

피아니스트 임동창과 간월재

연휴를 앞두고 여행지를 고민하다가 인터넷에 천재 피아니스트 임동창 관련 기사가 눈에 들어왔다.

경남 울주군 소재 신불산神佛山 간월재 해발 1,000m 고지에 있는 억새평원에서 피아노 연주회를 한다는 것이었다. 그랜드 피아노를 산 아래에서 해체하여 헬기로 산 정상으로 나르고, 다시 조립하여 조율을 한 다음 연주회를 하겠다는 발상이다. 정말 奇人이 아니면 그런 발상을 안 했거나 못하는 것이다.

임동창이라는 사람은, 부인인 패션 디자이너 效齊를 알기 전에는 모르는 인물이었다.
그런데 몇 년 전에 모 TV 인간극장 프로그램에서 얼핏 스쳐가듯 풍류를 즐기는 기인 천재 피아니스트라는 사람이 나와서 나를 그 채널에 머물게 하던 기억이 났다.
그 프로그램의 주인공은 오히려 그의 부인인 이효재였다.
자기 집에서 그랜드 피아노를 아주 멋지게 연주하던 모습만 기억하고 있었는데 그 집이 성북동 길상사 바로 앞에 있는 效齊였으며 그 분이 임동창이었던 것이다.

『효재처럼 살아요』란 책으로 더욱 유명세를 타고 있는 그녀의 말을 빌면 전에는 효재 남편 임동창으로 알았는데 요즘은 본인이 임동창 부인으로 불린다고 불평 아닌 우스갯소리를 한다.

천재 피아니스트와의 첫 만남은 지난 해 11월 이천 신둔성당에서 열렸던 '한중일음악회'에서 였다.

선배님이신 펜화가 김영택 화백의 초청으로 치러진 성당신축기금마련 음악행사에서 신명의 소리를 만드는 천재 음악가의 피아노 연주 광경을 처음 보았다.

중국에선 세계적인 비파의 대가 투쌴시앙[徐善祥]선생이 초청되었고 일본에선 사쿠하치의 대가 야노시쿠선생이 초청되어 각자의 악기로 세계적인 수준의 연주를 볼 수가 있었다. 가장 인상이 깊었던 대목은 3명의 대가들이 악보 없이 각자의 악기를 가지고 즉흥적으로 합동연주를 했다는 것이다. 서로 말도 안 통하는 가운데 음악이라는 매개체 하나로 한·중·일 세 나라의 음악가와 성당 1, 2층을 가득 메운 청중들이 그날 음악회 내내 서로 다른 세가지 악기들이 뿜어내는 영혼을 울리는 소리에 매료되었었다.

이렇게 인연을 맺은 피아니스트 임동창이 해발 1,000m 고지에서 피아노 연주회를 연다니 안 갈수가 없지 않겠는가?

언양을 거쳐 서울산 IC로 빠져나와 주차장에 차를 세우고 간월산장에서부터 산행을 시작했다. 억새축제기간 중이라서 그런지는 몰라도 산을 찾는 등산 인파로 등산로마다 북적거렸다.
속리산 말티고개처럼 간월재를 넘는 산행 길엔 널따란 임도林道가 나 있어서 중간지점부터는 산책을 하듯 임도를 따라 지그재그로 자연경관을 만끽하며 억새평원에 도달 할 수가 있었다.

해발 1,000m 고지 억새평원에 마련된 무대에서는 벌써 연주회가 시작되었다.

임동창님의 피아노 연주에 맞춰 출연자들이 노래를 부르고 울산 출신 만화가 박재동화백의 서울탱고, 경기민요 이호연 명창과 송도영 명창 소리꾼들의 신명난 소리의 향연, 피아노와 타악 협주곡에 맞춰 출연자들과 일반 등산객들이 한데 어우러진 춤판이 좌우에 기둥처럼 불쑥 솟아있는 간월산(1,070m)과 신불산(1,159m) 사이의 간월재(1,000m) 억새평원에서 신명나게 이어지는 가운데 이성우 교수의 나래연의 장쾌한 퍼포먼스가 파란 가을하늘 나르는 페러그라이딩과 어울려 한 폭의 그림을 보듯 아름다운 광경이 펼쳐졌다.

울주군에서는 해마다 간월재 평원에서 억새축제를 치룰 정도로 양쪽 산을 사이에 두고 넓게 펼쳐진 평원에는 가득찬 억새풀들이 재를 넘나들며 불어오는 가을바람에 남실남실 거리는 모습들이 옆에서 들려주는 소리 향연에 장단을 맞추듯 일정하게 하늘거리며 바람소리를 냈다.

최승호 시인의 표현을 빌자면

억새는 달빛보다 희고 이름이 주는 느낌보다 수척하고 하얀 망아지 혼 같다고 표현했다. 어쩌면 그렇게 억새의 출렁이는 모습을 보고 아름답게 표현을 할 수가 있을까?

시인의 눈에 비치는 자연에 대한 감성력이 놀라울 따름이다.

신명나는 춤판에 혼을 뺐기고 하얀 망아지들이 줄지어 뛰어노는 듯 억새평원의 황홀한 분위기에 휩싸여 일행들과 같이 막걸리를 마시는 즐거움이란 졸필로 이루 다 표현하기 어렵다. 그 순간만큼은 상병이 형님과 수주형님이 부럽지 않았다. 2시간 넘게 올라오느라 지친 몸이 분위기에 취하고 그리고 정상주로 마신 막걸리에 취하는 동안 땀으로 빠져나간 잃어버린 체온들이 따뜻하게 다시 되돌아 왔다.

정오부터 시작한 연주회는 5시 가까이가 돼서야 그렇게 막을 내렸다. 임동창님과 함께 인증샷도 찍고 싸인도 받고 하는 동안에 주변은 소란스러웠지만 울주군에서 개발한 명품 산상축제인 일명 "울주 오디세이"는 더 좋은 프로그램으로 내년을 기약하며 서둘러 내려가라고 나의 등을 떠밀었다. 그만큼 가을 겨울 산행은 하산을 서둘러야만 행여라도 조난을 피할 수가 있다. 억새평원을 비추던 가을 햇살도 서서히 각도를 둔각鈍角으로 몸을 낮추며 서쪽 가지산加智山 쪽으로 달음질 해갔다.

서둘러 하산을 시작했다. 다음 주에 있을 경인 아라뱃길 마라톤(10㎞ 출전)에 대비해 올라왔던 등산로를 피해 임도林道를 따라 길게 에움길로 시나브로 내려왔다. 길옆으로는 쑥부쟁이, 구절초, 벌개미취 등등 예쁜 우리 가을꽃들이 산길을 따라 산 아랫마을 간월굿당까지 끝없이 이어져 우리를 따라왔다.

어느새 가을 산에는 어둠이 찾아오고 억새평원에서 벌어졌던 춤소리판은 아름다운 추억으로 간직되는 시간에 밤하늘을 쳐다보니 별들이 하나둘 씩 밭을 일구어 나갔다.

토요일에 남한산성에 머물고 있는 가을을 담아 대전에서 새벽을 맞은 우리는 부산 자갈치시장의 곰장어가 그리워 노란 愛馬를 재촉해 조금 더 아래로 페달을 밟아 내려갔다. 머릿속에선 아직도 임동창님의 낯선 피아노 소리가 울려나고 눈앞에서 어린 망아지의 하얀 혼들이 출렁거렸다.

나에게 이번 달 시월은 이렇게 영남의 알프스 신불산 간월재에서부터

시작되었고 북미 인디언들은 부족마다 조금씩 다르긴 하지만 시월 달을

  다시 돌아올 때까지 기다려달라고 말하는 달
  풀이 마르는 달
  산이 불타는 달
  새들이 남쪽으로 날아가는 달

등으로 부른다는데 나는 다시 돌아올 때 까지 기다려 달라고 말하는 달이란 표현이 가장 좋다.

그만큼 간월재의 억새풀들이 기인 피아니스트의 신명나는 피아노 음이 그리워 내년에 다시 올 때까지 나를 기다려 달라고 말하고 싶다.

Big Sculptor

우리들의 또 하나의 자랑인 김창곤 조각가는 일찍이 우리들이 웃터골에서 어깨동무 하던 시절부터 망치로 두들기고 끌로 쪼아내며 역동적인 조각상을 만들어 놓았다.

계단을 오르내리는 동안 그의 작품은 늘 우리 곁에 가까이에 있었다.

바리톤 趙가 우리들의 메마른 감성을 노래로 자극한다면 사진작가 김보섭이 우리 주변에서 잊혀져가는 사라져가는 역사적인 실체와 흔적을 사진으로 남기고자 한다면 조각가 김창곤은 멀리 있는 자연 속의 돌을 재료로 하여 우리들의 일상의 삶 가까이에 끌고 들어와 無慾으로 사물을 관찰하라고 그의 작품들을 통해서 힘주어 말하고 있는 것이다.

미술평론가 이경모님(월간 미술세계 편집장)은 이렇게 표현을 했다.

"그의 작품 마음의 창은 삼차원적 공간속에 입체라는 조각적 속성을 보여 주면서도 형태의 비정형성과 거친 표면처리로 인하여 여전히 표현적 가능성을 열어 놓고 있다. 공간을 차지하고 있는 육중한 돌은 빛과 대기를 머금으며 존재를 드러내고 스스로 추동하면서 어떤 가치를 부각시킨다."고 ……

마감시간에 쫓기다시피 어제 오후 늦게 그의 작품을 찾아가 보았다.

여느 전시회 때와는 사뭇 다르게 좁은 공간이긴 하지만 그는 여러 작품들을 선보이고 있었다. 평론가의 말대로 金조각가는 돌의 속살을 날 것 그대로 노출시킴으로써 재료에 순응하고자 하는 작가적 의식을 견지할 수가 있었다. 돌이 주는 육중함과 조작가의 손을 거친 아름다움에 짧은 시간이긴 했지만 아주 유익했던 작가 그리고 작품과의 만남이었다. 다음 전시회를 기대해본다.

센카쿠열도 유감

어제 일본 아베총리가 중국과의 영토분쟁을 하고 있는 센카쿠열도 남쪽 이시가키[石垣]섬을 전격 방문했다고 한다. 참의원 선거를 나흘 앞두고 일본의 행정구획으로 오키나오현 이시가키市에 편입된 그 섬을 방문하면서 센카쿠열도 주변 해역을 경비하는 해상보안부 대원들을 격려하는 자리에서 "여러분의 앞에 서서 국민의 생명과 재산, 우리나라의 영토, 영해, 영공을 단호하게 지켜내겠다."라고 했다는 것이다.

이는 자칫 중국을 자극하면서 영유권을 둘러싼 센카쿠해역에서의 중국과 일본 양국 간의 예기치 않은 무력충돌 가능성까지 우려되고 있는 것이다. 여기서 센카쿠열도란 동중국해 남부에 위치한 다섯 개의 무인도와 2개의 암초를 말한다. 한국명은 釣魚島, 일본명은 센카쿠열도 그리고 중국명은 釣魚島/台(띠아오위따오/타이)이다.

우리가 여기에 신경이 쓰이는 것은 다름 아닌 독도문제가 걸려있기 때문이다.

일본은 현재 우리나라와는 독도를 중국과는 띠아오위따오 그리고 러시아와는 홋카이도 북쪽 북방 4개 섬을 두고서 영토분쟁을 벌이고 있는 것이다. 이에 얼마 전 대만총통이 일본 NHK와 회견하면서 띠아오위따오 문제를 국제사법재판소(ICJ)에 회부해 해결하자고 제안했지만 일본은 아직도 묵묵부답으로 있다. 대만도 중일에 이어 띠아오위따오를 자기네 영토라고 주장하고 있기 때문이다.

실제 거리상으로는 대만이 175㎞로 중국본토에서는 350㎞, 일본 오키나와로부터는 약 400㎞이기 때문에 제일 가깝다. 대만은 이 주장에서 왜 독도는 되고 띠아오위따오는 안 되는 것이냐고 일본에 따지고 있지만 일본은 끝내 대응을 하지 않고 있다.

이처럼 3개 지역에서의 일본의 영토 주장은 일관성이 없다.
여기서 말하고자 하는 것은 우리는 더 이상 "센카쿠열도"란 말을 쓰지 않았으면 한다. 그 섬이 어느 나라로 가던지 우리와는 상관할 바 아니나 왜 하필이면 일본에서 부르는 센카쿠열도란 말을 계속 방송에서 하고 있는지 모르겠다. 센카쿠든 띠아오위따오 든 상관은 없겠으나 이왕이면 띠아오위따오 라고 불렀으면 한다. 왠지 자꾸 센카쿠, 센카쿠하면 나는 배가 아프고 신경질이 난다. "띠아오위따오"라고 하면 좀 어려운가? 어려워도 그리 부르고 싶다.

쓰나미란 말도 "지진해일"하면 안 되는가?
독도문제만 나오면 거품을 품는 사람들이 아사히맥주를 마시면서 즐거워한단다. 다른 외국맥주는 수입량이 줄어들었는데 유독 일본 맥주수입량은 48%가 증가했다고 한다. 아사히 맥주를 마시는 것이야 막을 수 없겠지만 센카쿠란 말은 더 이상 쓰지 말자, 그리고 쓰나미란 말도 쓰지 말자, 그 대신 우리는 지금부터 "띠아오위따오", "지진해일" 이런 말을 쓰도록 하자.

혼자서 못다 부른 노래

   마치 선생님을 만나 뵌 듯 반갑고 기뻤다.
   친구를 통해서 알게 된 고병철 선생님의 詞畵集 "혼자서 못다 부른 노래"란 책이 내 가슴에 확 박혀버렸다.

   은사이셨으며 고교 선배님이라서 더욱 그랬었는지도 모른다. 당신이 걸어 온 인생의 낙수落愁를 글로 표출하고, 그 내용을 주제로 그림으로 표현하실 정도로 그림과 글에 재주가 뛰어나시다. 그림과 詩는 보는 이와 읽는 이로 하여금 화가와 작가의 마음을 읽어 내기가 그리 쉬운 일은 아니다. 그래서 나한테는 들리는 대로 즐기는 음악이 편하고 가깝다.

   일상생활에서 느낀 감정을 함축된 단어로 시를 표현하다 보니 그 함축되기 전의 긴 숨어있는 작가만의 마음속 이야기들을 어찌 그리 쉽게 이해할 수가 있겠는가.
   책을 펴는 순간 주제를 봄, 여름, 가을 그리고 겨울로 나눈 것이 내 생각과 똑 같았으며 칠순에야 책을 내셨지만 육순에 책을 낼 계획을 가지고 있는 나하고 내용적으로는 맞아서 신기하기도 했다.

   散文산문 일부를 제외하면 거의 詩로 이루어져 읽어 내려가기는 아주 쉬웠다.

아쉬운 점이 있다면, 국어선생님이시라서 한문 단어에 통탈을 하셨겠지만 한자어가 너무 많아서 일일이 그 단어가 주는 의미를 파악하기가 아주 어려웠다. 한자를 배운 세대여서 그나마 어느 정도는 단어의 뜻 자체를 알 수는 있었으나 젊은 세대들이 이해하기란 좀처럼 쉽지 않을 것이다.

얼마 전, 연세대에 갔었을 때 연세학생회에서 발간한 『연세』 2009년 겨울호에서 故이한열문학상 시 부문 당선작 심사평을 마광수교수가 쓴 글이 생각이 났다.

"대체적으로 일부러 어렵게 쓴 한자어들이 눈에 거슬렸고 그런 이유로 표현이 난해하고 문체적으로도 非文비문이 있어서는 안 된다. 게다가 요즘엔 한글 전용 원칙이 뿌리를 내렸기 때문에 괴팍한 한자를 사용해서는 절대로 안 된다. 시는 함축성의 묘미와 상징적 암시로 독자에게 감동을 주어야한다."고 거듭 강조했다.

물론 20대 초반의 학생이 쓴 시를 당선작으로 뽑으면서 심사평을 한 것이지만, 인생 70을 살아오면서 습작한 국어선생님 출신인 高병철 작가가 의도한 내용과는 거리감이 있는 듯하다.
작가는 발문跋文에서 말한다.
조선시대만 해도 생각하면서 살아 간 많은 지식층들은 문집을 남겼고 문집에는 사상이나 철학은 물론 서간이나 일상의 느낌을 적어 한 세상을 산 자신의 모습을 담았다.

개중에는 그림에 조예가 있어 화첩을 첨가하기도 했다고…….

바로 高선생님은 그 개중에 속하는 한 사람이었나 보다.

말하자면 글이나 그림을 즐기고 그것으로 자기를 정리하는 아취의 미풍이 있었는데 오늘날에는 전문가가 아니면 엄두를 내지 못하는 시대가 되어 무척 아쉽다고 했다.

또 그는 "예술은 아름다움을 즐기고 표현하는 인간의 활동이다."라고 했으며 문학이나 미술이 더욱 많은 사람들과 쉽게 친근해지는 문화풍조가 그립다고 했다.

그가 책의 말미를 빌어서 쓴 산문 중에 제물포고의 개교이념이 함축되어 있는 "빛과 소금의 동상銅像"을 읽을 때와 작가가 고등학교 1학년 때 골목에서 제고 교복을 입고 친구와 싸울 때 동네 아주머니가 "제고 학생들도 싸우네!" 이 한마디에 둘 다 황급히 도망쳤다는 얘기는 많은 것을 시사해 준다.

수원 화성 나들이

200여년이 흘러간 지금의 지지대고개에는 눈물어린 정조대왕의 효심이 폭넓은 도로 우측 산기슭에 팽개쳐져 있듯이 자동차 소음에 아직도 슬프게 묻혀있다. 효가 제일이었던 그 당시의 생활상과는 전혀 다르게 점점 쇠퇴해져가는 요즘의 효사 상을 대변해 주는 듯 6 · 25때 탄흔 및 거미줄이 그것을 말해준다.

老松지대를 거치면서 바로 華西門을 지난다.
여기서부터 약 7㎞로 이어지는 200년 전의 신도시 수원화성의 역사 탐방이 시작되었다. 자주는 아니지만 서울에서만 가끔 접해왔던 성곽 및 궁궐들의 옛날 건축물들. 그래서 아주 낯설지는 않았지만 서울의 것들과 사뭇 다른 수원성곽이 우리를 반긴다.
이미 십여 년 전에 유네스코가 선정한 세계문화유산으로 등록이 된 화성은 다른 성곽에서는 찾아볼 수 없는 창룡문, 장안문, 화서문, 팔달문의 4대문을 비롯한 각종 방어시설들과 돌과 벽돌을 섞어서 쌓은 점이 화성의 특징이라 하겠다.
수원사람들은 장안문을 북문이라 하고 팔달문을 남문이라 부른다. 정조의 효심에서 근본이 되어 당파정치 근절과 왕도정치의 실현 그리고 국방의 요새로 활용하기 위하여 쌓은 화성은 과학적이고 합리적이며 실용적인 구조를 가지고 있는 점이 유네스코로부터 인정을 받은 것이다.

장안문에 오르니 곧게 북으로 뻗은 넓은 도로 끝으로 멀리 광교산 자락이 한눈에 들어오고 좌측으로는 팔달산 정상에 자리한 西將臺의 위용이 우리를 직시한다. 모든 것의 무게 중심이 아래 부분에 있듯이 성곽의 아래 돌들은 색깔과 든든함이 연륜을 자랑한다. 城門을 보호하고 城곽을 튼튼히 보호하기 위해 쌓은 雍城이 말 그대로 鐵雍城이다.

南으로는 팔달문이 버티고 있고 그 너머로 보이지는 않지만 멀리 융건릉(융릉은 사도세자와 부인 혜경궁 홍씨, 건릉은 정조와 효의왕후 김씨의 무덤)이 보이는 듯 꿈을 이루지 못한 아버지 사도세자와 아들 정조의 소리 없는 아우성이 들리는 듯하다.

우측으로 한강보다는 규모가 훨씬 작지만 광교산으로부터 흘러내리는 柳川이 흐르고 그 위에 무지개를 본뜬 6개의 수로를 낸 華虹門이 있다. 화홍문 대청마루에 누우니 흐르는 물소리와 川을 타고 불어오는 가을바람에 잠시 午睡를 즐겨본다.

장기를 두는 村老들의 진지함도 열심히 노트하는 우리 편 어린이 손님들 못지않다. 지척에 조금 높이 있는 訪花隨柳亭의 아름다움은 건축예술의 극치라 할 수 있다. 건축물로서는 아주 여성스러우며 십자형을 본떴고 아랫것들과의 차별을 둔 점도 아주 특이했다. 바로 밑에 조성한 龍淵엔 정작으로 용은 없었으나 붕어나 잉어 메기들이 관람객이 던져주는 건빵에 정신이 없다.

이어지는 北暗門에는 暗字가 말해주듯 김보섭 사진작가가 늘 이용하는 暗室과 맥락을 같이한다. 깊숙하고 후미진 곳에 만들어 적에게 노출되지 않으면서 군수물자를 성안으로 공급할 수 있도록 만든 군사시설로 유사시에는 문을 닫고 주변에 쌓아둔 돌과 흙으로 暗門을 메워서 폐쇄토록 한다는 것이다. 참으로 특이한 것은 북암문 꼭대기 부분이 북쪽은 타원형이요 남쪽은 사각형이다.

일행은 화성行宮으로 향한다.

제법 넓게 정리된 마당을 지나 가까워 올수록 중국 냄새가 나는 배경음악소리와 함께 무술시범이 펼쳐지고 그 광경을 보려는 관람객들로 떠들썩하다. 그중에는 많은 외국인들도 섞여 있었다. 늦게 발견된 홍살문과 금천교가 우리를 향해 외쳐댄다. "끓어!"

행궁이라 함은 왕이 궁궐을 떠나 임시로 거처하는 별도의 궁궐을 말한다. 대문격인 신풍루를 지나 중간문인 좌익 문을 통과하면 중앙 문이 나오고 그 앞에 넓은 마당과 함께 봉수당과 장락당이 펼쳐진다. 좌우 짝이 안 맞게 설계된 봉수당과 그곳을 오르는 소맷돌이 재미있다.

洛南軒으로 연결되는 통로는 그나마 잘리고 막혀있어 요즘에 다시 정조가 행차한다면 마당으로 내려와서 건너가야 할 판이다. 여기서 홍 박사의 탄식이 또 한 번 터져 나온다. 그나마 원형이 잘 보존되어 있는 낙남헌에 위로를 받으며 다시 금천교 돌다리를 건넌다. 중간에 단단함을 자랑하며 아직도 200년을 버티고 있는 두 개의 멋진 돌을 힘차게 내딛으며 덕진社長이 專攻을 자랑한다. "왼쪽 것은 포천석 화강암이요, 오른쪽 것은 모래가 섞인 磨石"이라고 건축가답게 자신 있는 어조로 단정 짓는다. 금천교 위에서 화성행궁을 바라보니 분명히 線과 角이 삐뚤어져 있다. 문헌과 역사학자들의 고증을 간과하고 행정적인 개보수가 저지른 또 하나의 蠻行인 것이다.

점심을 먹으러 가는 도중에 만나는 넓은 광장초입에는 돈을 많이 들여 멋을 부린 또 하나의 낭비를 보았다.

속으로 끓어, 끓어를 외치며, 풍요 속에 빈곤은 아니지만 허름한 골목길을 재차 돌아 지은 지가 79년이 되었다는 "宮鱸" 옛날 기와집 한정식에서 피로와 허기를 달래본다. 처마 밑의 제비집은 잃어버린 童心을 자극하고 국순당 막걸리는 갈증 나던 혀를 싸고돌며 맛있는 반찬들에는 여주인장의 손맛이 배어 있다.

　마지막으로 오른 곳은 수원화성이 한눈에 내려다보이는 화성장대라는 현판이 걸린 서장대다.

　장수가 올라서서 지휘할 수 있도록 산성의 서쪽에 높이 만들어 놓은 臺를 뜻하듯이 4대문 안과 밖의 정세가 손안에 그대로 보인다. 멀리 갈매기 날개 모양인 수원월드컵 경기장이 보일정도로 전망이 아주 좋다. 시내 팔달 로로 이어지는 등산로 계단이 가파르게 보인다. 아름다운 赤松들이 즐비한 산책로 사이로 세월을 주워 담는 성벽의 돌들이 무게만큼이나 과묵하다. 작은 손으로 가볍게 도닥거려주며 하산을 한다.

　솔향기 짙은 팔달산의 풍광은 점점 깊은 가을 속으로 浸潛해 가고

　불어오는 바람은 성기어 가는데
　해는 서쪽으로 달음질치듯 내려가고

　인천으로 향하는 버스 안에서 궁전에서의 醉氣에 잠을 청해본다.

　훗날 함께 할 開城 탐방을 꿈꿔보며……,

조수미

가을이다.

바람의 내용이 얼마 전과 사뭇 다른 새벽공기가 창문 너머로부터 이불속으로 들어왔다. 파란 하늘이 코발트블루 빛으로 날로 짙게 물들어 가고 북한산 비봉으로부터도 점점 높아져 간다.

이번 가을에 반가운 손님이 찾아왔다.
바로 세계적인 소프라노 조수미다.
1986년 10월 26일 조수미는 이탈리아 북부의 트리에스테 오페라 극장에서 베르디 '리골레토'의 질다 역으로 데뷔했다. 그러니까 그녀가 올해로 세계무대에 얼굴을 내밀은지 꼭 25주년이 되는 해이다.

데뷔 이래 지난 25년 동안 자기가 원하는 목소리로 자유롭게 음악을 표현하며 살아왔다고 하는 그녀는 그 뜻 깊은 해에 고국에 돌아왔다. 그리고 데뷔 25주년 기념으로 이태리어로 자유라는 뜻의 보헤미안 풍의 노래가 가득한 "리베라"라는 음반을 내고 현재 지방 순회 콘서트를 열며 관객들과 만나고 있다. 나도 이번 기회에 지방에라도 내려가서 그녀의 공연을 직접 관람하고 싶지만 현재로선 무리이다.

조수미는 우리나라 보배라고 말하고 싶다.

피겨의 여왕 김연아가 스포츠계의 보배라면 음악계에서의 진정한 보배는 바로 조수미다. 성악의 불모지였던 한국에서 일찍이 그것도 아시아인 최초로 23세의 젊은 나이에 프리마돈나로 25년 전 그녀는 그렇게 세계무대에 우뚝 섰다.

　나는 소프라노의 음색에 노이즈noise같은 先入見선입견이 있다. 워낙 고음이라서 듣기가 썩 부드럽지가 않다. 특별히 클라이맥스 부분에서의 아주 높은 음을 낼 때는 일종의 騷音으로 들릴 정도이다.

　그러나 조수미의 경우는 여느 소프라노들과 판이하게 다르다.
　아무리 높은 음을 내더라도 듣기에 불편함이 전혀 없다.
　어떻게 그렇게 부드럽게 고음을 낼 수가 있는지 정말 감탄할 뿐이다.
　그야말로 카라얀이 첫 눈에 알아보고 극찬한
　"神이 내린 목소리" 바로 그것이다.

　또한 영원한 인도사람 주빈 메타는 "100년에 한 두 사람 나올까 말까 한 목소리의 주인공이다"라고 극도로 칭찬을 아끼지 않았다. 물론 우리는 또 한명의 세계적인 소프라노를 가지고 있다.
　바로 리릭 소프라노Lylic Soprano 신영옥이다.
　그녀가 리릭 소프라노로 칭송을 받는 것은 그녀의 목소리는 天上에서 들려오는 서정적이고도 맑고 투명한 목소리의 주인공이라서 그렇다고 했다. 반면에 조수미의 음색은 힘이 넘치면서도 아주 부드러운 것이 특색이다. 그녀는 그야말로 절대음감을 가지고 있다. 그녀의 말에 의하면 절대음감이란 음의 제자리를 본능적으로 정확하게 파악하는 능력이라고 했다. 음반을 통해서만 들어왔던 神이 내린 목소리를 실제로 직접 들었다.

지난 2003년 12월 27일 조수미 송년콘서트가 주안장로교회에서 있었다. 高價의 티켓 임에도 아낌없이 투자해서 세계적인 스타를 눈앞에서 직접 볼 수 있었다. 현재까지도 공연장 시설에 대해서만은 열악한 인천은 대형스타들의 공연을 유치하기가 어렵다.

구월동에 있는 인천종합문화예술회관 대공연장의 좌석규모는 겨우 2천여석이다. 그러나 주안장로교회는 1, 2층 합쳐서 3,400여석의 대규모 공간이면서도 잘 갖추어진 음향시설은 신이 내린 목소리 조수미 특유의 고음과 세계적 명성을 얻고 있는 우크라이나 팝 심포니 오케스트라의 섬세한 선율 등을 그대로 전하는데 전혀 손색이 없었다.

조수미는 그날 공연에 남다른 애착을 보였었다.

인천명예시민으로 그리고 인천국제공항 홍보대사로 인천과의 특별한 인연을 맺고 있음을 강조했으며 기독교 신자라고 당당하게 자신의 종교관을 말했다. 어떤 스타가 와도 인천에서만큼은 안 된다 하는 것이 통례였지만 그날 공연은 인천시민의 문화적 수준이 문화의 중심부인 서울에 비해 전혀 낮지 않음을 보여 주었다.

커튼 월curtain wall이 5번씩이나 올라갔을 정도로 앙코르는 계속 이어졌지만 매번 박수소리가 관객의 수에 비해 많이 부족해서 내심 아쉬웠다. 그런 면에서 서울과는 아직 수준차이가 있음을 내 스스로가 인정했다.

가을은 아무래도 책읽기가 아주 좋은 계절이다.

지난주일 오후에 자주 가는 청량산을 찾았다. 호불사 주차장에 차를 세우고 돗자리를 둘러메고 책을 들고서 병풍바위 약수터를 지나 넓적바위로 갔다. 말 그대로 넓지 막한 평평한 바위가 벼랑위에 놓여있다. 돗자리를 깔고 하늘을 쳐다보며 누웠다. 키 큰 나무들의 잎들이 불어오는 가을바람에 자장이듯 일렁거린다.

그 사이사이로 파란 가을 하늘이 나를 내려다본다. 가까이에선 전에 들리지 않던 까마귀들의 울음소리도 자주 들려온다.

발아래엔 산을 찾는 동네 사람들이 꼬리를 물고 재잘거리며 지나간다. 산행을 할 때면 바위나 나무의자에 누워 이렇게 하늘을 쳐다보고 있으면 마음이 편안해진다. 하늘을 보면서 집사람과의 無言의 자존심 다툼도 잠시나마 잊을 수가 있다.

어쩌면 피할 수 없는 현실에서의 나름대로의 도피다. 청량산은 나의 고향이다. 그래서 이 청량산을 자주 찾는다. 이곳에 오면 마음이 평온해진다. 고향을 찾는 사람들의 심정을 이해할 것 같다. 이번 주말에 있을 추석맞이 민족대이동도 그런 맥락일 것이다.

가지고 온 책을 편다.

전에 사 두었다가 읽다만 조수미의 수필집 『노래에 살고 사랑에 살고』이다. 요즘엔 책을 읽는 재미에 홀딱 빠져있다. 일주일에 한권씩은 읽는 편이다. 틈만 나면 知人들을 찾아 지방으로 여행을 다닌다거나 음악회나 연극이 좋아서 쫓아다닌다.

그냥 그런 것들이 내게는 행복이요 기쁨이다.

지금은 쉰을 바라보는 그녀이지만 삼십 초반에 쓴 글이다. 이태리 유학시절에서부터 세계의 음악 팬들을 열광시키는 아시아인의 최초 23세 프리마 돈나로 성장하기까지의 애환을 그려낸 책이다.

그녀는 책에서, 자기가 제일 좋아하는 오페라는 비제의 카르멘이라고 했지만, 책의 제목은 푸치니의 토스카에서 소프라노 몽세라 카바예가 극중에서 부르는 "노래에 살고 사랑에 살고"의 연기를 보고 벅찬 감명을 받았기 때문에 책의 제목으로 정했다고 했다.

조수미의 목소리를 사랑했던 카라얀은 그녀의 든든한 후원자였다.

리골레토로 데뷔한 조수미는 당시에 전혀 생소한 한국의 초년병 검은 머리 여자 애 소프라노가 과연 질다 역을 잘 해낼 수 있을까 반신반의하던 청중들이 점점 감탄하는 표정으로 바뀌어가는 모습을 보면서 자기 자신도 한껏 부풀어 올랐었다고 책에서 회고했다.
 그러나 막상 그날 그 자리에는 카라얀이 없었으며 그 다음 날 비서를 통해 아시아 소녀의 놀랄만한 음색을 듣고 곧바로 조수미를 만났다.

 "신이 내린 목소리"라는 그 유명한 카라얀의 찬사가 나온 것은 바로 그때였다고 한다.

 조수미가 카라얀을 처음 만났을 때 그에게 다가가서 그의 은발 머리를 어루만졌는데 어찌나 머리칼이 얇고 부드럽던지 자기도 모르게 그랬었다고 기록하고 있으며 그 이후로도 가끔씩 카라얀의 머리카락을 만지곤 했다고 하면서 그의 백발의 머리카락은 뜻밖에도 갓난아이의 머리카락처럼 가늘고 부드러웠다고 했다.
 그렇게 조수미의 목소리를 사랑했고 둘도 없는 후원자였던 20세기 음악의 황제 헤르베르트 폰 카라얀은 1989년 여름에 모차르트의 고향이며 자신의 고향인 잘츠부르크 근교 '아니프'에 화려한 비석대신에 나무십자가 밑에 묻혔다.
 유럽에서는 카라얀이 발탁한 마지막 성악가가 바로 조수미라고들 한다.
 또한 그녀는 책에서 별 일 없이 흘러간 시간들은 기억에 남지 않고 오히려 눈 코 뜰 새 없이 바쁘게 살아 온 날들이 더욱 또렷하게 기억이 난다고 했다. 이제 우리도 육순을 바라보는 시점에서 자칫 쉬겠다는 생각을 해서는 안 된다. 우리에게 남은 시간이 더욱 아깝고 소중할 뿐이다.

 지난주에 수봉공원에서 있었던 시낭송 콘서트에서 도종환 시인이 '3시에서 5시 사이'란 자작시를 낭송할 때에 무언가 마음에 무겁게 와 닿는 것이 있었다. 우린 지금 인생에 있어서 그 즈음에 와 있는 것이다.
 5시가 넘으면 이젠 땅거미가 내려앉는다. 그러면 남은 시간은 정리하는 시간만 있을 뿐이다. 정리하기 이전에 아직도 우리는 무엇인가 할 일들이 산더미처럼 산재해 있음을 감사해야 한다.

　조수미의 글에서처럼 아무 일에나 바쁘게 살아서 기억에 남을 일들을 해야 할 것이다. 조수미의 또 한 가지의 장점은 자신감이다. 자신의 가장 큰 미덕은 살아오면서 자신감을 잃어 본 적이 없다고 했다.

　그런 면에서 나는 가수 양희은과 조영남을 좋아한다.
　그들은 노래를 할 때에 얼굴표정이나 행동에 언제나 당당하고 자신감이 있다. 당당함과 오만은 다르다. 그래서 나도 노래를 부를 때는 자신감 있게 부르려 노력한다. 성악가나 화가나 모든 예술은 혼자 하는 것이 아니다. 노래를 들어주는 사람이 있을 때 부르는 이와 듣는 이의 슬픔과 기쁨이 하나로 모아질 때 노래는 감동을 불러일으킨다고 그녀는 힘주어 말한다.

　다가올 육순에 준비할 출판기념회 겸 작은 음악회도 읽어 주는 이, 부르는 이, 들어 주는 이들이 다 함께 즐기는 그런 뜻깊은 이벤트가 되길 소망해 본다.

　다시 내게로 찾아온 이 가을에 조수미의 책 읽기를 마무리하면서 그녀가 우리 곁에 있음을 감사하며 객석에서 다시 만나 보는 꿈을 꾸어 본다.

『바람처럼 재즈처럼』 발간을 축하하며

　김수현 상무님과 저와의 만남은 7년 전으로 거슬러 올라갑니다.
　2007년 5월, 그때 회사에서는 해외 무역 업무를 담당할 직원이 필요했고 당시 모 구인구직 사이트에 구인공고를 개시한 지 얼마 지나지 않아 제 책상으로 이력서와 자기소개서가 도착했습니다.

　"하루에 억 년을 살자"란 중학교 시절 선생님의 가르침 데로 하루하루를 최선을 다해 회사를 위해 희생할 수 있다는 자기소개서를 보는 순간 아하, 이분이구나! 싶었습니다. 곧바로 전화 연락을 취하고 그 이튿날 회사에서 김수현님과 짧은 시간의 면담으로 입사를 결정했습니다. 이 분과의 만남을 결정하는 것에 대하여 조금도 망설임이 없었습니다. 책상 위에 수북이 쌓였던 50여 건의 입사 지원서는 거의 들춰 보지도 못했지요.

　그렇게 입사가 결정되고 7년여의 시간이 지났습니다. 그는 정말 하루하루를 최선을 다해 살면서 비겁하게 남을 앞지르는 소인의 행동에는 침을 뱉을 줄 아는 건강한 시민으로 살아오고 있으며, 개교 이래 지금까지 실시해 오고 있는 고등학교 시절의 無감독 고사 정신의 양심에 따라 살아가려고 부단히 노력하는 멋진 중년의 남자입니다. 소박한 삶을 살아가는 김수현님은 사교성이 좋은 활달한 성격은 물론, 누구에게나 호감을 주며 그와의 만남을 편안하고 즐겁게 해 줍니다. 오늘도 저는 김수현 상무님과 함께 하루의 일과를 시작합니다. 이 분과의 만남이 제 인생에 있어 큰 힘이 되고 의지할 수 있어 감사합니다.

　올해 백두산 천지 트래킹도 함께 기획해 보시고, 내년에는 주말을 이용하여 1년여에 걸쳐 해남 땅끝마을에서부터 걸어서 강화 마니산까지의 역사 기행을 준비 중이라고 하시니 이 또한 계획하신 데로 잘 이루어지기를 바랍니다. 모든 계획이 착착 진행되어 두 번째 작품 '걸어서 삼남 길'도 기대해 봅니다.

　저와 함께 건강한 몸과 정신으로 오랫동안 태크녹스에서 함께 일하며 때론 형제처럼, 때론 회사 동료로서 나머지의 삶도 언제나 즐겁고 행복한 나날이길 희망해 봅니다.

　『바람처럼 재즈처럼』 산문집 출판과 60번째 생신도 함께 축하합니다.

　　　　　　　　　　　　　　－ 2014년 4월 [주]태크녹스 대표이사 허영철

www.technox.co.kr

Technox Inc.

사람과 환경을 위한 계측기술 개발을 추구하고자 1996년에 설립된 회사로
태양전지성능평가시스템, 인체의류환경, 온도습도환경, 건축실내환경, 재료물성환경, 기상대기환경에
필요한 각종 장비 및 계측기를 제조, 공급하는 회사입니다.

Technox Inc. which was established to pursue
Measurement Technology for Human and Environment supply the various equipments
and measuring instruments there needs research and test for some environments such as living circumstance
familiar to mankind, architecture, residential, office, clothing and sensitive engineering field.

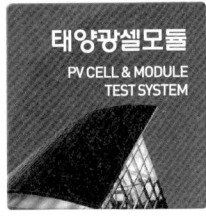
태양광셀모듈
PV CELL & MODULE TEST SYSTEM

인체의류환경
HUMAN & GARMENT ENVIRONMENT

온도습도환경
TEMPERATURE & HUMIDITY ENVIRONMENT

건축실내환경
INDOOR & ARCHITECTURE ENVIRONMENT

재료물성환경
MATERIAL & ANALYSIS ENVIRONMENT

기상대기환경
SOLAR & ATMOSPHERIC ENVIRONMENT

김수현 상무님의 산문집
"바람처럼 재즈처럼"의 출판을 축하드립니다.

[주]태크녹스 대표이사 허영철 외 임직원 일동

[주]태크녹스
Technox Inc.

ISO 9001 / 14001 인증업체   인천시유망중소기업   기업부설연구소   벤처기업   경제매거진 대상수상   인천대학교 가족회사   기술혁신형 중소기업   GT-11-00206호   인천비전기업   인하대학교 가족회사

인천광역시 부평구 청천동 425 부평라이온스밸리 B동 705호 [우. 403-858] 대표전화 : 032-623-6500 FAX: 032-623-6509
Head office: #705, B-dong, Bupyeong Lions Valley, 425, Cheongcheon-dong, Bupyeong-ku, Incheon, KOREA

이 도서의 국립중앙도서관 출판시도서목록(CIP)은 서지정보유통지원시스템 홈페이지(http://seoji.nl.go.kr)와 국가자료공동목록시스템(http://www.nl.go.kr/kolisnet)에서 이용하실 수 있습니다. (CIP제어번호 : CIP 2014014601)

POEMPOEM Books 003
김수현 산문집

초판 1쇄 인쇄 2014년 5월 1일
초판 1쇄 발행 2014년 5월 7일

지은이 김수현
펴낸이 한창옥 성국
기획 포엠포엠
펴낸곳 Publishing Company POEMPOEM
디자인 성국 김귀숙
출판등록 25100-2012-000083
본 사 서울시 송파구 잠실로 62 트리지움 308동 1603호 (138-890)
편집실 부산시 해운대구 마린시티 3로 37 한일오르듀 1322호 (612-824)
출간 문의 010-4563-0347 FAX. 051-911-3888
이메일 poempoem@hanmail.net
홈페이지 www.poempoem.kr
제작 및 공급처 산업디자인전문회사 두손컴

정가 14,000원

ISBN 978-89-969275-6-3 03810

*이 책의 저작권은 저자와 출판사에 있습니다. 저자 허락과 출판사 동의 없이 무단 전재 및 복제를 금합니다.
*저자와 협의 아래 인지를 생략합니다. * 잘못 만들어진 책은 바꿔드립니다.